宁夏禁烟史略

胡迅雷　著

黄河出版传媒集团
阳　光　出　版　社

图书在版编目（CIP）数据

宁夏禁烟史略 / 胡迅雷著. -- 银川：阳光出版社，2023.8
ISBN 978-7-5525-6981-0

Ⅰ. ①宁… Ⅱ. ①胡… Ⅲ. ①禁烟运动－史料－宁夏
Ⅳ. ①K253.906

中国国家版本馆CIP数据核字(2023)第158652号

宁夏禁烟史略　　胡迅雷　著

责任编辑　赵维娟　朱双云
封面设计　张　宁
责任印制　岳建宁

黄河出版传媒集团
阳光出版社　出版发行

出 版 人　薛文斌
地　　址　宁夏银川市北京东路139号出版大厦（750001）
网　　址　http：//www.ygchbs.com
网上书店　http：//shop129132959.taobao.com
电子信箱　yangguangchubanshe@163.com
邮购电话　0951-5047283
经　　销　全国新华书店
印刷装订　宁夏银报智能印刷科技有限公司
印刷委托书号　（宁）0027102

开　　本　880 mm × 1230 mm　1/32
印　　张　10.25
字　　数　210千字
版　　次　2023年8月第1版
印　　次　2023年8月第1次印刷
书　　号　ISBN 978-7-5525-6981-0
定　　价　56.00元

目录

CONTENTS

第一章 鸦片流入宁夏与左宗棠宁夏禁烟

一、清道光年间鸦片流入宁夏

清道光年间鸦片流入宁夏地区，咸丰年间宁夏地区开始种植和吸食。宁夏土地肥沃，所产鸦片质量尚佳，旧时素以种植和吸食鸦片闻名西北，为害甚烈。

鸦片，又称“罂粟”“阿片”“阿芙蓉”等，俗称“大烟”或“烟土”。罂粟品种不下数十种，最多者有大白花、小白花、紫花、红花、大碗花等。

罂粟，在宁夏最早见有文字记载的是明朝《宣德宁夏志》。此后，明代和清代（道光年前），宁夏地方志书均有记载，归为“花类”或“花之属”，主要作为观赏性植物。

罂粟花

罂粟花朵鲜艳美丽，常为白色或粉红色。花褪后，结出苹果大小的圆形浆果，俗称“烟骨朵”。每年农历五月，烟骨朵成熟，烟农每人手指缝夹一把特制的弯曲锐利的小刀，在烟骨朵的表层绕而割划出道道裂缝。不大一会儿，在割裂处，便渗出乳白色的浆液来。然后，用手指将这些浆液收入碗、罐或铜、铁制的烟盒内，名曰“奶浆”。

这样的工序要重复进行若干次，直到烟骨朵内再渗不出浆液为止。最后，还要再刮一遍干浆，收集烟浆的工作算告完成。

随之，将收集的烟浆平摊于油纸上，水分稍蒸发后，色黄而质尚软，名曰“软烟”。再将软烟平摊于木板上，在烈日下不断翻晒，待其水分蒸发殆尽，色变黑而质变硬时，切成烟块，然后用木模印铸，名曰“板货”，又称“硬货”。每两烟浆，平均能晒“软烟”5钱左右；每两“软烟”，平均能晒“板货”6钱左右。

清朝末年，在罂粟地割烟的宁夏农户（毕兰勒著，甘永龙译《鄂尔多斯游记》，载《东方杂志》，清宣统三年（1911 年）第 8 卷第 5 期。郑文著先生提供）

二、宁夏的鸦片种植与吸食

鸦片战争前，清道光十一年（1831 年）五月，陕甘总督杨遇春奏称，包括宁夏在内的“甘肃省现在尚无将罂粟花熬烟贩卖之事，惟成段地亩栽种罂粟，恐致有收浆、熬土，不可不严示创惩，以防其渐”[1]。

---

[1]《清宣宗道光皇帝实录》卷一八九，道光十一年（1831 年）五月。

鸦片战争后，清道光二十五年（1845 年），因禁烟而被贬谪新疆的原两广总督林则徐西行途中，奉命任陕甘总督。三月，林则徐到任后，下令严查陕甘两省交界处各重要关口和交通要道，防止鸦片由陇东地区输入甘肃省，并在全省厉行禁烟。

当时，包括宁夏在内的甘肃省吸食鸦片者与东南沿海省份相比，为数尚不算多。由于各级地方官吏瞒上勒索，民间藏烟依然保存无恙。林则徐去任后，种植和吸食鸦片如常，无人过问。

当时宁夏的罂粟种法大致如下。

（1）整地下种：每年三月半，即择最优良的地翻松。因为要翻松得深入，所以大都是用铲掘，掘至七八寸深，然后分成畦，再垄成沟，将罂粟籽撒在沟中填好土。

（2）掐苗：烟苗发芽顶破地皮，呈现出很小的两个小圆叶，稍大时，农人便将不要的苗掐下，每隔三四寸留一棵。

（3）施肥：将人粪晒干，按棵施之，也有以牲畜粪或胡麻油渣做肥料者。施完肥，将土锄松。

（4）间苗：烟苗长到一尺余高时，叶子也大了，时常有稠密之弊，于是便把稠、弱之苗再拔一次，使壮苗更易生长。

（5）灌溉：小苗时灌溉一次，稍大再浇水，等间苗之后，须多浇几次，一直到烟苗开了花、结了果为止。

（6）割烟：烟果成熟，农家妇女、小孩都去割烟，用小刀在烟果上刈小缝，缝中便溢出烟汁，将烟汁用手弄到碗里。如此反复，直到无烟汁出，才算结束。

（7）晒烟：将割出的烟汁放在缸、瓮等容器里，然后铺在板上，将烟汁晒成固体状，再用木模型分成方块，由纸包好，向外运售。

因此，“在耕种作物中，罂粟是顶浪费时间的，从下种到收获，都是用两手去做。固然，一方面表示罂粟的不易培植，一方面更表示鸦片在为害，虽浪费了农人的时间，结果的东西还是毒物害品，不能充饥……种过罂粟的地，或者有时种些卷心菜、萝卜等，也是含有苦味的”[1]。

至清道光末年，包括宁夏在内的甘肃省境内，“罂粟花遍地栽植，五六月间，烂如锦绣，妇孺老稚用铜罐、竹刀刮浆熬炼，江、浙各客贩挟资云集。据索提督（甘肃提督索文）说，每年（甘肃）各属并计约有百余万两”[2]。

当时，“甘肃所产之烟，名为西土，与广土南土并称”[3]。

---

［1］徐西农：《宁夏农村经济之现状（地方调查）》，《文化建设》1935 年第 1 卷第 2—3 期。

［2］张集馨：《道咸宦海见闻录》，中华书局，1981，第 214 页。

［3］左宗棠：《左宗棠全集·奏稿 7》，刘泱泱等点校，岳麓书社，2019，第 132 页。

三、左宗棠宁夏禁烟

（一）刊刻《禁种罂粟四字谕》

清同治八年（1869年），左宗棠率部入关度陇，目睹当地农民种植罂粟，吸食鸦片，即“出示严禁，并刊刻四字韵文（《禁种罂粟四字谕》）成本，遍发各府厅州县，俾知儆悟，力挽颓风”[1]。其《禁种罂粟四字谕》中曰：

谕尔农民，勿种罂粟。外洋奸谋，害我华俗，借言疗病，实以纵欲。吁我华民，甘彼鸩毒！广土南土，吸食不足，蔓连秦、晋，施于陇、蜀。土敝不长，荣必肥沃，恶卉繁滋，废我嘉谷。红花白花，间以紫绿，蠡果取浆，兼金一束。欹枕燃灯，俾夜作昼，可衣无棉，可食无肉。盎可无粮，栈可无豆，唯腥是闻，唯臭是逐。农辍耒耜，士休卷轴。工商游嬉，男妇瑟缩。小贩零沽，蜷聚破屋。家败人亡，财倾命促

…………

自今以往，是用大告：罂粟拔除，祸根永劚。张示邮亭，刊发村塾。起死肉骨，匪诅伊祝。听

[1] 左宗棠：《左宗棠全集·札件》，刘泱泱等点校，岳麓书社，2009，第551页。

我藐藐，则有大戮。发言成韵，其曰可读。[1]

（二）劝戒烟民，颁发戒烟药方

左宗棠在严禁种植罂粟后，“唯思本地罂粟既经禁种，外来烟土不准入境，是鸦片来源可期断绝。而从前吸食业已成瘾之人，脏腑久已受伤，瘾发病生，奄奄待毙，坐视其死，诚难为怀，亦须设法拯救”[2]。

当时，民间戒烟药方多用烟灰配制，瘾终难断。左宗棠乃据甘肃静宁州知州程牧禀陈戒烟药方，“慈特将药方详加考订，取其简明易知刊刻成本，颁发陕、甘各府厅州县，转给绅耆广为传布。凡戒烟难于断瘾者，可即察证抄方，次第服药，自可培元固本，断除瘾害，庶几康强逢吉，同为盛世良民，无负本大臣爵阁部堂谆谆告诫一片苦心也。其有乐善官绅士民，能捐资合药，照方施治，全活多人者，准由地方官核明，照捐赈章程一律请奖”[3]。

（三）上奏朝廷，严禁种植罂粟

清同治十一年（1872 年）十一月间，陕甘总督左宗棠看到西北地区种植鸦片情况日益严重，且有泛滥之势，以“陕

---

[1] 左宗棠：《左宗棠全集·札件》，刘泱泱等点校，岳麓书社，2009，第 577 页。

[2] 同上书，第 551 页。

[3] 同上。

甘民食紧要，请严禁种植罂粟”为由，上奏朝廷指出：“民间栽种罂粟本干例禁，现在陕甘地方疮痍甫复，耕垦无多，民食、军粮犹虞不继，亟应讲求农务，以冀丰盈。”[1]

对此，同治皇帝谕示左宗棠曰：“严饬各地方官申明定例，悉行禁止。如有民间贪利私自种植者，即于根苗初发时，饬令尽行拔除，并严禁丁差不准藉端扰索。倘有不肖官吏仍敢故违例禁，按亩收税，即著照枉法赃严参治罪。其烟土之来自外省者，并著一律严查，不准入境，以期净绝根株。”[2]

（四）督饬宁夏查禁种植罂粟

根据朝廷谕示，左宗棠下令在甘肃禁种罂粟。由于各级地方官吏颟顸从事，“视若缓图，甚且于罂粟含苞成果时始行勘验，徒使委员丁役收受规费，虚报民间畏怯拔除，希图掩饰；或竟以罂粟现杂禾稼内种之，碍难拔除；或以愚民护惜罂粟，动辄集众阻勘，恐致激成事端，虚词掩饰”[3]，以致禁烟收效甚微。

据光绪四年（1878 年），宁夏府知府张家槐禀复左宗棠曰：“宁夏种植罂粟地方，以河东为上，每亩可出烟土

[1]《清实录·穆宗实录》，中华书局，1987，第 539 页。

[2] 同上。

[3] 左宗棠：《左宗棠全集·奏稿 6》，刘泱泱等点校，岳麓书社，2009，第 42 页。

七八十两。上年（1877 年）各属奸民偷种，中卫幅员较广，更觉其多，宁灵厅（今吴忠金积镇）、灵州次之。河西碱地，每亩只可出烟土三四十两，以（宁）夏、（宁）朔、平罗三县相较，宁夏县为多，宁朔、平罗次之。惟花马池土地不宜，尚无种植。”

对于张家槐此禀复，左宗棠认为：“张署守（张家槐）虽以（宁夏）所产罂粟可出烟土分两多寡为言，而（宁夏府）各属违禁种植（罂粟）大概已与本大臣爵阁部堂上年访闻无异。”[1]

当时，烟土市价最高时，每“百两需六七十两”白银，烟价低时，每百两也“需三十余两”白银。[2]

农民为了获取高利，缴纳赋税，地方官员为了索取贿赂，中饱私囊，“视禁令为讹索之具”[3]，遂使宁夏“宜谷腴地，半已化为妖卉，故出粮日见其少”[4]，以致宁夏“所产之烟较通省尤多，查禁之难较通省尤甚”[5]。

---

［1］左宗棠：《左宗棠全集·札件》，刘泱泱等点校，岳麓书社，2009，第 445 页。

［2］左宗棠：《左宗棠全集·书信 3》，刘泱泱等点校，岳麓书社，2009，第 489 页。

［3］左宗棠：《左宗棠全集·札件》，刘泱泱等点校，岳麓书社，2009，第 267 页。

［4］左宗棠：《左宗棠全集·奏稿 7》，刘泱泱等点校，岳麓书社，2009，第 129 页。

［5］同上书，第 132 页。

为恢复农业生产，增加粮食产量，光绪四年（1878年）七月，左宗棠督饬所属司、道衙门，在宁夏与甘肃地区大力查禁鸦片，将禁种罂粟作为治理宁夏与甘肃的“第一要义”，再次“撰刻四字韵文，颁行城邑乡村，广为劝诫”[1]。

在广泛劝诫的基础上，左宗棠还“遴委妥员四出，会同印官，周历乡村。本管道府督同厅县营汛，随时轻骑赴乡搜查，月凡数至。遇整段（种烟）地亩，一律翻犁灌水；其杂植豆麦间者，亦且锄且拔，俾无遗蘖”[2]，对于不听禁令，抗违种者，将地充公。

（五）查办宁夏各级禁烟不力官员

光绪初年，宁夏府知府李宗宾禀报左宗棠称：“宁郡民情莫不好利，于种植罂粟，竟有积重难返之势。”[3]

经左宗棠访闻，“宁夏府所属广种罂粟”，于光绪三年（1877年），经奏准朝廷，饬将宁夏府知府李宗宾、代理宁夏县知县胡韵兰撤任查办，并饬接署宁夏府知府张家槐查明胡韵兰“有无纵役得贿情事”。

经张家槐查明，遂禀复左宗棠，“传讯各堡长、文生张善等十余人，称穷乡僻壤官司难到之处，愚民偷种罂粟，

[1] 左宗棠：《左宗棠全集·奏稿7》，刘泱泱等点校，岳麓书社，2009，第128页。

[2] 同上。

[3] 左宗棠：《左宗棠全集·札件》，刘泱泱等点校，岳麓书社，2009，第445页。

在在皆然，不敢隐瞒”。

对此，左宗棠指出：

查宁夏一郡，夙称腴地，产粮极广。上年（光绪三年，1877 年）邻境苦旱成灾，竟至无粮供采，即罂粟占种地亩之明证。本大臣度陇以来，即颁示谕禁种罂粟，该各地方官竟敢骫法弛禁，形同聋聩，甚且以“积重难返”借口，玩视功令至此，谓非纵容丁役得贿包庇，谁其信之？该府各属既上年均皆种植，该各厅州县官既未严禁于先，复未查拔于后，何所逃咎？应分别详参，以昭儆戒！除宁夏府李守（宁夏府知府李宗宾）及宁夏胡代令（代理宁夏县知县胡韵兰）业经撤任，平罗任署令（平罗县知县任懋修）、灵州孙牧（灵州知州孙承弼）因另案撤任外，宁灵厅喻丞光容（宁灵厅同知喻光容）上年三月到任后，具禀地方违禁私种罂粟，请设法禁绝，今（光绪四年，1878 年）春查拔罂粟亦属认真，署中卫刘令然亮（中卫县知县刘然亮）上年六月始报到任，已在罂粟种过之后，该两员暂缓置议，候委查今岁有无违禁私种情形再行核夺。

所有宁夏府李守宗宾、代理宁夏县胡令韵兰及另案撤任之署平罗县任令懋修固应查办，其在任最久之宁朔县贺令昇运（宁朔县知县贺昇运）应即撤任，与卸署中卫县邵令杜（中卫县知县邵杜）均应并案查办。仰即遵照吏部议定弛禁罂粟章程，详请奏参，以示惩儆。李守、任令并有另案，应并入详办，毋稍违延。[1]

清光绪四年（1878年），左宗棠对于甘肃藩、臬司（布政使司、按察使司）禀奏《甘肃藩臬司等禀查明宁夏并无偷种罂粟情弊由》，批札曰：

> 上年（光绪三年）旱灾，秦次于晋，河西不能采运麦粟供泛舟之役，岂非荒百谷而广植妖卉之明征乎？每一言及，心为之腐。若复不查不办，务为含容，纵官殃民，流毒将何底止？无论无以示岛夷而正民俗，亦何以申禁令而厚民生？张署守（宁夏府知府张家槐）所禀各情诸多不实，揆其用意，不过以牵涉过多有所顾忌耳。实则近时办法，本朝廷宽大之政，若并此而不能守，外海之鸦片永无断时，中国之生灵将胥沦为异类。吾辈之罪亦将安逭？已于司（甘肃布政使司、按察使司）详批示明白，仰即按例详办，毋恤其他。[2]

与此同时，左宗棠委派部属刘寺堂进行密查，发现宁夏府仍存在偷种罂粟之情事，并再次批札，令饬甘肃两司

[1] 左宗棠：《左宗棠全集·札件》，刘泱泱等点校，岳麓书社，2009，第445~446页。

[2] 同上，第447页。

及宁夏镇、道、府查办宁属各地偷种罂粟详情。

> 查栽种罂粟之禁，本大臣爵阁部堂不啻三令五申，州县官如能实心实力，认真稽查，不难立时拔除尽净。兹经刘寺堂委员密查，宁夏各厅州县违禁偷种罂粟者多。迨会同地方官查禁，乃称地方辽阔，民间栽种罂粟久已相习成风，一时难以禁尽等语。该各地方官胆玩已极，咎无可辞；该管道府因循玩泄不知振作亦可概见。若不严密查办，何以肃功令而儆效尤？亟应饬藩、臬两司委员再往，密速查明宁属各厅州县何处偷种罂粟，地方官查禁不力者立予撤任，照例详参。其种植罂粟地亩，由宁夏镇派拨兵勇速即拔除，将地亩丈出充公。如有刁生劣监军功人等恃符抗违，即行查拿，按章究办。除分行外，合行严饬。为此，札仰该司等立即遵照办理，仍将遵办情形先行报查，勿稍徇延。[1]

左宗棠在禁种鸦片的同时，奏准朝廷，对宁夏府禁烟不力的官员予以撤职查办，对禁烟得力的官员予以从优升赏。

左宗棠一方面呈准朝廷下令将禁烟不力的宁夏府知府李宗宾以“在任已久，于辖境广种罂粟，漫无查觉，迭次

[1] 左宗棠：《左宗棠全集·札件》，刘泱泱等点校，岳麓书社，2009，第547页。

奉文查禁，并不遵行，且以积重难返为词，妄思抵饰”为由予以革职查办，将候补直隶州知州、代理宁夏县知县胡韵兰以“辖境栽种罂粟最多，未能切实查禁”为由予以撤销候补，将灵州知州孙承弼、平罗县知县任懋修、中卫县知县邵杜以“查禁不力”为由予以撤职查办，将宁朔县知县贺昇运以“失察县境栽种罂粟”为由予以撤任；另一方面负责将属境烟苗查拔净尽。由于“该员（贺昇运）旋即周历四乡，并随同宁夏副都统切实查拔净尽”，左宗棠又奏请朝廷对贺昇运“应请免其置议，开缺另补”。[1]

同时，左宗棠呈准朝廷，将禁烟得力的宁灵厅（今吴忠金积镇）同知俞光容，赏加知府衔。署中卫县知县刘然亮，交吏部从优议叙。接署宁夏府知府张家槐、接署平罗县知县吕恕、代理宁夏县知县李曰乾、代理灵州知州德荫，均交部议叙。署甘肃宁夏镇总兵冯南斌，督饬兵勇，随同锄拔，甚为得力，请旨交部照一等军功例议叙，以示激劝。[2]

光绪五年（1879 年）三月，左宗棠又奏请朝廷，下令将以稽查罂粟为名诈索银钱的宁夏府经历、补用典史陈宝善予以革职，永不叙用。

由上述可见，左宗棠通过禁种和惩治与奖励官吏等办法在宁夏禁种罂粟，尚属认真且严厉，曾一度产生明显效果。

---

［1］左宗棠：《左宗棠全集・奏稿 7》，刘泱泱等点校，岳麓书社，2009，第 130 页。

［2］同上。

“据藩、臬两司会详：宁夏一府，阖境罂粟根株，一律锄拔净绝，又幸时雨普沾，渠流畅注，改种杂粮，均极繁茂，丰稔可期”[1]，可谓奏效于一时。但是左宗棠去任后，种植罂粟禁令亦化为乌有。

[1] 左宗棠：《左宗棠全集·奏稿 7》，刘泱泱等点校，岳麓书社，2009，第 130 页。

第二章 清朝末年宁夏的禁政

清光绪七年（1881年）四月，甘肃当局为了筹集兵饷，公然破坏禁烟成规，大开烟禁，下令在全省各县厘金局正式征收烟厘。

后来，又公开征收罂粟地税及土药（鸦片）税，每百斤烟浆，征收土药税厘银16.6两，使种植、买卖、吸食鸦片公开合法化。

光绪末年和宣统初年，驻宁夏满营将军台布、副都统志锐上奏朝廷，称“甘肃一省种烟最多，至今尚无禁种消息。官员戒断，均已互相出结。兵丁、百姓又不过问，家家烟火，彻夜开灯”[1]。

[1]《清实录·宣统政纪》卷二八，中华书局，1987，影印本，第507页。

光绪三十年（1904 年）十月，英国人德 · 莱斯顿一行抵达宁夏中卫县城。游历期间，有一天，邀请当地官员参加一个大型宴会。席间，一位官员烟瘾发作，竟然请求德·莱斯顿允准他退回卧室吸两口大烟。对此，德 · 莱斯顿指出："这位官员的行为让我确信，他是没有大烟连一分钟也过不了的人……而令人难以置信的是，他还不到 22 岁。"[1]

宣统二年（1910 年）正月，由日本回国的中国同盟会会员朱清华（字绍云，安徽阜阳人），随新任新疆巡抚袁大化自北京抵达河南开封后，奉命赴新疆打前站，经陕西西安、甘肃平凉等地，翻越六盘山，前往甘肃静宁、兰州转赴新疆。

途中，朱清华在六盘山一带有感而作《陇上烟民歌》：

英舰破浪海上来，毒卉含笑向华开。
生遍禹域四百州，华族精血半成灰。
陕谚十人而九吸，陇谚全吸并入胎。
家家户户皆瘾者，真堪惊异实堪哀。
旅店十时不启门，逢人丧面更削腮。
茶碗餐具皆垢腻，床头柜尾长蒿莱。
女子十五尚露体，冻肤红紫山芋煨。

[1] 德 · 莱斯顿：《从北京到锡金——穿越鄂尔多斯、戈壁滩和西藏之旅》，王启龙、冯玲译，西藏人民出版社，2003。

男子三十正壮年，日午鼻鼾声若雷。
缠足妇女出应事，跪行垢面向客陪。
黑面半杂马粪食，浑酒犹添泥埃醅。
破衣破桌破门户，水缸半截长青苔。
猪狗生活真俭朴，竭其所有葫芦栽。
城郭弥望尽荒凉，山河触眼皆衰陨。
陕甘已为无人地，鬼蜮尚何新政推。
侧闻官吏如狼贪，吃死人骨真杰魁。
腐败若斯真无两，几时始见阳春回。
吁嗟乎！
吾欲登之春台上，手无斧柯空惆怅。
□□□□□□□，弃之西行犹回望。

朱清华在《陇上烟民歌》中，对“陕谚十人而九吸，陇谚全吸并入胎”之诗句，特别加以注解曰：甘肃民间俗云“十人有十二人吸烟”，盖云“孕妇有二人，其胎儿亦吸”[1]，可谓触目惊心。

一、宁夏府知府赵惟熙奏禀在宁夏试办禁种罂粟

清光绪末年和宣统初年，清政府又曾一度下令禁烟。

---

[1] 朱清华：《西北纪行杂咏·陇上烟民歌》，《世界月刊》1945 年第 1 卷第 2—3 期。

宁夏府知府赵惟熙（光绪三十二年至宣统二年任宁夏府知府，宣统元年至宣统二年任护理宁夏道台）在宁夏当地绅耆等的支持下，分别奏禀时任陕甘总督升允与甘肃总办戒烟总局按察使彭英甲，准许其在宁夏试办禁种罂粟，并予以立案。

（一）陕甘总督升允批准在宁夏试办禁种罂粟

清宣统元年（1909 年）正月，陕甘总督升允，对于宁夏府知府赵惟熙奏禀在宁夏试办禁种罂粟之事给予赞赏和支持，其在《督部堂升（允）批宁夏道、府试办宁夏一属禁种罂粟，恳予立案禀》中曰：

> 据禀，宁夏禁种罂粟情形，既由该道、府因势利导，复熟权轻重于其间，决不出以压力。贤者做事，与众不同，深为钦佩，倘能于期年之内概行禁绝，俾境域无一毒卉，愚民不染沉疴，则宁（宁夏府）属富庶，指日可复，本督部堂实乐观其成也。
>
> 应准立案，仰甘藩司（甘肃布政使司）、戒烟局移行遵照缴。[1]

此外，宣统初年，清政府下令禁烟，命接替升允的新

[1]《甘肃官报·陇政汇编》，己酉（宣统元年，1909 年）正月第二期，官书局选印。

任陕甘总督长庚“严饬所属于禁种禁吸二事，实力稽查，认真办理，以除痼习而卫民生”[1]。

（二）甘肃总办戒烟总局按察使彭英甲批准在宁夏试办禁种罂粟

清宣统元年（1909年）三月，甘肃总办戒烟总局按察使彭英甲，也对宁夏府知府赵惟熙奏禀在宁夏试办禁种罂粟之事给予赞赏和支持，其在《总办戒烟总局按察使彭（英甲）批宁夏府试办宁夏一属禁种罂粟，恳予立案禀》中曰：

> 禀悉。查禁种罂粟为当今要政，而在宁夏各属更非缓图。
>
> 据称，该（宁夏）府垂询绅耆人等，于禁烟一事，咸愿赞成此举，而又采购棉籽抵补损失。从此，毒卉除根，嘉禾遍野，将见小江南之富庶不难再睹于后，时为宁属复元气，更为全陇树先声。贤太守（赵惟熙）造福苍生，真不愧为民父母也。

彭英甲批曰：“披阅之下，嘉慰殊深。除如请准予立案外，仍候督宪示檄。”[2]

---

[1]《清实录·宣统政纪》卷二八，中华书局，1987，影印本，第507页。

[2]《甘肃官报·陇政汇编》，己酉（清宣统元年，1909年）三月第三期，官书局选印。

二、中卫县知县蒋康购置“亚支奶”戒烟药

清光绪三十三年（1907 年），新任宁夏中卫县知县蒋康（江苏人，光绪三十三年至三十四年任），见中卫县“遍地尽种罂粟，无家无烟，无人不烟，甚至妇女、幼稚无不吸食鸦片。经查户口，几于十人之中七八染此。中毒之深，言之可痛”[1]，决定在中卫县实施戒烟，并召集地方上有名望、地位和势力的人，会商设立戒烟公会，实行戒烟。

清光绪三十一年（1905 年）年底，著名上海药商席裕麒开始发卖日本生产的戒烟药“亚支奶”，并连续在上海《申报》上刊登广告，称“新到东洋尔籐医员尅烟奇药，最近良剂，世界第一，亚支奶尅烟药”“新到东瀛奇药亚支奶，戒烟第一，立服断瘾，三天除根”等。

宁夏中卫县知县蒋康实施戒烟心切，苦无戒烟良药，在阅读上海《申报》时发现“亚支奶”戒烟药广告后，于光绪三十三年十月十六日至十九日，在上海《申报》连续刊登《甘肃宁夏府中卫县蒋大令来函》，并汇给上海药商席裕麒银 300 两，购买“亚支奶”戒烟药。蒋康致席裕麒函曰：

[1]《甘肃宁夏府中卫县蒋大令来函》，《申报》清光绪三十三年（1907 年）十月十六日。

裕麒先生阁下：

久仰盛名，曷胜钦敬。闻□起居佳□，名誉素隆，为颂无量。

弟籍隶江南，宦游陇右，由本任会宁，调署中卫。是邑遍地尽种罂粟，无家无烟，无人不烟，甚至妇女幼稚无不吸食鸦片。经查户口，几于十人之中七八染此。中毒之深，言之可痛。弟已会商绅董，设立戒烟公会，实行戒烟。苦无良药，起此沉疴。

阅报欣悉，执事经理东瀛□野先生秘制亚支奶，戒烟最灵，久著成效，是我亿兆同胞起死回生之妙药也。

兹特交由协同庆票庄，汇去□平足银三百两，即希查收精理，扣除邮费，尽数购买金、银二色亚支奶。速交邮局，寄至中卫县属之宁安堡局转□□署照收，决不致误。

但弟公为宰官，求药以救地方，非贩药渔利之比。倘能戒烟有效，此后自当陆续邮购。务祈格外克己，□□为□□北，□请台安，□候回玉，不尽依□。愚弟蒋康，公度顿首。[1]

至于当年中卫县知县蒋康购买日本生产的“亚支奶”戒烟药后，在中卫县具体实施戒烟情形，不见记载。

[1]《甘肃宁夏府中卫县蒋大令来函》，《申报》清光绪三十三年（1907年）十月十六日。

三、宁夏府知府赵惟熙通禀宁夏禁种罂粟情形

清宣统二年（1910 年）七月，宁夏府知府赵惟熙向甘肃省主要官员通报在宁夏禁种罂粟情形及其“六难”之忧。其《宁夏知府赵守惟熙通禀宁夏禁种罂粟情形》文中曰：

窃查禁种罂粟一案，屡奉严檄，事在必行。惟熙谬以菲材，忝任地方之责，何敢因循掩饰，有负天良。计自开春以来，即行妥为布置一切，□而文告，不惮谆详，以□仰副宪台除恶务尽之心，兴朝廷视民如□之意。所订办法，大概□之以劝导，申之以禁诫，齐之以刑威，选派汉回员绅分途演说，四阅月以来，殆无日不从事于筹划。

现据各属纷纷禀报，所有境中毒卉悉已犁尽靡遗，复经密派弁员履勘属实。中间虽稍有风潮，所幸仰托德威，旋即敉平，无妨大局。业将约略情形，陆续禀电上陈，各在案矣。

惟熙受恩深重，即捐躯靡顶，亦何敢以微□自鸣，而各丞牧令措施、筹度之艰辛，员弁绅衿演说、开陈之勤恳，重以人类既极靡杂，事机又复丝□，其棘手情形，有较他处为倍蓰者，不得不谨胪其略，琐渎宪听，俾下情得以上达，且可示后来之人知兹举观成之不易，而赓续、而严禁之庶，死灰不至复燃，即遗孽永归淘汰，是则惟熙区区之愚忱也。

查宁夏种烟，初则但图贩卖，既而吸食，日多几至家有一灯，子妇丁男悉堕黑籍（烟民），于是视此毒物为身心性命急不可少之需，累陌连阡，珍逾粟帛，无怪其出死力以护持也。此汉民之难禁者一矣。

他处回教多遵戒律，向不种烟，而此间则与汉族杂居，遂歆其利，近朱近墨，群焉效尤。彼又但沽而不吸，利归于己，害中于人，遂不惜弃嘉禾而滋毒卉……此回民在难禁者二矣。

（宁夏）郡地五方杂处，几成燕、齐、豫、晋各省游民之尾闾，平日借种植工□以营生者，所在皆是。自禁种令严，彼土无所容足，则受廛负耒，相率偕来，□地□区播毒苗而缴巨价，若辈既无地方与身家之关系，成则罔利，败则潜逃，故聚众抗官所不恤也。此客民在难禁者三矣。

以上三难，但就人类之方面而言也，而事机之相乘，更有穷于应付者。自去岁（宣统元年，1909 年）禁令骤紧，烟价陡翔三倍往年，黑土与白金等贵，穷民但视目前之利，还不惜尽腴壤而遍植之，众志成城，团体愈坚，其阻力愈大，此贪婪怀□之心不易去也。其难四矣。

去（宣统元年，1909 年）春已颁布禁种科条，良善绅民咸未敢以尝试，或既种而从事翻犁。乃监督正般，忽有准留三成之令，致使梗顽者获利，收法者向隅，于是民间悉悔昨非。闻春以来，谨厚者亦复为之劝谕，多方……此侥幸之心不易除也。其难五矣。

自阳和布种以后，官绅交驰于途，舌敝唇焦，粗有头绪。乃忽来远道传言，或云甘凉，或云秦巩，谓芃芃妖卉，过问无人，于是递相转述，影响遂及全宁（夏），竟有播而旋犁，犁而复播，至再至三者，此观望之心不易泯也。其难六矣。

查前阁督部堂左文襄公（左宗棠）曾有禁种之举，其时各境均皆拔尽，独宁夏一隅之地，竟以积重难返，未能犁除，经将（宁夏）知府李宗宾等分别褫职。此见诸奏议及《皇朝经世文续编》者。夫以文襄（左宗棠）魄力之伟，更佐以全盛之兵威，其时种烟者又不逮今兹什一，尚且未能大收全效，而以今日人类之纷繁，如彼事机之荆棘又如此。

惟熙以能力薄弱，毫无经验者，当之而谓能胜任而愉快，非愚则诞矣。今幸仰托帅宪威福，又值天心悔祸之时，竟能于百日间将十一万九千四百平方里之毒苗翻犁净尽，有非始愿所能料及者，此皆上承指示之周详，下借群策群力之奋励，乃能获此美满之效果于万一也。

回思举事之初，众议纷腾，或惕以政变之靡常，或悚以民□之可畏，而一时乡豪、土棍亦实有孰杀子产，吾其与之之谣。惟熙操之以定力，运之以恒心。其余人类问题，也持分析主义，先离其全体，俾之力单则势弱，群□□斯，易就范围。其余事机问题，也持渐进主义，先剪其旁枝，俾之时久则气衰，累日多即浸失希望，谋定后动用能，迎刃而解，不至有横溃旁决之虞，即小遘波澜，仍坚执此意行之，事亦旋靖。今则根株净绝，委无一苗一茎之留遗矣。

而追忆各丞牧令自开春以后，栉风沐雨，旅食之日，为多匹马巡行，肌肤如蜡，其勤劳诚有不容没者，匪特输力也。且以耗财虽各属多寡不同，而约略其数，则文告、纸笔之费以十计，以马、食宿之费以百计，送迎、赏犒、招募之费以千计，悉皆捐廉备用，真有精疲力尽之情。而文武委员、乡间绅首随同开导，助力尤多，以积铢累寸之功，而后收摧陷廓清之效，正非一手一足之为烈矣。

伏查政务处章程，本有缩前禁净之处，从优保奖明文可否，俾恳宪恩准，将在事各员择优奖叙。如蒙俯允，再由惟熙分别拟陈其余绅首人等，亦乞赏给功牌，以励微劳而策后效。

至本年（宣统二年，1910 年）种烟地亩数倍往前，其翻犁尚早者，犹可改种夏、秋各粮。余如宁灵厅、灵州、中卫等处，占地既广，除苗又迟，人力难施，几成一片焦土，以是民情重困，难窘非常，已分饬各地方官迅速查造犁过地亩清册，俟汇齐后，再由惟熙具详情示上，吁鸿慈赐之抚恤，以薪仰副宪帅勤念民依之至意。[1]

---

[1]《甘肃官报·陇政汇编》，庚戌（宣统二年，1910 年）七月第三期，官书局选印。

后来，赵惟熙在1912年12月任甘肃都督期间，曾复电湖南、四川两省都督，响应和呼吁禁烟，“并望陕西、新疆各省都督通力合作，共策进行”。他还谈到其在任宁夏府知府期间的禁种罂粟情形：“鸦片流毒，病国弱种，各省胥受其害，而甘肃为尤甚。前清末造，已严禁令。惟熙守宁夏时，遇偷种者，地亩充公；持械拒捕者，明正典刑，一经厉行，毒苗即绝，亦非甚难事也。”[1]

[1]《甘肃烟禁谈》，《申报》1912年12月31日。

第三章 驻宁夏满营禁烟

清朝光绪年间，驻宁夏满营种植罂粟，官兵染有烟癖者日渐增多，达一千余人。对此，驻宁夏满营将军台布、副都统志锐深感忧虑，为遏制此种状况，始严禁种植罂粟，制定戒烟办法，大力查办驻宁夏满营官兵，戒除烟癖。

一、宁夏满营将军台布、副都统志锐与满营戒烟

（一）戒烟办法

清光绪三十四年（1908 年）十一月二十一日，驻宁夏满营将军台布、副都统志锐等上奏宁夏满营戒烟办法。奏折曰：

查戒烟断瘾，若无专方妙药以除其疾，只知雷厉风行，强迫立戒，不过使吸烟者结一团体，以下蒙上，专赖一二人之耳目，万难清查，是禁犹不禁也。

十年递减栽种，严饬各省查报，年减一年，此特官面文字耳。昨闻度支部比较近三年各省出产与本销一折，其清单所开，甘肃一省，（光绪）三十三年（1907年）本销只四十五担。倘使实系四十五担，自可见地方官查禁之认真，吸者、种者均较前二年有减无增。此十年递减之说，无如本年（光绪三十四年，1908年）部中所派调查之员。

查甘省者，至八月半方到宁夏，彼时烟花早已割收净尽，无从清查。不过，凭州、县册报并各税局征收捐税数目，万不足凭，只宁夏满城，每年即非二十万两烟土不敷吸食，四十五担只七万二千两，并区区一满城尚不足，而谓全省本销止此，将谁欺乎？度支部只凭此报，遂谓吸烟之人业经锐减，以目前情形计之，数年之内，当可尽祛沉痼。朝廷若以此言为然，至十年限满之时，其损失不知伊于胡底矣。

又江西之德化县册报岁出土浆六百六十两，查土地一亩，年出浆总在二百两上下，若如所云，是德化一县只有三四亩地种烟，质诸路人，其谁信之。甘省与江西如此，他省之敷衍可知。

奴才等自前年（光绪三十二年，1906年）奉旨后，即各处搜求，总拟得一奇方，立除痼疾，必使人人见信。现在，出售戒烟之药，名目不为不多，非不能除瘾，即不能离药，焉得谓之戒断乎？

幸天祐中国，访得一山东民人，名赵国俊者。其师在日，即以茶膏为人戒烟，后得一方，未竟施为，遂已身故。赵国俊以其配方，为人戒瘾，竟能一日而除，无如既乏资本，又鲜提倡，未能见信于人。

奴才等派人将其聘至宁夏，并由京将药配齐，已于十月初一日到城。奴才志锐自二十年（光绪二十年，1894 年）年出口，雪窖冰天，寒瘴侵人，曾经吸食。因思以身为率，于设局后，首先服药戒之。服药后始呕，继泻，汗出如浆，只及六小时，遂服其补药，服后安眠，直至翌早，其患若失，连日饮食并且大加，实系戒断如神，毫无流弊。

遂于（十月）初五日按旗指传，每班以二十人为限，五日一班，现已三班，共戒断兵丁在吸烟者六十名。其闻风而至者不在此数，统计半月间已戒过八十五人。

奴才等尚欲扩充局所，俾每班可戒五十人，统计满营有四月工夫可以戒尽。将来册报禁烟大臣，即可任其阅查矣。

查洋药之害已数十年，据度支部调查，各省大数暨洋药进口之数合之，每年约在十七万余担，共合二万万两上下，以一人一年百两计之，已不下二千万人吸食，其私运私销、自种自吸者，尚不在此数。一旦欲戒之净尽，其势实不易为，且所定递减栽种章程，亦必不能一一遵守。不过章程愈严，欺瞒愈甚，十年限满，徒唤奈何，万不能举当时查办不力之官员尽数惩治。且十年之久，升调病废，不一而足，必致无法办理，实可伤也。

奴才等再四思维，如能将宁夏满城戒之尽绝，此药可为戒烟之一专方，拟到时奏请明旨，推广办理，于各省只专戒官员、衙役、兵丁，若专立章程，实心任事，必能有效。至百姓则数多于鲫，未能按册而稽，只有各省一律禁种之方，一年之内，尽绝根株；十年之内，只有外洋递减运进之数，自可吸食日少。否则如此敷衍，年复一年，限满之时，各省必仍然栽种，是中国真不能有为矣。

奴才等世受国恩，此事关系至重，固不敢为有激之言，亦不敢蓄欺饰之见，如各省所奏之设局所定章程，一切虚文均所不尚。除咨明禁烟公所外，先附片将大概情形慨切陈明，拟俟满城戒净后，实效果臻，再行具奏一切推广办法，请旨施行，实亦中国之一大幸也。

伏乞圣鉴。至药方秘密，万不肯传，揣其私心，殆欲专利。统俟满城收效后，再行具奏请旨，合并陈明。[1]

[1]《记载——光绪三十四年十一月大事记》，《东方杂志》1908年第5卷第12期。

对此上奏，光绪皇帝旨曰："该衙门知道。钦此。"

然而，当时发表此奏折的《东方杂志》却认为：光绪三十四年（1908 年）十一月二十一日，宁夏将军台布、副都统志锐等奏宁夏满营戒烟办法，"是奏颇获异闻，不得不特揭之"。

同时，《东方杂志》进一步指出此奏折中："所云度支部调查折之不足据，恐系确语。此项调查清单具载前月本杂志，得此纠举，殊用为快。惟所称赵国俊之秘方，一日除瘾，事出创闻，果其可信，岂非大妙。然云秘密万不肯传，则试问此种神奇乃全球所无，何难以国家保其专利，而必听其每日至多能戒五十人，已属鄙诞。又称俟宁夏满城戒绝，请旨推广，各省专戒官员、衙役、兵丁，百姓则以数多于鲫而弃之，尤足令人喷饭。其形容神效，志锐等且以身实之，似乎可信。惟诞谩不经之习，在丰镐世家为最甚。纪此以验当世，倘有就宁夏一考其事实者乎？"[1]

（二）办理情形

清宣统元年（1909 年）二月一日，驻宁夏满营将军台布、副都统志锐等上奏《满营戒烟办理情形片》中曰：

宁夏满营实行戒烟情形，前曾附片陈明。两月以来，

[1]《记载——光绪三十四年十一月大事记》，《东方杂志》1908 年第 5 卷第 12 期。

按旗按期调局戒断。现在，官兵戒净者已四百二十一名。

于（光绪三十四年）十一月间，复派人到京采办药料，俟明正开局后，每班拟戒六十名。并查得妇女吸烟者亦不下五百名，亦定为一律严戒。

此千余人一并戒净，为期约在明（宣统二年，1910 年）春三月，所有吸烟器具均已如数收缴，将来拟并人数造册，咨送戒烟大臣查核调验。惟是积习太深，骤难反正，其官兵内之不知自好、不知利害者，戒后又复私自吸食，访查亦颇有之。

此等官兵于沉溺已深之时，朝廷如此严切禁令，长官如此极力体恤，得此妙方，并不立志力祛沉疴，尚复性眈安逸，私自吸食，似非有严法惩之，必致效尤成风，一旦前功尽弃，拟求明降严旨，凡官员、兵丁已戒再吸者作何分别惩办。奉到严旨，奴才等宣布阖营虽不必实行，自能知畏于戒烟大局，殊多裨益。

奴才等恐功败垂成起见，特谨附片实陈，伏乞皇上圣鉴施行。

对此上奏，宣统元年正月二十四日，奉宣统皇帝旨："凡官兵已戒再吸者，即行斥革，余著随时严察禁戒。钦此。"[1]

---

[1]《政治官报》（折奏类），宣统元年（1909 年 2 月 1 日）第 470 号。

（三）一律净尽

清宣统元年三月三日，驻宁夏满营将军台布、副都统志锐等上奏《满城戒烟一律净尽》折中曰：

奏为满城戒烟一律净尽恭折，仰祈圣鉴事。

窃戒烟之令屡奉明诏，实力举行，既除今日之害，又期他日之强，若只敷衍目前，不思后来，结果是无爱国心矣。

宁夏驻防（满城）自得此药，由奴才志锐首先戒断后，雷厉风行，按户稽考告戒者赏之，不戒者惩之。计自上年（光绪三十四年）十月初五日开局（设戒烟局）后，至本年（宣统元年）二月十五日止，四月有余，共戒断男妇老幼官员、兵丁共一千零八十三名。尚有孕妇十五名，俟其分娩后再为戒断，未在此数之内。

本城汉民男、妇三百零二名，共收缴灯、枪二千四百六十一件，现将人名造具清册，并所有器具，均咨送禁烟大臣查考，尽可按册指名调查，绝无一毫蒙混。此奴才等敢于自信者也。

戒法，一月六班，每班五日或三四十名不等。进局日不准吸烟，第二日服药，俟吐泻后，与以补药，安睡一夜。第三日虽令吸烟，亦不下咽，是日即予以稀粥。第四日面食。第五日早饭后出局，腹内烟瘾无不净，只四肢微有酸楚，稍为习劳，即已释然。

本年正月，又添一局（戒烟局）。

两局均派首先戒断之协领瑞理在局招呼，复派佐领庚寅、瑞理，防御栢寿经理饮食，收缴器具，搜查、暗访等事，均无薪水。数月以来，日夜在公，勤劳颇著，虽系奴才等督饬严切，亦多赖各员能以实心任事，始克有此明效，除此大害。戒断时，尚有妇女二名，本来有疾，不胜药力，偷吞烟泡，因此殒命。奴才等均已拨款赏恤。

四月有余，药价与戒烟之千余人陆续在局伙食，共用去银四千四百一十两。盖药价颇昂，每人泻、补两次在局，出局尚予以五日补剂，约合银在二两左右，兼之局中伙食杂费，所费亦实不赀。除奴才台布、志锐各捐津贴银五百两外，实开销银三千四百一十两。旗库无款可筹，奴才等暂由渠工存款下动用。仰祈皇上恩施，俟渠工告竣后，一并开具详细清单，再为报销。

查自禁烟之诏下颁两年余矣，从未见各处奏报实力戒断者，不过以取结了事，器具则据报当堂销毁。

此次宁夏满城官员、兵丁尚能深明大义，合力戒除，器具亦一律收缴，实足为天下之倡。所有出力之协领瑞理等数员，可否请饬传旨嘉奖。兵丁等拟求天恩，饬下陕甘督臣，从宣统元年（1909 年）起，估拨兵饷予以十成，盖每年所领在八万有零，十成不过十万一千上下。皇上天恩，有此恩施，既可鼓励宁防，亦可令别省驻防闻之思奋，且他处驻防未戒烟者不能藉口，在甘督不过多拨万余金，而宁夏则受益不浅。

至各省戒烟调查、考验，恐不免有敷衍之弊，奴才等尚有推广办法另折奏请施行。除派协领瑞理赍折、带兵，携文件、器具赴禁烟大臣公所交收，以备考查、咨询，并清册一份、补泻药各一包，咨送军机大臣备查化验外，所有宁夏驻防戒烟净尽情形，理合恭折具奏。仰候恩施，伏乞皇上圣鉴。

再，此折如蒙皇上恩准，并乞饬发明谕，以为天下驻防劝。是否有当，请旨施行。

对此上奏，宣统元年闰二月二十七日，奉宣统皇帝朱批："瑞理等传旨嘉奖，动用银两，准其开销。加复兵饷，暂行缓办。余著该衙门知道。钦此。"[1]

（四）分别降革

清宣统元年（1909年）八月，驻宁夏满营将军台布、副都统志锐等上奏《佐领庚寅等戒烟玩法请分别降革等》折中曰：

奏为特参戒烟玩法之职官，请旨严惩恭折，仰祈圣鉴事。

窃宁夏戒烟净尽办法，一切前均恭折具陈，并蒙

---

[1]《政治官报》（折奏类），宣统元年（1909年3月3日）第531号。

恩传旨嘉奖数员在案。

当时，因附近居民有自来求戒者，所设戒烟局并未遽撤。讵意人心不古，习染太深，自奏明后，以为不再追求，定能敷衍，由局管佐领庚寅、防御栢寿先行犯禁。二员虽已戒断，其家中男、妇仍明目张胆，开灯私吸，甚至亲戚以其家为护符，公然在彼吸食。栢寿则为其妻徇隐，并未实戒，局员如此，则搜查必不认真，纷纷效尤，均得藉口。

奴才等闻有风声，即时搜拿，果由庚寅家搜出烟具、洋烟，并在彼吸烟之人。质之，二人无词以对，当将二员摘顶撤差，旗务派人署理，另派素未吸烟之防御秀山、景惠随同瑞理认真办理。

适协领瑞理亦由京回城，两月以来，极力搜查犯者不一而足。本应遵奉明旨，均行斥革。惟思旗兵专恃钱粮糊口，一经斥退，朝不保夕。革退既多，旗营徒弃无算之废人，地方必添无业之游手，流而为匪，势所必然。奴才等惟有严行责枷，再为戒断。

此间风俗，大半不能约束，妇女犯者甚多，其父母、丈夫甘为其受责，而不能禁。法穷术尽，置若罔闻。不得已，虽妇女亦传局责惩，始稍知畏惧。现在，已戒断再犯者又不下二百余人，现只余年老者与怙恶不悛者不过数十人而已。惟兵丁尚可以责枷压力为之，官员则必须参惩。

查有镶蓝旗蒙古骑尉如环、正蓝旗骁骑校文才、文福，身为职官，再戒再吸已至三次，虽将烟瘾又为戒断，该员等太觉不知自爱，实系不堪造就之才，相应请旨，一并革职。其首先犯禁，纵容家属私吸之佐领庚寅、防御栢寿二员，故念本身实已断净，又系在局日多，拟请从宽销去，传旨嘉奖，庚寅以防御降补，栢寿以骁骑校降补。

奴才等虽经褒奖在先，绝不敢回护于后，如此惩儆，庶可官知所畏，合力办公，以期戒烟之举，不至有名无实。其云骑尉世职，一俟查明应袭之人，再行奏请赏袭。

查宁夏首先戒净，并已奏奉明旨嘉奖，奴才等曷敢稍与松劲，以致贻人口实。惟处此产烟最多之区，来源不绝，真有不可一日疏懈之势。盖官兵人格太低，戒烟之事，不以为振刷自强，反以为搪塞官事。

昨见度支部奏禁烟办法，独陕甘、贵州、四川须至宣统五年始能一律禁种。查宣统五年届与外人约期已及七年矣，不预为严禁，缓至彼时，以七年未能禁绝者，只恃后之三年，恐终归于不能绝而后已。

朝廷之损失固可寒心，即以宁夏驻防区区数千人，均不免受此需缓之害，无法以善其后矣。所有特参玩法之职官与再行严禁之情形，理合恭折具陈，伏乞皇上圣鉴。

对此上奏，宣统元年八月二十六日，奉宣统皇帝朱批：

“著照所请该衙门知道。钦此。”[1]

二、宁夏满营将军台布、副都统志锐与满营禁种罂粟

（一）禁种罂粟

清宣统元年（1909年）三月三日，驻宁夏满营将军台布、副都统志锐等上奏《禁种罂粟片》中曰：

> 禁种之法，实为禁烟第一要著。宁夏满城戒断后，经奴才等传知，凡系佃种本营官地者，一律不准栽种罂粟。汉城（宁夏府城）道、府亦曾出示一律禁种。
>
> 此令既出，烟价大涨，现在每百两（烟土）竟贵至三十六两，百姓遂纷纷来城求为戒断，一因价贵，一因禁种。
>
> 奴才等现在因此未能撤局，可见人同此心。希望既绝，求援必力。宁夏一隅虽系略见一斑，推之天下当不外此。
>
> 朝廷如果毅然禁种，严定惩罚，草偃风行，收效必速。管见所及，冒昧琐屑。理合附片再陈，伏乞圣鉴。

对此上奏，宣统元年闰二月二十七日，奉宣统皇帝朱

[1]《政治官报》（折奏类），宣统元年（1909年9月1日）第706号。

批："该衙门知道。钦此。"[1]

（二）戒烟经费

清宣统元年（1909 年）十二月，驻宁夏满营将军台布、副都统志锐等上奏《开报戒烟经费并请旨严饬禁种》折中曰：

奏为开报戒烟经费，二次咨缴烟具，并请旨严饬禁种，以除大害恭折，仰祈圣鉴事。

窃宁夏满营奉旨禁烟，前于一律戒净，复曾经具奏并声明拨用垦款银三千四百一十两，蒙恩准，其开报在案。

因在产烟最多之区，未敢遽行撤局（戒烟局）。不意，利之所在，百姓之私贩者到处皆然；设法虽严，兵丁在怙恶者随在不免。于四月后，又复设巡兵极力搜查，严劾官员数名，以为之戒。兵丁、男、妇有犯必惩，有鞭责枷号，戒断后充苦力两月者。有革去钱粮、全家驱逐出城，令其改悔。求戒者犯者则百计千方以求，遂其嗜好办者则严刑峻法，必期绝其根株。由四月至十一月，凡八阅月，除吞服烟泡、不用灯吸者不计外，又复搜查烟杆、烟灯二百数十件。

现在，私吸者大约不过百分之一，拟于十一月即

[1]《政治官报》（折奏类），宣统元年（1909 年 3 月 3 日）第 531 号。

行撤局。惟是从事八月所费未免稍多，综核前奏统用至四千八百两，由局开具清单，恭呈御览，伏乞天恩，允于垦款拨发。

烟局虽撤，尚未敢概不过问。现拟附于步营，仍令巡兵随时稽查。其经费一切较之设局不同，即由兵丁月饷每两酌扣一二分，以资津贴，盖一日不能禁种，已戒者不能一日不防，欲节靡费，非如此办理不可也。

至禁种一节，前奉部咨，陕甘各省亦于宣统二年（1910 年）一律严禁。惟甘肃一省，种烟最多，至今尚无禁种消息。前督臣升允咨令宁局配药，派人至省（兰州）戒断。奴才等均已照办，派佐领带药前往。在省（兰州）四月，戒断百姓六人、官员一人。考其原因，盖官员均已互相出结，兵丁、百姓又不过问，戒断徒有其名，毫无实际。

奴才等已将佐领等撤回，现该省只留医士赵国俊在彼敷衍。详询情形，表面则曰戒净，其实家家灯火，彻夜开灯，巡警、兵丁即能卧地持枪明吸不已。看此光景，甘省禁种一事，恐亦徒托空言，不惟陕省受其影响，区区（宁夏）满城亦必流毒无穷，不易为力。盖雷厉风行，实难为继。稍为松动，犯者比比。如谓满营戒净后，从此不染此疾，奴才等殊无一定把握。惟有请旨，严饬陕甘督臣实力戒官，严法禁种，庶几能有起色。

奴才等非炫己长，以议人过，实因此事关系匪轻，转眼即届期满，恐非敷衍所能了结也。

冒昧之咎，所不敢辞。除将收缴烟具咨送禁烟公所外，所有开报经费暨请旨严禁情形，谨恭折具陈，伏乞皇上圣鉴。

对此上奏，宣统元年十二月十八日，奉宣统皇帝朱批：“该衙门知道。单并发。钦此。”

宁夏满营将军台布、副都统志锐等在上奏《开报戒烟经费并请旨严饬禁种》折中，将宁夏满营“戒烟局用款报销清单恭呈御览”，计开列：

（1）头次配药，银一千一百两。发给赵国俊等盘川、安家（费）两次，共银三百两。解烟具进京、递折来回川资脚价，银四百零二两。

（2）自光绪三十四年（1908 年）十月起，除协领一员无津贴，其佐领一员、防御二员，每员津贴银三两，共银九两。书识二名，每名津贴银二两，共银四两。巡兵十名，每名津贴银二两，共银二十两。厨工一名，津贴银二两。米、面、油、盐、蜡烛、柴炭、肉菜，共银八十五两，每月共银一百二十两，计七个月，共银八百四十两。

（3）由宣统元年（1909 年）四月起，添巡兵十名、协领一员，无津贴协领一员、防御二员，每员津贴银三两，共银九两。书识二名，每名津贴银二两，共银四两。巡兵共二十名，每名津贴银二两，共银四十两。厨工一名，津贴银二两。米、面、油、盐、蜡烛、柴炭、肉菜，共银四十六两，每月共银一百零一两，计八个月，共银八百零四两。

（4）城门搜查出入买卖烟者，每城门派官一员、兵四名，计二十员名。每员名茶水银，每日五分，计银一两，每月共银三十两。自光绪三十四年十月起，至宣统元年十一月止，计十五个月，共银四百五十两。

以上统共用银四千八百两。

对此上奏之宁夏满营各项禁烟费用报销清单，宣统元年十二月十八日，奉宣统皇帝朱批："览。钦此。"[1]

综上所述，清光绪末年至宣统初年，驻宁夏满营将军台布、副都统志锐等在宁夏满营厉行禁烟，并制定和颁布了《戒烟办法》，采取严厉措施实施戒烟，设立戒烟局，配制戒烟药，组织专人管理、侦察，规定官不戒烟则罢官，兵不戒烟则除籍，停发粮饷，家属吸烟以家长是问，如两次发现，则以皮鞭毒打等。[2]

宣统元年十一月，台布、志锐以"烟瘾未断"为由，

[1]《政治官报》（折奏类），宣统元年（1909年12月22日）第816号。

[2] 索元：《清末将军志锐事略及其散佚诗词》，载《宁夏文史资料》第4辑（内部资料），1989。

奏准朝廷，将宁夏满营正红旗防御舍里、镶黄旗骁骑校保昌革职。[1]

宣统二年二月，台布、志锐以“阻挠戒烟禁令”为由，奏准朝廷，将宁夏驻防正蓝旗佐领孟赉、骁骑校文广革职。[2]

如此，驻宁夏满营将军台布、副都统志锐等奉旨，在宁夏满营强令禁烟两年，收到一定效果，“宁夏满城戒烟一律净尽。所有出力之（满营）协领端琄等数员”，得到清廷的“传旨嘉奖”。[3]而且，宁夏满营禁戒鸦片之法，被当时杭州将军所效仿，奏请朝廷，“拟照宁夏办过章程，设局配药，认真禁戒”[4]。

然而，此时的清朝统治已进入尾声，戒烟禁令不久废弛。

---

［1］《清实录·宣统政纪》卷二六，中华书局，1987，影印本，第 489 页。

［2］《清实录·宣统政纪》卷三一，中华书局，1987，影印本，第 558 页。

［3］《清实录·宣统政纪》卷一〇，中华书局，1987，影印本，第 203 页。

［4］《清实录·宣统政纪》卷四六，中华书局，1987，影印本，第 825 页。

第四章 民国初期宁夏的禁政

一、倡导禁政，查禁烟苗

1912 年 12 月，甘肃都督赵惟熙复电湖南、四川两省都督，响应和呼吁禁烟，“并望陕西、新疆各省都督通力合作，共策进行”，还谈到当时甘肃全省（包括宁夏在内）的禁种及禁运、禁吸鸦片等情形。电文中云：

长沙冬（12 月 2 日）电、成都虞（12 月 7 日）电谨悉。鸦片流毒，病国弱种，各省胥受其害，而甘肃为尤甚。……光复以来，军事方亟，烟禁稍弛，民间渐有偷种情形。现已于省城（兰州）组织禁烟总会，各属组织禁烟分会，先从禁种严办，务使民间田亩不得再有一枝烟苗发生。然后禁运、禁吸方能确收实效。惟是禁令不严，则积疾之祛除尚多瞻徇。

将谭都督（湖南都督谭延闿）冬（12月2日）电布告全省外，并望陕西、新疆各省都督通力合作，共策进行也。[1]

1915年，甘肃将军张广建通令全省禁种鸦片烟，并派员赴各地查禁烟苗。[2]

当时，宁夏为重点禁种区，宁夏护军使马福祥在宁夏厉行禁种和禁吸鸦片，并派员率队赴各地督饬查拔烟苗。一些边远荒僻地区的农民贪图暴利，仍有偷种鸦片情况，但一经查获，便将种烟人抓来，囚禁于木笼内，游街示众。[3]

中卫县知事康严（1915—1916年在任）亦下令禁种鸦片，亲率衙役到所属各堡、乡打拔烟苗。5月中旬，康严到宁安堡（今中宁县），责令地方堡长、乡绅等率人用镰刀、铁锹等砍掉了所有的烟苗，并下令不准再种。[4]

此次，宁夏禁种鸦片声势浩大，影响深远，在此后的

[1]《甘肃烟禁谈》，《申报》1912年12月31日。

[2]《甘肃解放前五十年大事记》，载《甘肃文史资料选辑》第10辑，甘肃人民出版社，1981。

[3]康瑞天：《民国时期中卫禁种鸦片烟史话》，载《中卫文史资料》第6辑（内部资料），1995。

[4]郭凤举：《鸦片的传入、种、禁与宁夏人民》，载《中宁文史资料》第1辑（内部资料），1988。

7 年间，宁夏很难见到鸦片“烟花”开放。

二、复种鸦片，烟禁渐开

然而，“到了民国八年（1919 年）和九年（1920 年）的时候，毒卉已铲除净尽。虽然周围的省份，如新疆、陕西等省有不肖的奸商偷运偷售，但是烟价已经涨到十几元以上；虽然许多有烟瘾的人私自偷吸，而典田卖地、倾家荡产不知凡几……因为这种人有不堪怜惜的劣根性，也就不稍顾念，终于宁夏禁种、禁吸均到了大功告成的地步”[1]。

但是由于未禁绝吸食鸦片，致宁夏的烟价一时暴涨，每两鸦片烟售价达白银 10 两。[2]

1921 年，陆洪涛督甘后，平凉镇守使张兆钾、天水镇守使孔繁锦率先破坏禁烟政令，在其势力范围内，允许农民种植大烟。后甘州、凉州、肃州、河州四镇相继效仿，开放烟禁。甘肃督军陆洪涛因财政拮据，为扩大实力，广辟税源，借口筹济军饷，对开放烟禁默许不问，亦无力过问。

[1] 马鸿逵：《西北之两大问题》，《西北问题》1934 年第 1 卷第 1 期。

[2] 李荣春、梁世超：《鸦片传入中卫及其禁绝前后》，载《中卫文史资料》第 3 辑（内部资料），1989。

次年（1922年）春，甘肃其他各镇开放烟禁的消息传来，宁夏各县士绅遂推举代表，向宁夏镇、道两署请求解除烟禁。

宁夏道尹陈必淮乃前清故吏，久仕官场，因想趁此机会大捞一把，故对解除烟禁的请求一口答应。

而当时新任宁夏镇守使的马鸿宾深恐解除烟禁将授人以柄，遂与西宁镇守使马麒达成一致，坚决反对开放烟禁，以保持以往的禁烟成绩，并欲以此作为攻讦陆洪涛包庇张兆钾、孔繁锦破坏烟禁的口实。

马鸿宾的这种做法，引起陈必淮的不满，再加上有些人从中挑拨离间，四处散布说，陈（必淮）道尹允许种大烟，体谅百姓，马（鸿宾）镇守拒绝开放烟禁，不恤民情。这就是当时盛传的所谓宁夏镇道不和，欲往北京大理院打官司的原因所在。

在这种情况下，陈必淮老于世故，担心事情弄僵对己不利，并未诉诸大理院，而是函请时任绥远都统的马福祥

宁夏罂粟花盛开情景（1936年6月，美国传教士毕敬士摄于今银川市至平罗的路上）

劝其侄子马鸿宾从长计议，不可固执己见，以逆民意。马福祥亦认为宁夏复种大烟对绥远不无厚利，至于开放烟禁的罪名可诿诸陆洪涛，遂写长信给马鸿宾，晓以此意。

马鸿宾以叔父马福祥出面说话，所言亦有道理，便不再坚持己见，默许开放烟禁。于是，从1922年起，宁夏烟禁解除，复遍地罂粟矣。[1]

三、烟亩罚款，“寓禁于征”

宁夏开放烟禁后，与其他地方一样，当局既允许农民种烟，又以种烟为非法，按亩征收所谓“烟亩罚款”（即“烟花税”，罂粟开花时，官方登记烟亩，按亩征税），并美其名曰“寓禁于征”，每亩烟田征收白银14两[2]，以增加地方财政收入，亦意图对“以前之无限制地种烟病态”加以某些限制。

同时，成立了宁夏道署禁烟罚办处（以下简称“禁烟罚办处”），专办烟亩罚款（征税）事宜。马鸿宾和陈必淮兼任禁烟罚办处总办，宁夏镇守使署参谋长和宁夏道（朔方道）署秘书长兼任禁烟罚办处襄办。禁烟罚办处设在宁夏城（今银川市）北大街“屏兰寄庐”中，下设十余位办

[1] 马毓丰：《马鸿宾三次主持宁夏军政》，载《宁夏文史资料》第14辑（内部资料），1985。

[2] 张学才：《吴忠地区禁烟小史》，载《吴忠文史资料》第3辑（内部资料），1991。

事人员。

为了杜绝县长和地方士绅互相勾结舞弊，以多报少，规定每年在大烟露苗时，先由县府派员下乡，会同当地士绅等逐块查证和登记种烟亩数，报禁烟罚办处备案，并预交二成罚款，是为初查。到烟花开放、即将收割时节，再由镇、道两署合派复查人员，分赴各县核查所报烟亩数是否属实，并据此收缴罚款。

由于实种烟亩数、罚款的收缴数量均由这些“钦差大员”决定，他们在酒醉饭饱之余，或躺在大烟灯旁，或坐在麻将桌边，与当地士绅、地主和县长进行讨价还价的所谓“商议”公事，最后总是酌量增加些烟亩数字，再将按规定奉送的车马费和其他贿赂装入腰包，其间隐匿、弄虚作弊之处不言而喻。

此外，县、乡所派催要烟亩罚款的人员、差役和地方士绅也都趁机巧立名目，百般勒索，农民终年辛苦劳动的果实，最后所剩无几。

据中卫县当地老农回忆说：此项烟亩罚款（烟花税）很重，那时叫“开烟亩银子”，视烟田生长情况而定，生长好者，一亩罚款100银元，次者80银元，再次者60银元。每年于烟花盛开时节，县府即派员并邀请地方士绅组成“开烟亩银子小组”，分赴各乡村田间地头，逐块进行登记造册，作为征收罚款的凭证。

由于弊窦丛生，以致官民纷纷公开受贿行贿，有种一亩而只登记七八分者，有以好报次者，全视贿赂之多少、人情之大小而定，当场交钱，心照不宣。当时，中卫县的县官、士绅多由此而大发其财，如有名的“柴十万”（县长柴成霖）、“扈十万”（县长扈安民）等，均因此发财而被民众绰称之。[1]

由于烟禁的开放，宁夏各大商号收购的土特产以大烟为主。每年农历五六月间，各商号派员随“牙行”（经纪人）下乡，甚至到田边地埂坐等收购烟浆。

收购的烟浆运回商号以后，经晒制，切成 75 两或 50 两的烟块，用带有本号商标的木模拓印后，再用印有本号商标的纸包装，名曰“板货”或“硬货”。然后，运至内蒙古包头、呼和浩特一带，售于北京、天津和东北地区的烟商。

当时，这种“硬货”俗称“黑金子”，获利极大，每两大烟的收购价一般为五六角银元，出售价最低也要一块银元。[2]

1926 年，刘郁芬督甘，为了筹集粮饷、军饷及各项军政费用，下令甘肃全省继续种植大烟，派征烟亩罚款，对不种大烟地区，罚征所谓“懒款”。刘郁芬还以“涓滴归公”为由，着甘肃督办公署统一征收，并将此项罚款正式列为省府行政经费预算。规定宁夏每年以 90 万元定额，开征上

[1] 康瑞天：《民国时期中卫禁种鸦片烟史话》，载《中卫文史资料》第 6 辑（内部资料），1995。

[2] 苗子安、安仲甫等口述，刘继云、徐世雄整理《宁夏八大商号》，载《宁夏文史资料》第 20 辑，宁夏人民出版社，1997。

交[1]，使宁夏民众负担进一步加重，烟毒祸害进一步加深。

1931年7月11日，《宁夏民国日报》报道一则消息曰："宁朔县属丰盈上方堡长李光明，昨（7月10日）因烟款未能如限交清，一时县差催迫，无法应付，竟投唐徕渠溺水自尽……"

对此，1931年8月17日，署名"侠"者出于激愤，撰写了《宁夏烟款逼命》的评论文章，对西北及"屠夫操持之宁省政府"实施的所谓"寓禁于征"政策予以强烈之抨击：

> 呜呼，甘（肃）、宁（夏）二省之烟祸，在吾人忠言警告之结果，竟未能促悟二省当局之一人，反而变本加厉，逼民趋死。读宁夏7月11日《民国日报》载："宁朔县属丰盈上方堡长李光明，昨（7月10日）因烟款未能如限交清，一时县差催迫，无法应付，竟投唐徕渠溺水自尽……"
>
> 此偶然之披露，且因死者为堡长。其为平民而逼于烟款自尽而未知闻者，实未敢限其数目也。
>
> 甘、宁政事操诸屠夫之手，民命儿戏，已成习见，李光明之死，实不足为怪。然而，吾人之已于言者，盖李（光明）氏之死，因于"未能如限交清烟款"。

---

[1]赵晋熙:《马鸿逵的"禁烟"》，载《宁夏文史资料》第8辑（内部资料），1981。

禁烟乃国家坚决实行之政策，国府颁有戒烟法，各地政府所绝对遵守而实行者。宁夏省府既隶国府统辖，严决禁烟，乃其本分。然而，宁夏因烟款而逼死堡长矣。

“寓禁于征”之说，曾有奸徒之倡惑矣。然国府之精神如一，在撤销查缉处之后，即有立法院邵（元冲）代院长之禁烟政策之报告中曰：“现在如有人对禁烟问题犹抱怀疑态度的政府同人，决愿负责诚告我国民，政府在总理（孙中山）拒毒遗训之下，在中央（指国民党中央政府）决议政策之下，一定竭其责任，在规定法律范围内，从事一切禁烟的工作，决不宽纵。因为在法律方面，除刑律上对鸦片烟的犯罪特有一章的规定，而公布的禁烟法，也有很严厉对于禁烟处罚条文的规定。法令森严，政府与民众当然有彼此负起共守的责任……”

是以为烟款而逼命之法律的责任，屠夫操持之宁省政府自不能辞其应守之责。盖“寓禁于征”之政策，为政府所“负责诚告我人民”而不承认者，关于烟禁，政府只有“禁绝”一个政策。宁夏政府久许人民种烟，即已负法律上之一半责任，今逼民种烟，逼民交款，以致造成命案，负法律之全责，曷辞？

文章最后指出：“法律之处分，自有明文规定，吾人之忠告警言亦尽于此矣。吾人唯有以民之寇仇视之，亦唯有以民之寇仇处置之，宁中倘有未死之同志，能将李光明以及类似惨案之详情见告者，吾人决依前期本刊之评言，为我同胞效命。呜呼，屠夫之宁夏操政者！”[1]

四、从“清乡费”到“附加税”“禁烟善后税”

1929年元月，宁夏正式建省后，首任宁夏省政府主席门致中借口“兴办地方建设”，将宁夏全省烟亩罚款（又名“清乡费”），由原来的90万元，猛增到180万元[2]，造成宁夏全省遍地鸦片烟花，人民负担增重，农村经济进一步破产。

据有关统计，征收的“清乡费”，1930年为813387.91元，1931年为1174016.88元，1932年为1543340.91元，1933年至1934年为1227738.46元。

征收的“善后罚款”，1930年为73839.83元，1931年为126702.37元，1932年为212054.66元，1933年至1934年为178890.78元。[3]

1933年，马鸿逵主政宁夏后，以宁夏地狭，财政困难为由，仍准继续种植大烟，在田赋、税捐外，征收烟亩

[1]《陇钟》，1931年第8号（8月20日出版）。

[2]赵晋熙：《马鸿逵的“禁烟”》，载《宁夏文史资料》第8辑（内部资料），1981。

[3]《十年来宁夏省政述要·财政篇·财务行政·省库之收支情况》，1942年。

罚款[1]，并仍以180万元列为地方财政岁入。

“在‘烟亩罚款’逼迫之下，人民不得不种植鸦片，藉以应付所谓‘罚款’。因此烟苗遍地，几将全数良田占去，（粮食）生产品因之而减。又人民吸食鸦片者十之五六，多属鸠形鹄面，不似人形”，成为“宁夏存在的严重问题”与“宁夏人民之致命伤”[2]。

1934年，南京国民政府通令全国各省禁烟，并取消了“烟亩罚款”这个与禁烟相抵触的地方税，改由政府每月拨发补助费3万元。

宁夏省政府主席马鸿逵得到补助费后，采取“明禁暗营”的政策，表面上口喊禁烟，实际上下令各县摊派种植大烟，只把“烟亩罚款”改头换面为“附加税”，照例征收[3]，并宣称：“中央三令五申饬我收回宁夏省银行所发的省钞，统一使用法币。我省财政困难，何来巨款收回这样数字庞大的省钞，只有想此办法，实不得已而为之。”[4]

此外，自1922年宁夏开放烟禁，征收烟花税后，除“烟

[1] 康瑞天：《民国时期中卫禁种鸦片烟史话》，载《中卫文史资料》第6辑（内部资料），1995。

[2] 实言：《日本侵略西北声中之宁夏现状》，《竞存》1936年第2期。

[3] 赵晋熙：《马鸿逵的“禁烟”》，载《宁夏文史资料》第8辑（内部资料），1981。

[4] 康瑞天：《民国时期中卫禁种鸦片烟史话》，载《中卫文史资料》第6辑（内部资料），1995。

亩罚款”（即以后的附加税）外，还有一种名曰“禁烟善后税”（为以后禁烟预筹经费）的税收。因为，在烟禁开放、种烟征税的情况下，必然会出现商人从中牟取暴利的烟土市场，于是，征收“禁烟善后税”也就应运而生。

“禁烟善后税”表面是为以后禁烟预筹经费，实际上仍是一种生财之道。陆洪涛主甘时，禁烟善后总办遍布全省大小关卡。到刘郁芬主甘时，为了统一征收，设置了禁烟善后总局，各县设分局，局下设卡。税目分“行销”和“坐销”两种。行销向烟土行销商征税，坐销向当地烟贩或开烟馆的零销商抽税。

马鸿逵主持宁政后，于1934年成立了宁夏禁烟善后总局，制定了《宁夏禁烟善后总局组织大纲》《宁夏禁烟善后总局办事细则》《宁夏禁烟善后一、二、三等分局办事细则》《宁夏禁烟善后罚则》《宁夏禁烟善后总、分局人员惩奖条例》，以及《宁夏禁烟善后总局缉私马巡队暂行条例》《宁夏禁烟善后总局缉私马巡队服务规程》《宁夏禁烟善后总局缉私马巡队惩奖条例》[1]等一系列规章与条例。

---

［1］宁夏省财政厅编印《宁夏财政年刊》（1934年度），1935年印行。

宁夏禁烟善后总局组织大纲

第一条：本总局以禁绝毒卉为宗旨。

第二条：本总局直隶于财政厅。

第三条：厉禁事宜暂用罚办方法行之，以示厉禁于征。（罚则另定）

第四条：总局设总办一员，总理全局事务；会办一员，协助总办督饬一切，均由省政府委任之。

第五条：金灵（金积、灵武）设一等分局一处，磴口设一等分局一处，其局长、副局长均由财政厅委用。其余员司，由总局委用之。（组织表及办事细则另定之）

第六条：中卫、中宁、平罗各设二等分局一处，豫旺、盐池各设三等分局一处，局长均由财政厅委用。其余员司，由总局委用之。（其组织表及办事细则另定之）

第七条：夏朔（宁夏、宁朔）及其他不隶属于各分局之区域，一切厉禁事宜，均归总局径行处理。

第八条：总局对于一、二、三等分局，均为直隶机关，总会办对于各分局长、副局长有指挥、监督及呈请奖惩之特权。

第九条：总局于总会办之外，得设下列秘书、主任及各股。其办事细则另定之。

（甲）秘书一。

（乙）主任一。

1. 总务股。

2. 稽核股。

3. 稽查股。

第十条：秘书及主任由财政厅委用，各股股长一员，由总办呈请财政厅加委。其余员司，由总局径行委用。（组织表另定）

第十一条：本大纲自公布日施行。

宁夏禁烟善后总局办事细则

第一条：本细则依据《（宁夏禁烟）善后总局组织大纲》第九条订定之。

第二条：本局事务除法令别有规定外，悉依本细则办理。

第三条：总办总理全局事务，并指挥、监督所属职员及所辖机关。会办襄理局务，如总办有事缺席时，得代行其职权。

第四条：本局设秘书一人，承总办之命办理下列事项：关于撰拟机要文件事项，关于复核各科文稿事项，关于本局职员请假登记事项，关于其他交办事项。

第五条：本局设主任一人，掌理下列各股事务。（1）总务股办理事务：关于监印、校对、收发事项，关于撰拟文牍事项，关于保管卷宗、图书事项，关于会计、庶务事项，关于其他不属于各股事项。（2）稽核股办理事项：关于审核该局票照、单据事项，关于校对、编造表册事项，关于印发票照、单据事项。（3）稽查股办理事项：关于稽查商民存药（烟土）事项，关于明密调查各属局及马巡（队）缉私事项，关于一切调查事项。

第六条：书记办理一切缮写、装订事项。

第七条：凡临时发生事件为本细则所未规定者，由总会办按其性质指定人员办理之。

第八条：凡关于汇核表册、票照、征解款项，均须按旬按月清理，汇报财政厅，不得兼旬累月，致碍考稽。凡关于夏朔（宁夏、宁朔）分局直接办理部分，须照各分局办法，按旬按月另行造赍。造赍时间，旬报不得逾旬后3日，月报不得逾月后5日。

第九条：稽查人员关于查获一切案情时，其报告期限不得过3小时，违者撤查查办。

第十条：商人缴纳罚款，请贴标记、凭单等件时，务须随到随办，不准迟延。如因事忙相待，至迟不得过半点钟，违者以有意延宕论究。

第十一条：紧要文件即日清了，普通文件至迟亦须于3日内办结。

第十二条：本细则如有未尽事宜，得随时呈请修正之。

第十三条：本细则自呈准之日施行。

宁夏禁烟善后总局以马斌为禁烟善后总办，实行所谓禁烟善后税专款专用，不列入普遍财政收入账目，并提高了烟土过境税。在马鸿逵主政宁夏前，烟土过境税每两1角6分。马鸿逵主政宁夏后，烟土过境税每两增至1元6角，仅平罗一县年征收7万元。马鸿逵政府嫌收税太少，枪毙了两个过境走私烟贩，年征收达18万元。一县如此，全省的禁烟善后税收入便可想而知了。

到1938年，马鸿逵政府实行鸦片烟的禁种和统制垄断专卖后，为了统一地方税，才把禁烟善后税并入地方税局，取消了这个专名。

五、宁夏开放烟禁之影响与恶果

宁夏土质肥美，烟土质量尚好。尤其是宁夏地方当局推行所谓“寓禁于征”的政策，开放烟禁，致使宁夏广大农村地区普遍种植罂粟，从此毒害人民身心健康的鸦片日益泛滥于宁夏城乡各地。

对于宁夏自1919年开放烟禁，到1938年全面实施禁种，这20年间，前期宁夏农村的产业结构，尤其农民无衣着及日用品开支而处于“有食无衣”的困境原因，以及开放烟禁后所产生的影响，包特在《宁夏近二十年开放烟禁的影响》一文中予以剖析、概述道：

> 在2月20日，宁夏马（鸿逵）主席对中央（国民

党中央）社记者发表谈话，谓宁夏全省自本年（1938年）起绝对禁绝种烟，并谓过去依种烟为省财政之一大部财源，在全国抗战开始的今日，此种饮鸩止渴的办法，虽明知对财政上有极大的影响，但为充足军粮民食起见，也必忍痛禁烟。末谓天下无难事，虽有财政上的困难，事在人为，必有法可以解决。

…………

此举，不但使全省十几万烟民从此因禁种而走断吸的健康道路，且也因此解除宁夏自种烟以来食粮不足的困难。在大军云集省境以来，对军粮的供给，不但说解除了供应不便之顾虑，也可以说是宁夏多年顾虑再三的禁烟问题，已得到了最后的解决，实为值得庆幸的一件事。

同时，包特认为："此二十年间，开放烟禁历史中，因种烟使宁夏政府与人民所遭受到的悲喜剧，也有一述的价值"，他指出：

宁夏全省不过有八县，在民国八年（1919年）甘肃靖远、古浪大震灾之后，甘肃当局以开放烟禁、解苏民困为口实，宁夏各县也即随之开始种植鸦片。

在此次开放烟禁以前，已有近八年的禁种历史，因此一般烟民几已全部断绝烟瘾。不过在此禁种期间，宁夏一般农民状况却遭遇到一种困难现象，即宁夏原本地广人稀，若所有已垦土地全部种植食粮，即成粮食剩余现象。又以宁境四面皆为交通不便之区，余粮无法运送出境，且也无此需要。加之宁夏土地除种粮食以外，再无其他可做输出农业商品的种植物，就如服用原料的棉花，宁夏根本没有人种植。因此他省的服用布匹及棉花可取之于就地生产者，在宁夏则必须全数仰给外省输入，其他工业品的需要，更也须仰之外省更不待说。

宁夏虽也有皮毛及药材的土产可以输出，但究非全部农民皆营此副业，实在农民之营此副业，只占全数农民之极少数，因此大部农民皆在有食无衣的状态下过生活。每亩所产麦子，恒换不到一人每年所需最少的衣用布匹。

即到开放烟禁以来，一般农民的无衣的问题就算大大的解除。每年农民所产鸦片，在民国十五年（1926年）前数年，因为当内地各省烟禁未开，可以大量输出，每两价值恒在一元至二元之间，每亩烟可收获五十至一百两之间。所以，每年农民大烟收获，除吸食以外，将剩余卖出，不但足可购置衣着与一切日用品之开支，即完纳烟亩罚款之外，还有剩余。而且在此期间，宁属八县所纳烟亩罚款尚未过七八十万。

同时，因地亩的大量种植鸦片，粮价也曾大涨，但有平凉、固原粮食的输入，一般缺乏粮食者从未感到如何的痛苦。自民国八年（1919年）开放烟禁到十五年（1926 年）间，宁夏因开放烟禁，而呈一种经济上的兴奋时代。

民国十五至十九年（1926—1939 年）间，宁夏种植鸦片已渐转入无利时期。

第一，此时国民军已入甘，因军费开支过大，宁夏八县属烟亩罚款即开始由七八十万增至一百五十万，后来复到二百万之数，但所种烟亩并未因此增加，也再无法增加。

第二，此期因内地各省烟禁开放，如陕西、绥远、热河、四川皆相继开放烟禁，此数年间，每两烟价恒在五角至一元间，很少有超过一元五角时期。

第三，因过去数年种烟结果，使土地生长力贫瘠，每亩产量降落二三十两至五十两之间。又加十数年来农民吸食鸦片，体力软弱的结果，培植之工力也大为减少。在此罚款负担加倍，生产减少，价格低落的结果，就使宁夏农民转入困苦无利时期。而且因地方人力的薄弱，其他食粮收获也大为减少，需要外粮输入更为增加。

自民国十九年（1930 年）至现在，可谓划省以后时期，因为以八县属地，而担负一省政费及近二师军费之开支，不成问题的将烟亩罚款列入第一项收入，而且曾增至三百万之数。但以上所举二、三原因并未好转，事实上只有逐年加深，因此就变成了上下交困的现象。

政府为维持军政费开支，已无法减轻罚款（后曾改为清乡费、地亩款，名异而实同），而农民收获鸦片又无法出售，价格甚至落至二三角、一角，即售出也不足罚款之数。所以政府收款难，人民交款更不易。又加人民烟毒吸染日深，体力普遍的软弱，可说此期宁夏在经济及人力方面已呈现出半僵状态。而且粮价高涨及食粮不足食用的现象，已使全省农民转入普遍的饥饿之途。所谓“塞北江南”之宁夏，在近二十年的开放烟禁中，已变成贫乏困苦之境了。

而且开放烟禁以来，在政治上也有一种特殊的发展，即贪污的层出不穷。如每县每年担负四十万正款以外，还须担负县政府以下区、村征收费用达二成至三成之多，甚至有达五成者。此种事实，在民国二十三年（1934 年）前，更为公开之事。此期间，区、村长之争夺已成一种风气，各区、村新土豪劣绅的生长，已普遍的存在。

及到民国十六七年以来，因罚款之负担之未减，而鸦片收成之减少，或价值的低落，人民为应付政府急如星火之征收罚款和春耕食粮种子的不及，高利贷的发展也随之猛进，月息曾达百分之三十至五十的事实。

宁夏本为地广人稀，从外移民之区，但至民国二十年（1931 年）后，因为繁重负担及天灾人祸之结果，就有了弃地远逃之事实。

总之，包特在剖析与概述宁夏开放烟禁前后的悲剧与喜剧后，最后特别指出：“我大略地说了宁夏近二十年开放烟禁的影响，关心边疆的读者定不会说我言之过当吧。‘不仅无可筹之饷，抑且无可练之兵’，这句先哲名言，就是今日宁夏的缩写。但是鸦片是就此禁绝了。所以（当初）开放烟禁者，有其一种特殊经济的要求，但总结果是一种饮鸩止渴的办法，二十年来‘渴’未除，而鸩毒大显。今日鸩毒虽除，而宁夏本身经济组织之弱点尚在。此‘渴’究如何除之，仍为当前的大问题。”[1]

---

[1] 包特：《宁夏近二十年开放烟禁的影响》，《西北论衡》1938年第6卷第5期。

第五章 鸦片流毒下的宁夏社会与民生

一、宁夏种植鸦片调查报告

1933年秋，国民政府参谋本部国防设计委员会（资源委员会前身）鉴于开发西北首须调查资源，邀请国民党政府中央农业实验所总技师兼农艺主任的沈宗瀚及汤惠荪、雷男、任承宪等农业专家组成农垦组（又称“西北调查团”），筹划陕西、甘肃、青海、宁夏、绥远五省之农业调查。

1934年夏，沈宗瀚及雷男、任承宪等奉命赴陕西、甘肃、青海、宁夏、绥远五省“调查农业，历时年余，深觉鸦片对于西北人民及政治之影响极为严重，将调查所得”，著成《西北鸦片之产销状况及其禁绝办法》（《西北罂粟调查报告》），“以供禁烟当局之参考”。

关于宁夏罂粟种植面积与产量等情形，沈宗瀚、雷男、任承宪在《西北鸦片之产销状况及其禁绝办法》中记述道：

“罂粟为西北一种重要作物，以其栽培面积言，约占耕地面积百分之三。以其价值言，每年赖鸦片之收入不下二千余万元，非独人民赖以为生，即政款亦全靠此维持也。”

当时，宁夏种植罂粟面积有 17 万亩，约占全部耕地的 9%。其中，中卫县种植罂粟面积 24235 亩，平均亩产 45.79 两，年产鸦片 1109720 两；金积县种植罂粟面积 11103 亩，平均亩产 41.6 两，年产鸦片 461885 两；宁朔县种植罂粟面积 15135 亩，平均亩产 22.5 两，年产鸦片 340537 两；平罗县种植罂粟面积 61694 亩，平均亩产 45.44 两，年产鸦片 2803376 两；磴口县种植罂粟面积 574 亩，年产鸦片 44254 两；豫旺县种植罂粟面积 9289 亩，年产鸦片 172421 两；盐池县种植罂粟面积 4141 亩；中宁县种植罂粟面积 17001 亩，年产鸦片 778476 两；灵武县种植罂粟面积 10163 亩，年产鸦片 422781 两；宁夏县种植罂粟面积 14599 亩，年产鸦片 328478 两。

沈宗瀚、雷男、任承宪等认为：“各省中，以宁夏产量最高，（陕西）关中次之，而绥远最低。”

关于宁夏中卫县“种植水稻与罂粟（收益）之比较”，沈宗瀚、雷男、任承宪等经实地调查记述道：“宁夏中卫县之地亩款（即烟亩款），不论其种烟与否，皆一律公摊，且罂粟收后可种糜子，年收两季，故种罂粟者较种水稻者有利。”并且，他们还对每亩土地种植水稻和种植罂粟的收支情况做了详细统计和对比，具体如下：

水稻收获：稻谷 10 斗，价值 10 元；稻草 160 斤，价值 0.6 元；总计收入 10.6 元。支出：地租 3 元，芸苔半升、白豆 4 升（绿肥用）1.5 元，种芸苔及白豆用 1 工 0.4 元，整地等用 2 工共 0.8 元，稻种 1 斗 1 元，种稻用 1 工共 0.4 元，中耕 3 次用 6 工共 2.4 元，收割等用 2 工共 0.8 元，地亩款 1.6 元，银粮 2 元，渠差 0.19 元，总计支出 14.09 元。

糜子收获：糜谷 3 斗，价值 3 元；糜秆价值 0.6 元；总计收入 3.6 元。支出：糜种 1 升 0.2 元，种糜用 1 工 0.4 元，中耕及收割用 2 工共 0.8 元，地亩款 1.6 元，银粮 2 元，渠差 0.19 元，总计支出 5.19 元。

罂粟收获：烟浆 80 两，价值 20 元；烟籽 1 斗，价值 1.4 元；烟秆价值 0.6 元；总计收入 22 元。支出：地租 4 元，整地施肥及播种用 5 工共 2 元，肥料 15 车共 7.5 元，除草 4 次用 8 工共 3.2 元，割烟用 10 工共 7 元，地亩款 1.6 元，银粮 2 元，渠差 0.19 元，总计支出 27.49 元。

收支比较，每亩水稻收入 10.6 元，支出 14.09 元，亏本 3.49 元。每亩罂粟收入 22 元，支出 27.49 元，除糜子收入外，净亏 5.49 元。

对此，沈宗瀚、雷男、任承宪等经比较认为："种植罂粟若按亩而言，其利最大，然课税稍重。再按经济原则分析，亦有未必然者。"

总之，沈宗瀚、雷男、任承宪在《西北鸦片之产销状况及其禁绝办法》（《西北罂粟调查报告》）中指出："罂粟对于西北政治、经济及民族之影响极大，政府端赖烟款维持，农民每因烟款而破产，良田滥费，荒灾频起，烟民体质萎弱，渐行退化，老壮惰于工作，效率减低，盗匪遍地，治安无策，一旦边防吃紧，自顾不暇，其不为邻邦吞并也鲜矣。”“欲禁西北鸦片，须先认清历来失败原因，为今之计，只有从新筹划政款，介绍代替罂粟之经济作物，厉行禁烟善后设施，铲除一切禁烟障碍，然后始可企于禁绝。”[1]

二、鸦片流毒下的宁夏社会形态

宁夏土地肥沃，常年出产鸦片，农民每年除耕种粮食外，经常种些大烟苗，以补助其生活费用，吸食鸦片烟也较为普遍。正如当年宁夏广泛流传的一首歌曲唱道：“大烟一两值千金，弟兄几个谁没瘾。”[2]

据 1932 年 3 月 27 日《盛京时报》报道曰：“（宁夏）近年鸦片盛行，一般农民皆争弃大好田禾不种，而纷植罂粟，每届开花之时，遍地无他，良可浩叹。官厅不但不加禁止，且不问田地所种为何，概征烟税每亩二元。故亦有

[1] 沈宗瀚、雷男、任承宪：《西北鸦片之产销状况及其禁绝办法》，国民政府资源委员会农垦组 1937 年编印。

[2] 陈赓雅：《西北视察记》，载《近代中国史料丛刊续编》第 16 辑，1934。

少数农人，虽不愿种毒物，但因无力纳烟税，亦只好种植。人民更无不吸食，因其价廉，每两现时不过六角，较卷烟尚贱，良可悲也。年前，有中央党务视察委员将到宁夏视察，宁省府急命人将公园内四周之罂粟拔去。盖公园地址甚大，无可点缀，管园人觉荒丛之可惜，遂租与农人种罂粟。公园尚如此，其他田陌不问可知矣。”

鸦片的泛滥和烟亩罚款的不断增加，使宁夏“农村经济日趋破产，人民转见窘困，毒病生灵，弱国灭种，莫此为甚”[1]。可见，鸦片在宁夏为害甚烈，民众受其祸害，相率沉溺，生活陷入贫困之境；地方遭其毒蛊，经济凋敝，政誉亦蒙受不良影响。

（一）鸦片收获场景

罂粟收获季节，宁夏市面顿呈某种繁荣景象。1933 年，一位自北平来到宁夏的客商谈道：宁夏“时值烟土收获之际，各地前往经商者愈众，娱乐场所突由一所而增至四所，犹有座满之势。汽车客上客下，甚为拥挤。社会繁荣，远在皋兰（今兰州市）之上”[2]。

1933 年 8 月，驻宁夏省城西新城第十五路军独立第二旅旅长马宝琳，因当地罂粟已熟，每日派士兵由各民众自由挑选，帮助割烟，且不要工资，仅供一餐而已。对此，“新

---

［1］《宁夏省政府公报》，1935 年第 27、28 期合刊。

［2］《西京日报》，1933 年 9 月 3 日。

城附近之民众感便不鲜”。[1]

1937 年 7 月至 10 月，著名历史学家白寿彝、教育家王梦扬参加由北平研究院顾颉刚、西北移垦促进会会长段绳武等发起组织的西北考察团来到宁夏考察，正值鸦片收获时节。

白寿彝记述道：由石嘴山前往平罗黄渠桥镇路途，见“乡下割烟，家人父子男女共同操作，甚紧张。麦虽熟，似尚无暇割取。一家乡人于收烟后，相率作弧形，中立一人，唱念有词。同行小贩告诉我，此谓打闹。每收烟时，有闲汉专作此项工作，祝主家收成丰富，主家辄以烟土二三钱酬之。一日得酬金最优者，可达十余两”[2]。

王梦扬记述道：自黄渠桥镇前往平罗县城路途，“时见烟田中，农家长幼围集采烟，人执铁罐一具，各手持小弯刀，择烟实硕且熟者，围割以刀，烟浆随出，以手抹置罐内，攒之既多，遂成生烟土。丰年每株烟果可割六七刀，即流浆六次，歉年则三四次而已。割烟以前，先围集烟田唱歌，不知作何举，殆亦庆祝之意”[3]。

另据郭凤举记载，旧时每年农历五月，宁安堡（今中

[1]《马部为民割烟不取工资》，《西北文化日报》1933 年 8 月 10 日。

[2] 白寿彝：《民族宗教论集 · 行纪和地方史话 · 绥安行纪》，河北教育出版社，2001，第 567 页。

[3] 王梦扬：《西北回忆录》，1939 年 1 月 15 日。

宁县）一带种植大烟收获时节的情景。

（1）五月烟花开，商工、杂耍一起来。

农历五月，宁安堡一带麦秀杞香，罂粟开花，当地人称为“烟果月”。邻近地区的小工，三五成群地来到这里赶烟场、果月，天津、广东、四川、陕西等地的大小商贾，纷纷来这里零销杂货、收大烟、买枸杞，外地的一些杂耍、戏班也来这里唱戏、表演，使宁安堡显得异常拥挤和热闹。

（2）早晨刮烟忙，唢呐、二胡遍地响。

每天天刚亮，当地种烟户家的男女老少都下了洼子，东一团、西一摊地小心割烟、刮烟。此时，卖油饼、枣糕的背着篓子，边走边吆喝着“油饼”“枣糕”，到了烟田，也不管烟农要不要，放下一叠油饼、枣糕就走，直到把篓子里的东西散完了，再过来收烟。

还有耍猴的、玩蛇的、吹唢呐的、唱小曲的、拉二胡的、弹弦子的，在田头此去彼来。尤其是唱“莲花落”的，给少了不走，还敲着竹板唱骂道：“掌柜的，大发财，你不发财我不来；你不给，我不走，好像老鹰守死狗。”非得多给一些才能打发走，不论大小烟户，每天都得三两五两烟来打发这些人。

（3）烟灯通宵明，入夜家家挖的葫芦响。

新烟下来了，烟农们都想好好过过瘾。晚上收了工，有的人顾不上吃饭，就把烟灯摆开来，三人一团、五人一堆，你一盏、我一盏，烧烟的、抽烟的、拉家常的、讲故事的、打瞌睡的、打鼾的、斜躺的、横睡的，千姿百态，奇形怪状，烟灯通宵不灭，真可谓“葫芦挖的声细细，闲谝传的夜沉沉”。

（4）烟场毕，果子完，农家收获一场空。

当时，粮食不值钱，苛捐杂税多，家家又有抽大烟的，年年入不敷出，全靠借债来度春荒，指望着卖掉大烟、枸杞偿还外债。收成好了能清偿外债，如果遇到歉收，旧债还不完，还得借新债。结果是，烟场罢了，收的烟浆也卖完了；果月闭了，枸杞果子也粜完了，农民千辛万苦忙了一夏，到头来还是一场空。[1]

（二）大烟馆（烟铺子）里众生相

伴随着鸦片烟的大量种植和普遍吸食，大烟馆，俗称“烟铺子”，在宁夏各地普遍兴起，由政府发给营业执照，并照章纳税（又称“烟膏捐”，由省财政厅代办）。

以盐池县城为例，1928年前后至1936年红军解放盐池，取缔烟馆前，盐池县城的大小烟馆有十余家，以资金多寡分为头等、二等、三等。头等烟馆资金较多，每次购进生大烟50两（每斤16两制）左右，每月纳税3元（银元）；二等烟馆资金次之，每次购进生大烟20两至30两不等，每月纳税2元；三等烟馆资金缺乏，有时还要赊欠，边卖边还账，每次购进生大烟10两左右，每月纳税1元。

上述烟馆，每月必须按时到百货局或禁烟善后局（卡）缴纳税款，若到期不交，就被勒令停止营业，摘掉“幌子”

[1] 郭凤举：《鸦片的传入、种、禁与宁夏人民》，载《中宁文史资料》第1辑（内部资料），1988。

（烟馆门外悬挂的卖大烟的招牌）。

生大烟的来源，绝大多数是由川区贩运来的，灵武、吴忠的较多，尤以灵武塔湾子一带出产的烟土质量最佳。

生大烟需要经过加工，熬成熟烟膏才能出售，每两生大烟熬熟烟膏 6~8 钱。

烟馆卖熟烟膏的形式有三种：一种是根据买主买多少，将烟秤好挑在芦叶上，让买主拿走；一种是为携带方便，将熟烟膏倒在一块用土块制成的小槽内晾硬，然后用手搓成长条，再切成一寸长、约一两重的短条，先用芦叶包上，再用白纸包好，并盖上烟馆的印鉴，俗称“烟棒子”；一种是买主自带烟盒，将所买的熟烟膏盛在自己的烟盒内带走。[1]

在宁夏省城（今银川市），卖熟烟膏的烟铺子大街小巷都有，不下数十家。其中，最有名的两家烟馆，是东门的张臊头和是柳树巷的祁瘸子。每天从早到晚，市民、农人、乞丐买烟膏者络绎不绝，每日销售量达数百两之多。[2]

卖大烟的烟铺（烟店）门前的招牌，除了文字外，还要用实物辅助，一般挂方形糊红纸的灯[3]。一进烟铺门，就见桌上摆着一尺多高用白纸糊的镜框，上写“清水净烟”，

[1]武新常：《盐池县城的大烟馆》，载《盐池文史资料》第3辑（内部资料），1987。

[2]董万鹏：《旧闻拾零》，载《宁夏文史资料》第12辑（内部资料），1984。

[3]王人驹：《宁夏印象记》，《国衡》1935 年第 1 卷第 8 期。

用以招徕顾客。镜框后面，置一小碗烟膏，花一元钱或几角钱，烟铺老板即挑给蚕豆或黄豆大的一点烟膏。[1]

当时，每个烟馆内都备有和兼售抽大烟的工具，既方便了抽大烟者，又增加了烟馆的收入。

（三）大烟枪与《烟枪铭》

旧时，宁夏省城（今银川市）的居民，不论贫富，几乎家家都有烟枪、烟盘子、烟灯、烟钎子和烟盒子等吸烟用具。有钱的人家，烟具是特别华丽考究的，有银、铜、玉石、玻璃等制品。

当年，有一位在宁夏工作的外地人马行鱼，目睹了宁夏鸦片烟为害之烈，激于义愤，写了一篇《烟枪铭》，在《宁夏民国日报》副刊《朔风》上发表。其铭曰：

> 烟不在多，纯粹则行；枪不在老，过瘾则灵。斯是烟枪，吾赖以生。
>
> 灯光照眼绿，烟色入脸青。谈笑皆瘦鬼，往来无壮丁。可以调小疾，叙幽情。瘾发涕泪交流，吸后两腋生风。苏沪齐鲁战，四川防区争。
>
> 行鱼曰：鸦片之由。[2]

---

[1] 牛星奎：《宁夏禁烟宣传队与所谓“厉行禁烟”》，载《银川文史资料》第 5 辑（内部资料），1990。

[2]《宁夏民国日报》，1940 年 12 月 24 日。

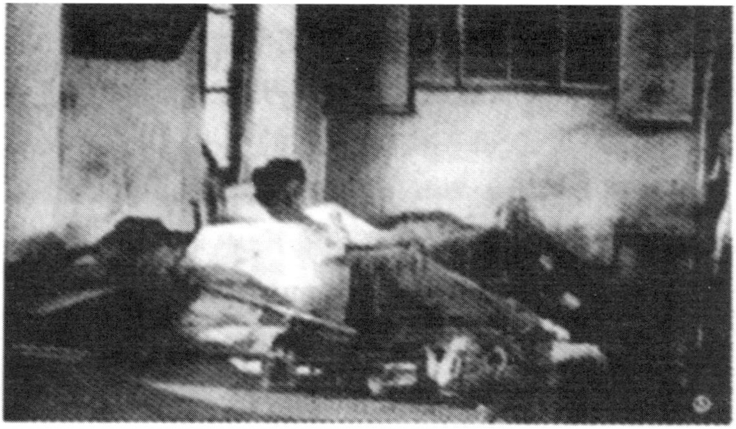

在烟馆吸大烟者

富人家吸大烟情景

除烟枪外，各种吸食鸦片的方法也别出心裁。有的人用烧热的铁丝烫熨烟膏，以噙着的竹筒，把冒出的缕缕青烟吸进嘴里，称“架飞机”（又称“坐火车”）；有的人用浓茶直接冲服麦粒大的烟膏，称“炼金丹”[1]；有的人用一根铁丝，在炉子上烧红，烫着铜元上黏着的豆粒般大小的烟膏，把冒出的烟吸入口、鼻中过瘾，称“坐飞机”。

在城里，不仅大人吸食鸦片烟，还有的给婴儿口鼻上喷烟，使其从幼小就染上了抽大烟的习惯。

当年，宁夏曾流行着这样一则口歌：头朝里，脚蹬空，手里拿着根“扑拉穷”（烟钎子），嘴里叼着杆“哭丧棒”（烟枪），眼前放着个“照尸灯”（烟灯）。[2]这是对吸食大烟者的绝妙讥嘲。

三、鸦片祸害下的宁夏民生状况

旧时，宁夏广泛流传着这样一首民谣：“三十万亩大烟，三十万杆枪（烟枪），吸的吸来卖的卖，人人骨瘦如柴当乞丐。”[3]

---

[1] 马万钧：《如此“禁烟”》，载《银川文史资料》第 3 辑（内部资料），1986。

[2] 牛星奎：《宁夏禁烟宣传队与所谓“厉行禁烟”》，载《银川文史资料》第 5 辑（内部资料），1990。

[3] 董万鹏：《旧闻拾零》，载《宁夏文史资料》第 12 辑（内部资料），1984。

此撷采数段外地人在宁夏的所见所闻，且具有典型意义的历史记述，可窥见鸦片为害宁夏甚烈之一斑。

1925 年 11 月初，在山东胶东（烟台、青岛、威海）无线电台工作的吴绍璘奉令赴新疆迪化，途经宁夏城（今银川市），见“鸦片公然出售于街心，烟灯平淡，横陈于室内。客至，捧以为敬，公余举以自遣，容貌不整，体力闇弱，害国病民，莫此为甚。市民沉溺于芙蓉膏（鸦片烟）里，几占十之六”。

对此，吴绍璘感慨道：“吾人视之，惊心触目，不得不怪执政诸公之瞶瞶，徒以税入可观（宁夏一邑税局林立，尤以洋药总局收入为最丰），而置民生于不顾也。”[1]

1933 年 9 月，女教师颜秀三（又名颜奚）承北平师范大学易秘书之介绍，应聘宁夏省立第一女子师范学校教员，来到宁夏任教，见“吸大烟是宁夏人的家常便饭，不论男女，都能领略此中妙味。宾客上门，寒暄数语，就有人送烟具一盘上炕，大有非此不足以表招待之敬意”[2]。

1933 年 9 月，来宁夏参加西北运动会的山西省运动员高殿卿（学生）说：“该处（宁夏省城）还有些特别的地方，就是开店的人留客时，总是先把大烟提在头里，一开口便

---

［1］吴绍璘：《西北万里长征日志》，《旅行杂志》1930 年第 4 卷第 10—11 号。

［2］颜秀三：《西北记游》，《文化与教育旬刊》1933 年第 5 期。

是：‘这里有大烟，休息一会吧。’”[1]

1934 年 2 月，曾任甘肃省政府秘书主任的王永清（字海帆），应当时驻军宁夏金积县一带的第三十五师师长马鸿宾（字子寅）邀请，来到宁夏金积县城。有感于当地种植罂粟盛行，作《感事》诗道：

大河自西来，铜峡势一曲。
导引资灌溉，塞北称饶沃。
胡不种桑麻，却去植罂粟。
饮鸩一灯甘，男女如鸠鹄。
近来举目狂，官亦乐所欲。
亩税倍亩价，追比严桎梏。
每当冬夏交，比户苦刑酷。
新膏未遑吸，合室先拼哭。
不种税仍收，买卖官标目。
辗转动不得，情如湿薪束。
卖田愁无人，剜身患少肉。
迩来千里外，舟车泛五谷。
民穷财亦尽，此祸关种族。[2]

[1] 高殿卿：《参加西北运动会的前前后后》，《国师校刊》1935 年第 6 卷第 1 期。

[2] 路志霄、王干一选编：《陇右近代诗钞》，载《中国西北文献丛书》第 6 辑，《西北文学文献》第 20 卷，兰州古籍书店，1990。

1934 年 5 月，著名新闻工作者、上海《申报》特派记者陈赓雅等“应中山文化教育馆之邀，作西北旅游”，来到宁夏，途经王洪（望洪）堡，遇邮差（家住青铜峡大坝）共话，问：“种烟与否？”

彼答：“种烟须择上地，用好肥，资本甚大，无处借贷，且收时易被人窃，向不种之。然烟虽不种，清乡费则不可不缴。”

夜宿青铜峡大坝，“户十七家，无商店，皆业农。惟男女多染烟癖，烟灯数达二十余。有官烟包销一所”。

此外，陈赓雅记述道，宁夏路途听歌曲甚多，其中有曰：“大烟一两值千金，弟兄几个谁没瘾？烟葫芦挖的声细细，半明灯熬的夜沉沉。”[1]

1934 年 5 月，陕西西安《西京日报》记者徐弋吾在结束对宁夏的采访与考察工作后，前往新疆，途经王洪（望洪）堡宿一农家，其云：“种植罂粟，较种杂粮获利为大。故该堡农民为自身利益计，大多数都趋向种罂粟，尤以家拥百亩之地主为甚。”

对此，徐弋吾指出：“然不知良田一种罂粟，土质渐形变坏，大好土地形成乌烟瘴气，殊为可惜。”

宿中卫县城时，徐弋吾见大街“铺子以售药所（鸦片馆）最多。城内悬白纸灯，上书‘清水净烟’者不下七十余家，

---

[1] 陈庚雅：《西北视察记》，载《近代中国史料丛刊续编》第 16 辑，1934。

每家月纳税率四十余元、灯（吸食鸦片之具）捐一元五角，每月每家消耗烟膏数在三百两以上。主顾大多数为商人、行旅，住户则自备烟灯吸食。据公安局统计，全城有烟灯一千四百余盏。”

对此，徐弋吾指出，中卫县城“鸦片毒焰之盛，为全宁之冠。因而住户家庭暮气沉沉，男女老幼不务正业，怠惰之性为他处所未见”[1]。

1934 年，从事中共地下交通工作的赵璧城（又名毕力格巴图尔，蒙古族）在平（北平）绥（绥远）路担任交通员期间，来宁夏省城（今银川市）考察游历，见“满城男女酷嗜阿芙蓉膏（鸦片烟），一榻横陈，大有‘南面王’（泛指王侯）之态”[2]。

1934 年，在南方某学校工作的陶素石应宁夏女子中学之聘请，来到宁夏省城（今银川市）任教，指出：“鸦片烟是此间物产的一种，价贱，下等社会吸得更多。男女一样，睡炕便是吸烟巢，脏污不可言。因此养成懒惰性情，不求长进，不是生活发生恐慌，不去求解决的方法。”并感受道，“这次西来，个人的受苦任劳本是意料中事，只是事业上的掣肘、环境的牵制，令人想到开发西北的渺茫，未免失望。”[3]

---

[1] 徐弋吾：《新疆印象记》，陕西西安和记印书馆，1934。

[2] 赵璧城：《宁夏省之水利、交通及物产》，《政治评论》1935 年第 169 期。

[3] 《宁夏一瞥》，《西北评论》1935 年第 2 卷第 4 期。

1934年6月至1935年2月，国民党中央执行委员、国民政府委员刘守中（字允丞），奉国民党中央政治会议议决，“调查西北各地实业，并顺便视察西北民生情况”，来到宁夏。其对当时宁夏石嘴山船夫吸食鸦片及其毒化程度之深刻等状况讲述道：

当考察完陕西、甘肃、宁夏三省后，从宁夏雇民船前往绥远（今内蒙古）的时候，光起程一件事就耽搁了整整七天的工夫。

那时天气本来很晴，看去不会有什么风雨的不测，然而行船的黄瘦船夫却老说：“天气不好，不能开船，船行怕出危险。”但是事实证明，那六七天并没有风雨。

后来，知道了此中船夫的瘾衷。恐怕耽误旅程，于是特别“赏赐”给（每位）船夫一元钱，叫船夫们买鸦片去抽。

果然，船夫们在船上整整抽了半天鸦片烟。第二天早晨，船夫们不管天气好坏（实际上起程的那天比前五六天的天气要坏），就毅然决然地不再假辞托故而实行开船了。

对此，刘守中指出：“可以想象到西北的烟毒是如何的深刻，如何的普遍了……没有到过西北……绝不会想到西北诸省的毒氛是如此其弥漫，如此其厉害的。”[1]

1934年九十月间，上海新亚药厂刘馨柏偕上海华福帽厂白晓农作西北之行，来到宁夏。关于宁夏及西北地区深受鸦片烟毒害的情形，刘馨柏记述道：

> 现在的中国，除去二三省的例外，我们试看看，最少有十分之二以上的同胞是沉醉在喷云吐雾的生活里……可惜个人没有机会去实地考察一次，报告给读者，只有我刚刚离开的西北，那是亲眼所见的。
>
> 在宁夏，拜访一个朋友不是容易的事，起码要等上一两点钟。这不是“拿架子”，宁夏人是不会像上海“大亨”那样拿架子的，他是要等他享够了他腾云驾雾的天予特权。要好朋友也曾请到他的吸烟室去，你要识相，在他一口烟没有吸完，你要对他说话，会遭他的不理会。到他一口烟完全吸完，轻轻从鼻孔里喷出，呷一口茶，才慢慢地答复你。
>
> 这种艺术化的姿态，你看了会沉入幽思，比看爱人的娇羞更好看。他要是客气的，他会拉你卧在他对面，装一个比他们所用的酒杯更大的“烟泡”来敬你，你不吃的话，他会对你讲一篇大道理。
>
> 在这些地方，都有所谓“善后局”——省立鸦片授受输运机关——养着“豪仆”，狼虎般的搜查行李，如

[1] 韶仙：《关于西北的烟禁》，《西北春秋》1934年第18期。

果你经过一个“关卡”的话。在搜查以前，他们眼光中都含着一种热望，检查以后，便露出颓丧的神情。这是政府设善后局的本意吗？我心中常有这么一个疑问。

林文忠公（林则徐）曾说过，十年后，非但无可筹之饷，且无可用之兵。林文忠公要是生在现在，可见这种“国将亡、种将灭”的现象，不知要怎样地痛哭呢？

就因为鸦片，西北人的天性都改变了，体质的健康当然谈不到。对此，刘馨柏指出吸食鸦片之四大毒害：

第一，吸了鸦片的人，做事变得特别缓慢，遇事因循迁就。我想如果他吸烟的房中失了火，他会舍不得舍了他的烟枪去喊人救火，除非他那一筒烟是吸完了。

第二，鸦片吸后性情会变得卑鄙，为了嗜好去牺牲廉耻，信用是他们所不惜的。所以我觉得多数西北同胞都具缓慢、沉默、卑鄙、无信等的变态心理。

第三，女性，女性的卑鄙、无耻举动比男性更危险。读者以为民风蔽塞，女性一定把贞操看得很宝贵吧？事实不然，淫风很强，卖淫妇是意外得多，可怜这般女性为了嗜好，不惜把肉体零售。

第四，体质的不佳，得有佝偻病样的腰和背、贫血患者的面色和肺结核患者的羸瘦，怪可怜的。

最后，刘馨柏指出：

宁夏省政府的（鸦片）公卖计划，无非是因为经费不足，才出这种饮鸩止渴的政策。

一方面老百姓困于苛杂——宁夏省每亩田有征粮七八元者——不去种鸦片怎够完粮的？我替省政府想想，政费不足可以减政，同时更厉行制止中饱，只制止中饱这一项，可以加得一倍的税收。

一方面奖励实业，培养税源，哪一处不是生机？照现在这种戕杀百姓生机的政策实行下去，暂时固然可多一项收入，但是现在已经弄得“无可用之兵”，十年后真怕“无可筹之饷”呢！[1]

1934 年 10 月，《新生周刊》记者马又鸣由绥远（今内蒙古）包头来宁夏考察与采访，认为：谚云“天下黄河富宁夏”，渠道虽多，“可惜灌的不是五谷，而是鸦片，因此才造成了这乌烟瘴气‘黑化’的宁夏城（今银川市）了”。关于宁夏被鸦片毒害的民生情形，马又鸣记述道：

话说来并不算过火，在下来宁夏才八个月，我亲眼所见的宁夏吸鸦片的人，差不多每家都是有枪阶级，

[1] 老乡（刘馨柏）：《西北杂感》，《生产月刊》1935 年第 1 卷第 2 期。

是烟枪，不是快枪。他们每逢喷云吐雾的时候，不论男女老幼，都是一榻横陈，一个个吸得鸠形鹄面，皮里包骨。

男的不知谋职业，游手好闲；女的好奢华，好懒惰，她们的钱是怎样得来的呢？不客气地说一句，就是出卖大腿来的（有钱的阔佬当不在内）。据公安局调查，宁夏的私娼，在省垣（今银川市）居民不满 2 万户的地方，有 1760 多家，也可说够淫风之盛了。

城里的人是这样，谈到乡下人简直苦不堪言，在下去年（1934 年）9 月来宁夏省城（今银川市）时，在这包头至宁夏省城路上，所经村庄，每庄每家都要在炕上摆着一盏烟灯，墙上挂着几张神像，他们衣衫褴褛，蓬头垢面，吃的是粗粝，烧的是牛粪。

问他们："为什么非吸烟不可？"

他们说："不吸烟不能活，这是我们祖先传留下的法宝。"

再问他们："为什么不种五谷，偏种大烟？"

他们就说："种五谷不如种大烟的钱多，我们这里捐税大，假设不种大烟了，则无力应付官差，官差不能应付，那还怎么生活？我们也知道鸦片是害人的东西，但是又有什么法子能不种不抽呢？"

对此，马又鸣指出："说也奇怪，不知怎的，愈种鸦片的地方，人民愈格外的穷，尤其是大战(宁夏"孙马大战")

以后，穷得愈发难过，在这样不景气的状态之下，各行生意也就跟着倒了霉。”[1]

1935 年 4 月至 7 月，上海国立暨南大学教育系 1935 届学生即将毕业之际，组成西北教育考察团一行 14 人，赴西北各地参观与考察。考察团成员汪昌豫（汪留豫，女）记述道：“鸦片烟宁夏出产的很多，当我们经过的时候，田野里开得万紫千红，正是罂花齐放的时节。抽烟是宁夏人普通的家常，每每睡炕就是烟炕，一家老小，男的女的都够得上是‘老枪’‘小枪’的资格，要是人来客去，抽‘两枪’鸦片是普通必要应酬。家里宁可没有饭吃，不可没有烟抽，所以弄得精神萎靡、懒惰非常。”[2]

1935 年夏，金兑等组织西北考察团，从广州出发赴宁夏等西北地区进行考察、调查与游历，指出：“宁夏人民既获天赋地利独厚，却因环境的锢闭，和外方很隔膜，普遍养成闲散风气和社会上陋习的形形色色。”

其中，令金兑等人惊奇的是，宁夏人“睡炕就是烟榻”，并记述道：

鸦片烟是宁夏物产之一，比皮货还要大宗。

夏天里五六月间，田野上开遍了万紫千红，那是罂粟花开放时节了。

---

[1] 马又鸣：《宁夏见闻》，《新生周刊》1934 年第 1 卷第 34 期。

[2] 汪昌豫：《西北妇女生活谈》，《方舟》1936 年第 26 期。

抽烟在宁夏已成极其普遍的现象，产量多，价钱贱……人家的炕上大都有一盘烟具，甚至以大烟替代奉客的香茗。在交际、应酬的场合里，中下级社会中人，抽食更多，男女一样胜任“老枪”的资格。

贫苦的劳力者，家徒四壁，可是四壁以外，就是一盏烟灯，睡炕就是烟榻，简直是宁可炊无米，不可居无烟。

对此，金兑指出：“烟瘾抽上，精神萎靡，也就是养成懒惰性情，而至生活发生恐慌的大原因。”[1]

1936 年 5 月，著名新闻记者范长江以《大公报》特约通讯员的身份，只身来宁夏考察，对于宁夏民众深受鸦片烟毒害的状况，范长江记述道：“鸦片解禁以后，烟祸渐普及于一般民众，一般人之体力又受到莫可救药的摧残。”在“宁夏人口中……妇女之有鸦片嗜好者，更随地有之，常有有嗜好而受孕之妇女，其胎儿在腹中即中烟毒，脱离母体之婴儿，往往必须用烟气喷面之后，始知啼哭”。中卫煤窑湾的煤工“几乎全为鸦片政策下的牺牲者，加以工作之不合卫生，营养之不充足，故其身体与面貌，皆苍白羸弱，令人可虑。”中卫新墩“……身体日坏，经济日窘，生活所逼，故妇女之风气，颇有难言之苦衷”。

[1] 金兑：《塞漠生活考察记》，《申报》1936 年 2 月 14—27 日。

在去往王元（望远）桥路两旁的土地中，一片片的罂粟苗已盖在土上，发出青青的颜色，有许多的妇女和小孩正在田中拔除地里的杂草。

对此，范长江指出："他们当然不会明白，鸦片的毒害如果这样延长下去，对于中国民族的前途将会发生什么样的影响。他们只知道让它好好地抽苗，好好地开花，丰丰实实地收些烟土，卖得高高的价钱，拿它完了税，付了捐，还了债，还要多少剩余一点，来对付一家人过日子。他们哪里知道，鸦片市场已经没有希望，长此种烟下去，会弄得大家一齐没有下场。"

叶升（叶盛）堡为百余人家之集镇，"烟毒深涂于每个男女之面目间"！

唐徕渠畔，"此时田间已开始灌水，有烟癖的农夫，在田间监视水道之际，受阳光之蒸晒，身体疲不能支，往往倒地酣卧田中，任水自溢，状至可怜"！

修筑青铜峡口公路的民工，"麇集潮湿之土屋地上，全有鸦片嗜好，穷病污乱，他们的生活，真可谓已深沉在地狱之中"！

黄渠桥镇居民中，"多有鸦片嗜好，自然住居农事皆萎靡不振"。

对于宁夏民众深受鸦片毒害的状况，范长江忧虑万分，尖锐地指出，宁夏普遍种植和吸食鸦片，成为一个严重的社会问题，"已到了不得不想法解决的时期……如此再放任下去，将来一般民众过半皆成骷髅，则一切问题，至将无从说起”！

为此，范长江大声疾呼：“为中国前途着想……宁可使财政破产，鸦片绝对不可再行蔓延！”

范长江分析并深刻指出：“宁夏烟土不但现在很难有市场，将来除非各省大量吸烟，亦不易有希望。农民种烟已占去上等产粮地面，本身抽烟，身体亦难再作辛苦之经营，烟价又低，收入无几，试问将来如何生活下去！”[1]

1936 年 8 月，陕西西安《西京日报》特派记者徐弋吾再一次到宁夏省城（今银川市）考察与采访后，于 9 月初，从宁夏省城徒步前往甘肃兰州转返陕西西安。其记述道：

在途经叶升堡（今青铜峡叶盛镇）时，到一家小客店门口，探首向里边一看，那土炕上已经躺着五个衣服褴褛的旅客，在那儿吞云吐雾。记者进去，他们当中一个立起让座。经过了谈话，才知道他们都是四乡的小农，并不是走江湖的乞儿。

他们每个人都带着一个烟盒子，有牛角的，有铜制的，也有石刻的，一个洋烟盒的容量大约自一两至三两。

那个姓刘的烧了一个枣子大小的烟泡，打在烟斗

[1] 范长江：《中国西北角》，新华出版社，1980。

上，由外向里一转，让道："请呀，请呀！"可是烟嘴仍旧塞进自己的嘴里。

记者问他这小店有没有卖面。

他打趣说："这里是黑面店，不是白面店，你老要一口，我给你让一毛半毛钱，多了却不行……大家都是出门人。"

另一个年纪二十七八岁的青年农民说："大车店也有备烟灯的，无论什么大店也少不了这个……"

对此，徐弋吾感叹道："一伙儿佃农们躺在土炕上，面对着烟灯，轮流着吸食鸦片，一种悠然自得的神态，简直似忘记了他们是贫苦穷老百姓。"[1]

1937年，一位游客在山东济南大明湖游船上，据船夫（约50岁的宁夏人）讲："宁夏除了少数的农田种粮食，几乎全仰仗种大烟维持地方的经济。一家弟兄五个，至少十根烟枪、十盏烟灯，老老幼幼、男男女女都在烟雾里讨生存。即使是一两岁吃奶的孩子，也都得用烟喷着才能活。烟是特别的贱，一毛五的烟泡，偷到外面来，至少能卖一块五。"

对此，这位游客感叹道："中国有这样的地方，可是现在没有工夫去整理，是一块病，是一个脓疮。"[2]

---

[1] 徐弋吾：《宁夏通讯——农民的困苦剪影》，《公教周刊》1936年第8卷第35期。

[2]《雯的日记》，《青岛时报》1946年1月13日。

1939 年夏，一位外地人，化名“坦克”，探访宁夏石嘴山的一座煤窑，目睹吸食大烟的煤矿工人之惨状。其撰写的《宁夏矿夫的生活——石嘴山的一角里》中曰：

乌黑的煤窑，在雨后发着阴沉的光，砖砌的窑口铜牙般的排列着。他从无底的煤窑里爬出来，急促地喘息，托着压在他紫黑背上的那袋沉重的煤。

他把煤倒在一个砖围里，又进入那乌黑的窑口里。

那边是他的住房，墙皮已经脱去，露着土块，房柱在伸着臂，裂着肚子，破缺的门板，关着也可以自由进出……

我好奇地看着他屋内的陈设：煤炉里冒着令人窒息的臭烟，土炕的边上拖着破席的角，两张不知是被煤还是油腻染黑的棉被。堆在墙角的是几条麻袋，锅、筷不规则地丢在那里，苍蝇在开会……

一阵晕人的鸦片烟味向我鼻子里钻。我盯住墙角的一片红光，昏暗里看到有一个人在地上躺着，他的身子将要把那盏恍惚着的油灯抱住了，一支烟枪抽出嘴来，翻个身，几缕浓烟从鼻口里飞出来。他喝了口水。

“呵，你们还抽大烟吗？”我几乎要叫出来。

“嘿，嘿，呵”，一个干枯的笑。

对此，笔者感怀道：“这笑声像钢钳般的捏碎了我的心，无情地夺去了前一刹那的同情。我吸了一口气，默默地向回家的路上走，一个严重的问题在我心脑上浮起：呵，鸦片在西北的角落里……”[1]

[1] 坦克：《宁夏矿夫的生活——石嘴山的一角里》，《现代评坛》1939 年第 5 卷第 3 期。

第六章 《六年禁烟计划》与宁夏

一、宁夏实施渐禁之禁烟计划

1934 年，南京国民政府通令在全国各省禁烟，并制定了《六年禁烟计划》。

当时，宁夏刚刚结束“孙马大战”，城乡经济凋敝，十室九空。部队的军需给养和装备消耗殆尽，急需补充。

在这种情况下，宁夏省政府主席马鸿逵召集其军政要员商讨赈济办法。省政府秘书长叶森、省禁烟善后总局局长马斌、省财政厅厅长杨鸿寿、驻宁第十五路军总指挥部军需处处长赵文府等人向马鸿逵献策道：“目前，东北三省已被日寇侵占，西北在国防战略地位上极为重要，主席（指马鸿逵）由河南来宁时，中央政府（指蒋介石）对宁夏的鸦片祸害很关注，曾当面指示宁夏要下决心禁烟。您何不趁此机会，要求中央拨一笔禁烟专款，以救燃眉之急。”

马鸿逵采纳了此建议，遂急电蒋介石和国民政府行政院等有关部门，陈述宁夏烟患和禁烟肃毒的决心，请拨禁烟专款 25 万元。国民政府遂拨款 20 万元，用于在宁夏实施禁烟工作。[1]

1934 年宁夏省政府驻南京办事处处长周士观，以《宁夏省府之新政》为题，谈宁夏“厉行禁烟”情形曰：“宁夏亦为产烟之区，马鸿逵因禁烟系先总理生前所定政策，中央一再令禁，现亦积极严禁。但恐遭山西禁烟流弊之覆辙，故采照中央渐禁办法，限制种烟苗，举办烟民登记，成立戒烟医院，以期达到禁烟实际之效果。”[2]

据国民政府禁烟委员会调查，1934 年，宁夏省有戒烟所 8 处、戒绝者 35010 人（全国戒绝者共 59992 人），宁夏烟民戒绝者几占全国烟民戒绝者总数的 60% 以上，不过，按原文分省合计，全国戒绝人数为 90484 人，亦占全国烟民戒绝者总数的 25.8%。[3] 可见宁夏烟民之多、烟祸之烈。

1934 年 5 月，国民政府全国经济委员会常委（前委员长）宋子文偕国民政府立法院立法委员程中行等一行来西北宁

---

[1] 牛星奎：《宁夏禁烟宣传队与所谓“厉行禁烟”》，载《银川文史资料》第 5 辑（内部资料），1990。

[2] 周士观：《宁夏省府之新政》，《外部周刊》1934 年第 26 期。

[3] 《各省厉行烟禁中脱除黑籍（烟民）之人数全国禁烟会已有详细调查》，《中央日报》1935 年 5 月 2 日。

夏等地视察，以制订西北建设计划。

宋子文返回南京后，在报上发表谈话："对视察西北的印象，各样都好，惟对于鸦片之祸及派款制之害甚表忧惧。"

尤其对于宁夏的鸦片之害，宋子文说："至于鸦片之害，（西北）较之长江各省千百倍……各省政府深知其害，第以大宗收入所关，苦于无法挹注，卒至烟禁难施。长此以往，最为西北民众之忧。"[1]

对此，1934 年 7 月，宁夏省政府主席马鸿逵撰文并在省政府纪念周上发表讲演《西北之两大问题》，就鸦片的祸害与宁夏的烟毒状况，以及计划在宁夏实施渐禁禁烟的办法与步骤进行了阐述。马鸿逵指出：

> 鸦片的祸害，真足以亡国灭种而有余，在西北各省受害特别重大。本人治理宁夏的第一个决心，就是禁绝鸦片。
>
> 最近，宋子文先生在报上发表谈话，对视察西北的印象，各样都好，惟对于鸦片之祸及派款制之害深表忧惧。派款一层，查本省并无此举。至于烟的流毒，宋先生所见极是。连日来，《大公报》社评栏内，申论西北烟祸及禁烟方法意多精辟，我们看到上项谈论，心里益感难堪。

---

［1］丘咸：《甘青宁三省的鸦片问题》，《青海评论》1934 年第 30 期。

不过，宁夏在西北各省中具有特殊情形，和其他各省专为筹款的情形不同。别的省份，有的虽在种烟，而吸食的人究竟没有多少，所以说禁就禁，毫无一点顾虑。

……生下地来，尚不会吃食东西，就先得给他喷烟。所以，每年所产的数目，十九销于本省，倘突然根本禁绝，许多人将要因烟饿死。

因此，在本省要禁绝鸦片，必须有一种计划，按着步骤，逐次进行，在一定时期内必能根本禁绝。

我们第一步办法，先要杜塞毒品的销路。就是说，先要严禁吸食毒品的人，吸食的人如果日渐减少，本省的销路就随着闭塞，种烟的人出省销售算不过账，在本省出售没有那么方便，自然就不愿种了。

等到第一步办法有相当成效，再严禁贩运，外省的毒品不准进省，本省的毒品不能运出。这样，吸食的人既已减少，毒品的数量又无由增多，少种一亩，即少一亩数量；加禁一分，即多一分效益。

如民国四、五年（1915、1916 年）的时候，甘肃实行禁烟。那时，宁夏尚未分省，先父正在（宁夏）护军使任内，很严厉禁止种吸。到了民国八、九年（1919、1920 年）的时候，毒卉已铲除净尽。虽然周围的省份，如新疆、陕西等省有不肖的奸商偷运偷售，但是烟价已经涨到十几元以上。虽然许多有烟瘾的人私自偷吸，而典田卖地、倾家荡产者不知凡几，先父因为这种人有不堪怜惜的劣根性，也就不稍顾念，终于宁夏禁种禁吸均到了大功告成的地步。

以后先父调任绥远，陆洪涛又大开烟禁，设局筹款，于是烟雾毒卉又弥漫了宁夏，前功尽弃，实堪惋叹。

到了现在，吸食的人比从前更不知增加若干倍了，要是马上就要禁绝，比那时更可难得多了。

所以，我们虽然知道禁烟为目前的急务，但须有一种计划。第一步严禁吸食，极力减少烟民。第二步严禁贩运，使毒品无法流动。第三步是严禁种烟，使烟毒绝种。

政府已确下决心，秉承中央禁烟政策，雷厉风行，按照已定步骤逐渐实行。虽然每年有禁烟罚款的办法，但这是饮鸩止渴的下计，省政府绝不蹈他们的故辙。虽然经费困难，应当一面另行设法开源，一面极力撙节，以资弥补。

但是民间积痼已深，尤要公务人员抱定决心，用斩钢截铁精神去切实奉行，并倡导民众，使一般的人都有奉行的决心，都有奉行的精神，然后才能用上下一体的力量，消灭种烟的祸根。[1]

---

[1] 马鸿逵：《西北之两大问题》，《西北问题》1934 年第 1 卷第 1 期。

此外，对于海洛因、白面等烈性毒品，宁夏省政府认为："鸦片流毒，固足以戕生灭种，而海洛因、高根、吗啡以及化合物之红丸、白面等等烈性毒品，一般毒民以其便于吸食、刺激力强，无不秘密吸用。迨其既染之后，殊难痛自振拔，必至血液枯竭，自速其死而后已。其为害之烈，毒人之惨，较之鸦片，有加无已。"[1]

有识于此，宁夏省政府以"本省因交通不便，流毒较浅。嗣因空中交通及公路交通日益进展，贪利毒商，难免不来本省私行泛售，藉获厚利，毒化边民"，应予严厉查禁。为严密防范，严令省会（今银川市）警察局及各县政府、警察局遵照《严禁烈性毒品暂行条例》《禁毒实施办法》和《禁毒治罪暂行条例》等各项规定，严密查缉。如有毒案发生，应立时电告省府，以凭核办，以杜毒源，而利禁政。[2]

对此，1936 年 5 月，宁夏第十五路军驻包头办事处处长哈尔玉在《包头日报》发表题为《宁夏认真实行禁烟》一文，对马鸿逵在宁夏实施的禁政大加吹捧，曰：

> 宁省为西北重镇政治中心，近于改革、建设无不积极进行，已著有特殊成绩，祗可引起全国之注意。
>
> 禁烟一端，以宁夏地理、历史言之，为绝对难能之事。全省面积较少，户口无多，生产虽不丰繁，烟

[1]《十年来宁夏省政述要·民政篇·禁烟》，1942 年。

[2]《宁夏禁政之一斑》，《拒毒月刊》1937 年第 112 期。

毒极见剧烈，历年“寓禁于征”，只有放任种烟，以征收地亩烟款，为全年地方收入之大宗。在二十四年（1935年）以前，计每年派款在一百八十万以上，虽实际上收入一百二三十万，亦不为少。自奉中央禁烟命令，现定禁烟实施办法。马（鸿逵）主席首先实力奉行，由二十四年（1935年）起，已将关于地亩种烟税捐及附加名目一律取消，再不征收分文，以纾民困，而肃禁政。

闻之他省办理禁烟，亦有取消烟亩税捐之名目者，为掩耳盗铃之计，实则照旧征收，或为变相征索，从未肯将烟亩收入全行抛弃。宁夏主席马鸿逵于宁夏民穷财尽之区，政、军等费无从筹措，竟将年收百数十万之烟亩捐款毅然取消，且规定二十五年（1936年）以后，再不征收此种收入及附加，足证实施禁烟之决心与毅力可见一斑。

此文发表时，《包头日报》编者按语曰：“年来，国府对禁烟一事已雷厉风行，积极认真办理。各省有遵令切实奉行者，亦有虚名敷衍，不彻底禁绝者。近闻宁省主席马鸿逵奉令实行禁烟，已著特殊之成绩。兹将第十五路军驻包头办事处处长哈尔玉近对宁夏禁烟情形知之甚详，特将其所发表之议论，特为披露。”[1]

---

[1]《包头日报》，1936年5月30日。

二、改订禁烟期限与禁种计划

（一）蒋介石指令宁夏禁烟与呈报禁烟计划

1934 年 10 月，蒋介石与张学良等来宁夏视察，马鸿逵就宁夏厉行禁烟工作，当面向蒋介石作了详细的报告。

11 月 27 日，马鸿逵致电蒋介石，报告了宁夏的禁烟工作计划，电文中曰：

> 宁夏烟款每年均按一百八十万派款，但实收税额年恒在一百一二十万左右，去年（1933 年）收一百二十八万，今年（1934 年）收一百二十六万，其用途列入省预算，供军政、司法、教育各支出，未尝专挨。
>
> ……职前岁来夏，深觉乡间烟祸之烈，转瞬减种。但省年收入仅二百七八十万，除田赋五十余万、税捐六十余万、国税五六十万外，向以此笔（烟款）为最大税源。苟议禁烟，必先扶补。财政会议时，本拟恳请中央俯察边瘠，将本省经常经费酌予补助，使烟禁得见实现。嗣以中央种种困难，未能如愿。
>
> 用是不自暇，逸急将土地实行清丈，查原冀田赋征收抵补有着。
>
> 今清丈竣后，方在议赋，明岁（1935 年）禁烟亦在计划。只恐烟民纷购外烟，本省富力，益形枯竭，势非沦为灾区不止。故非联合邻封，如甘、绥、陕西诸省同时禁种不易奏效。如诸省均允实施，本省明岁

必当负责禁绝。即如诸省一时未能实行，本省明岁亦拟先将烟民调查、登记，然后划定产区，统制生产，限制分配，期以三年亦可禁绝。

至田赋抵补，究竟能否如数，届时再当电呈。

……谨肃电闻，究以如何办法较见妥当，倘永训示，曷胜感戴。

1934 年 11 月 29 日，蒋介石复电马鸿逵，指令宁夏禁烟工作曰："绥远产烟本少，陕甘已分期施禁……宁夏应即限制产区，统制生产，期以两年，至二十五年（1936 年）底完全禁绝可也。"[1]。

与此同时，宁夏省政府以"本省的禁烟也关乎本省民众的存亡问题，关乎本省政治的清明问题"，就禁烟工作进行了深入讨论与研究、部署，并积极进行。

1934 年 11 月，在省政府会议上，马鸿逵发表了《解除人民痛苦与兴利除弊》的讲话，指出：

目前，（宁夏）还有一桩很重要的事情，就是厉行禁烟……说到本省禁烟的困难，实在很有关系，假使不分步骤，没有妥善办法，不特商务、农村上发生

[1] 马鸿逵：《解除人民痛苦与兴利除弊》，载《十年来宁夏省政述要·附录篇·杂项》，1942。

重大影响，所有一般烟民的生命上要发生危险，所以一经禁烟，马上本省就成灾区。

省府同仁因事体这么重大，所以在月内召集地方上有识见的人开会讨论，总以利多害少为决定原则。不过，事实上虽是这种情形，可是我们不能不拿出决心来办理这件事情。

再就种烟的利害来讲，种烟的好处完全在有钱人的身上，烟户一经动刀，有钱的人即去用大秤低价收买了去，或者用重利盘剥的方法，在未经收割之前就被抵了账。因这种情形，烟场一过，一般贫民仍然还是穷光蛋，所有的落头，不过是干枯的几束烟秆。所以实际地说，贫人们并得不到种烟的利益，而种烟的利益完全在有钱人的身上。

种烟的好处既不在大多数的贫人身上，而因禁烟所受的影响也不在贫人身上，因为事实上贫民们早就破过产了，不特禁烟才去破产。

在种的方面说，是这种情形。在吸的方面说，切实令人害怕……

希望各位同胞并转达各县民众早些准备，自二十四年（1935年）元月一日起，就要实行禁吸的方法，趁本年还有一月的光阴，赶快地有个准备。一到明年，政府不惜采用最严厉的手段，实行禁绝吸户，第一步使吸烟的祸害先为肃清，然后再图根本戒绝烟祸……

1934年12月11日，马鸿逵回复蒋介石电曰："逵上承钧座德威，下悯桑梓荼毒，对于宁夏烟禁夙有决心，曾此自誓，并策同人。今奉严令，限以两年，敢不凛遵，已饬主管机关速拟办法，并先以乡人资格，尅日布告父老，痛晓利害，严督加（功）令，务期如限禁绝，不负钧命，绝不敢因循欺罔，有负期望，乞先释念为（鸿）恳。"[1]

1934年12月23日（一说12月15日），马鸿逵就宁夏的禁烟问题，发布了《告宁夏民众书》，"痛述烟祸，剀切劝导，决心两年内禁绝"[2]。马鸿逵在《告宁夏民众书》中曰：

鸿逵主政乡邦，倏忽两年，自愧庸愚，无补期望。回忆受任之始，曾以纾轻民困、芟除民害与我父老相期约。虽靳向未获尽酬，而志愿终未或怠。

今田赋已经清查，保甲正在举办，薄徭均赋，除暴安良，成规甫具，实践有期。惟鸿逵中怀职志，尚有一事，不得不向我父老兄弟、诸姑姊妹剀切晓导者，愿我父老兄弟、诸姑姊妹谛察之。

宁夏旧称朔方，富饶之地，谷米蕃熟，农村充裕。民国十年（1921年）以前，烟禁甚严，吸种绝迹。近十余年，禁令废弛，烟祸蔓延，政府既依是为饷糈之源，人民亦藉此遂鸩安之乐。驯至饔飧难继而卧榻横

[1]《甘肃民国日报》，1934年12月24日。
[2]同上。

陈，灶突不黔而篝灯坐拥。陇头烂缦，耕春诩锦簇之花；人面销沉，乐岁泛菜饥之色。既往莫溯，于今为烈。斯诚种族凋丧之媒，家国沦胥之耻者也。

夫吸烟之害言者伙矣，小则惰懒成性，丧身亡家；大则沾染有徒，弱国灭种。顾在土著，或狃于产值之低廉，或囿于故上之惯习，放辟邪侈，取快一时。迨其积酿成癖，则足步难出乡园，闻见日就卑鄙，虽有上驷之材，终老牖下而死。至于客居编氓，则万里羁身，一灯销骨，既同画地之囚，终作异乡之鬼。凡斯黑籍，孰是厉阶。

若夫种烟之辈，因博斗升之倍利，嫁祸他人，遂并阡陌之连云，称豪本邑，宜若秦越肥瘠，漠不关心者矣。然土植过甚者，其地方必薄；悖入过当者，其孳息不蕃。矧烟亩之种既多，谷产之量必少，粮价飞腾，既贵贱之同困，饥祲大至，亦穷富之偕亡。

又若贩烟之徒，虽似奇赢操计，获利倍蓰，但货商转运，动见扼于外途，诲盗慢藏，又时虞于逆旅。矧违禁之品，国法本难予保全，纵横逆之本，私失亦无从告诉。外贻为富不仁之讥，内蹈明知故犯之法。利害所较，得失尤明。

是故烟之为害，吸者勿论，即就贩者种者经济之利益而言，已有百害而无一利。矧国法之所绳墨，众论之所鄙弃，其法律上与良心上之督责，尤有不可须臾容忍者。奈何我父老兄弟、诸姑姊妹尚有深迷而不自觉者也。

逵以军人，受命斯土。上为国家争国际之誉，下为父老保地方之元气，论事论势，论情论法，论职守，论乡谊，均有不得不厉行禁烟者在。故省库收入无论如何支绌，明岁清乡经费誓予蠲除。官府既懔常刑，父老应悬厉戒。顾或有以清丈乍竣，民力未充，宜暂事休养为言者。揆情法外，宁不悯伤。第念毒蛇螫手，壮丁断腕，倘去蔓而不绝株，斯除恶未能务尽。且我蒋委员长婆心苦口，面命耳提，既劳以万里之垂询，复申以两年之禁令。逵倘不率我父老兄弟以自挽于沦胥，则诚无以对中央。然我父老兄弟倘不辅逵以翦绝此根株，则亦无以对乡里。

兹事体大，喻晓宜周，爰拟于明年(1935年)元月内，定期召集各县区乡绅耆代表，共议一堂，同商禁止办法。望我父老兄弟坚其定力，佐以决心，虽行政有次第之步武，而期间须严，定其准绳，务使此万劫毒苗，尽于期内，永绝于我祖宗坟墓之乡邦。

逵虽无似，谨当九顿首以谢之矣。先此驰布，其各闻知。[1]

对此，1935年4月5日，陕西《西京日报》报道曰："查鸦片流毒本省浸淫已深，人民相率吸食，几至无家无之。

[1]《中央日报》，1934年12月29日。

既戕害身体，复荡产倾家，故农村日趋破产，弱国灭种莫此为甚。省府马主席当以此不除，即无以救地方救人民，特抱定决心，遵照中央厉行禁烟意志，限期两年，一律肃清。曾于月前召集第二次全省省政会议，决定禁烟办法，成立禁烟委员会，主持全省禁烟事宜。本除毒务尽之旨，实力奉行，不稍犹豫，业将禁烟办法抄录，并同布告民众，劝其在此劝告期间，咸应深恶痛绝，幡然觉悟，一致起来，劝谕家族戚邻，赶快自动戒除，铲扫毒氛。倘有违抗功令，不即铲除者，一俟勒戒时期，定当从严处理。"

1935 年 6 月，国民政府军事委员会委员长兼禁烟总监蒋介石训令，规定"两年禁毒、六年禁烟"计划，要求宁夏省政府"呈报禁烟计划，以资考查"。

宁夏省政府奉令后，于"（1935 年）2 月间，召开第二次省政会议，议决两年禁烟办法呈报鉴核"。

嗣奉禁烟总监蒋介石指令，以"（宁夏）本省两年禁烟，未免操之过急，恐难如期实现，应另妥拟（禁烟办法）"[1]。

1935 年 9 月，禁烟总监蒋介石致电宁夏省政府，"令宁省府呈报烟苗检举情形"。电令曰："关于全国禁种烟苗之总检举，自电令实施以来，各省市办理成绩尚佳。惟刻下时限已逾，该省检举情形究至如何程度，仰即具报，以凭汇核。"[2]

---

[1]《宁夏禁政之一斑》，《拒毒月刊》1937 年第 112 期。

[2]《西北日报》，1935 年 9 月 20 日。

宁夏省政府复电之一：

南京。军事委员会委员长兼禁烟总监蒋钧鉴：密文会逵电奉悉。

查本省二十二年（1933 年），种烟 317500 亩，产土（烟）1270 余万两，计征税洋 1206500 余元；二十三年（1934 年），种烟 298900 亩，产土（烟）1195.6 万余两，征税洋 113.5820 万元；二十四年（1935 年），种烟 178500 亩，产土（烟）714 万余两。二十四年（1935 年），本省清丈地亩后，整理田赋，已无烟税名目，未收烟款，碍难划分陈报，合并呈闻。

宁夏省政府复电之二：

南京。军事委员会委员长兼禁烟总监蒋钧鉴：密文会鸿电奉悉。

查本年（1935 年）、上年（1934 年）拟呈禁种略数与限种产量各数，系第二次全省省政会议出席人员当场略估，假定为 20 万亩。会议闭幕，原案经府执行。嗣经详查，二十三年（1934 年），实种烟计 29.89 万亩，在二十四年（1935 年）应行减少十分之四，为 17.85 万亩。因略估亩数，与实种亩数事实不合，故产量与原案致有未符。再，二十四年（1935 年），专产土（烟）地亩与未种烟地亩系属同等征收，未收烟款，亦无其他变相名目。至奉禁政字（524号）训令查询各点，现正在计划及查报中，拟俟另案呈复。谨电奉闻。[1]

（二）拟定分期禁种（减种）烟亩计划

宁夏省禁烟委员会考虑到，“本省烟毒之普遍，非一朝一夕之酿成。其种烟地亩之广，统计约达二十万亩，占全省粮田十分之一”。其中，历年烟亩平均数：宁夏县为37056.7亩、宁朔县为38444.2亩、平罗县为45338亩、中卫县为21505.8亩、中宁县为16734.7亩、灵武县为12469.2亩、金积县为11326亩，合计182874.6亩。

宁夏各县烟亩产量因土质不同，故产烟量多寡不定，每亩有产烟二三十两者，有产烟四五十两者，以每亩平均产烟40两计算，全省烟亩产量约7314984两。其中，宁夏县为1482268两、宁朔县为1537768两、平罗县为1813520两、中卫县为860232两、中宁县为669388两、灵武县为498768两、金积县为453040两。[2]

据此实际状况，1935年，宁夏省禁烟委员会特拟定分两期禁种（减种）的方案，计划以一期为一年。第一期（1936年）减种十分之四，第二期（1937年）减种十分之六，并制定了《宁夏省禁烟委员会分期禁种烟亩及种烟县份减种亩数表》和《宁夏省种烟县份限种亩数、产量比较表》。

---

[1]《禁烟半月刊》，1936年第1卷第3期。

[2]《十年来宁夏省政述要·民政篇·禁烟》，1942年。

规定，届期（限于 1938 年年底），全省一律禁绝种烟，并令饬各县禁烟委员会分会严禁和监督执行，“于每届种烟时期，派员履地查勘，规定不得超过预定限期，且不得有偷种情事，若被发觉，即依法治罪”[1]。

但是，由于当时宁夏的土地清丈、烟亩登记、烟民数量与状况等都远没有进一步查清，宁夏分期禁种鸦片工作推动迟滞，以及其他种种原因和困难，各地并未认真办理和执行禁烟规定。

对此，当时社会有识之士普遍认为：“往者政府不下决心断然禁种者，因自上而下识鸦片一禁，不但军政费无法弥补，而且农民无特种收入，农村难免破产，一提禁种鸦片，则谣诼四起，阻力横生。”[2]

1935 年 10 月，马鸿逵在宁夏省政府纪念周上发表《视察各县政治以后感想》：“禁烟方面，登记烟民眼看二十四年（1935 年）完了，这件工作尚在计划进行，这不但贻误了政令，且于自己的良心上亦不能安。要彻底办这件事（禁烟），当中就发生了许多毛病，有许多人就认为这是发财的好机会，藉着这个（禁烟）名目，去从中渔利。”[3]

其实，更深层次的原因，正如 1934 年一位外地人来宁

---

[1]《十年来宁夏省政述要·民政篇·禁烟》，1942 年。

[2] 宁夏省临时参议会编《民国宁夏省志》，1941，手稿本。

[3] 马鸿逵：《视察各县政治以后感想》，载《十年来宁夏省政述要·总类篇·行政管理》，1942。

夏考察，在述及宁夏近况时写道：

鸦片烟为宁夏普遍特产，也就是宁省之生命线……在五六月之交，到乡间走一趟，是一望无际遍地罂粟花。本地所谓农忙，也就是烟忙时期。

平时，你若到百姓家去看看，可以说，有一个炕，即有一盏烟灯或两盏、三盏不等，即贫无立锥之男妇，那吸烟比他每顿饭还要紧。

每年政府对清乡费（即烟捐）的收入达二百七十多万（元），这是全省唯一无二的一大笔收入。

我以为，宁夏禁烟比任何事都难，假设烟一禁绝，百姓固然要瘾死，而政府也必要饿死。[1]

总之，当时宁夏实施的禁政，虽“成立了禁烟机关，贴出了布告，表示了态度，但实际上种的、卖的、运的、吸的仍各行其是，没有受到一点限制。原因是，如果实行禁政，就会减少省府的财政收入”[2]。

（三）召开禁烟会议，改定禁烟期限

1936 年 5 月 21 日，宁夏省政府召集本省党政军学绅

---

［1］《宁夏近况》，《开发西北》1934 年第 2 卷第 4 期。

［2］《马鸿逵的诈钱术》，载《宁夏文史资料》第 26 辑，宁夏人民出版社，2002。

商各界人士暨禁烟委员会全体委员，在省政府会议厅开禁烟会议，研究禁烟要政推进办法，“讨论今后如何推进禁政，俾收事半功倍之效”。

会议议决：（1）省垣烟民实行复查。（2）各县烟民补行登记，在未补行登记以前，先行饬令各县长将各县初查烟民数目，限一个月内呈报省府。由禁烟处委派登记员分赴各县，根据县报名册挨户查验，有否遗漏，一律补行登记，限期办竣。（3）改定烟民戒烟期限。“至于详细办法及如何进行工作，由省府禁烟处随时拟定，分别办理，总要认真去做，俾见成效。”[1]

按照禁烟会议决议，省政府禁烟处改定宁夏禁烟期限，规定：以宁夏户口虽少，烟民较多，应不待6年期满始告肃清，斟酌地方情形，即将禁烟期限改定4年，于原定2年外，续展2年，共为4年，自1935年起，至1938年终止。

对于禁吸、禁种、禁运售，规定：

（1）禁吸。凡吸烟之人，自经补行登记后，不能立时戒除者，按其年龄，按期勒戒。凡未满20岁之烟民，除确染有疾病者外，均应立时戒除。20岁以上30岁未满，期限6个月。30岁以上40岁未满，期限1年。40岁以上50岁未满，期限1年半。50岁以上、60岁未满，期限2年。

（2）禁种。原定2年禁种办法，以1935年应就上年

---

[1]《宁夏省政府二十五年（1936年）五月份工作报告·禁烟》，1936年。

（1934 年）实种亩数减种十分之四，1936 年减种十分之六，1937 年不准再种。兹改定减种办法，自 1936 年起，至 1938 年（底）止，以 1935 年就上年实种烟亩 29 万余亩，减种十分之四，计共实种烟苗 17.85 万亩为准数，于此 3 年之内分年递减，届时禁绝。

（3）禁运售。全省烟民补行登记完竣，能知确数，计需吸烟分量，并计产烟分量，如有多余，从严限运，以期统制。至于禁售，亦俟烟民登记完毕，严格考核烟店售烟，禁止自由售卖。

对此，当时社会舆论认为："上列禁烟期限既改定，此后自可从容进行，以求贯彻。"[1]

三、厘定《宁夏省禁烟办法》，成立省禁烟委员会及县分会

（一）召开省政会议，推行禁烟行政

1935 年 2 月 11 日，宁夏省政府召开了第二次全省省政会议，将宁夏禁烟问题，列为"本省环境所应急切解决之问题"之一。

马鸿逵在宁夏省第二次全省省政会议开幕式致辞中说："本次大会所提出的最要纲领为教育、禁烟、水利各项……讲到禁烟，是本省民众生死存亡的关头，我们要免

[1]《宁夏禁政之一斑》，《拒毒月刊》1937 年第 112 期。

掉将来沦于灭亡，要免掉将来无有下落，对于禁烟之妥善办法，应当尽量地来供献给大会，使本省民众祛除烟祸之荼毒，共同进于康健之途，都是各位代表应尽的责任。”[1]

会上，宁夏省政府及出席此次省政会议的代表与宁夏地方有识之士鉴于宁夏烟毒之祸日甚一日的严重状况，提出禁烟议案五项，力促政府切实在宁夏推行禁烟行政。如1935年2月13日上午会议，省政府提议《本省实施禁烟案》，提案人李作栋、联署人苏芬等提议《实施禁烟案》，提案人王振东、联署人罗光吉等提议《拟请全省分三年期限禁绝烟苗案》，提案人李毓秀等、联署人马振元等提议《分期实施禁烟办法案》，提案人张国栋等、联署人张维屏等提议《请禁鸦片烟案》，提请大会讨论公决。

1. 省政府提议《本省实施禁烟案》

> 据民政厅厅长冯延铸、财政厅厅长杨鸿寿等呈称：本省受鸦片之害浸淫已深，人民既相率沉沦，政誉亦蒙其影响。言念及此，至为可危。最近，蒋委员长既限以两年之禁令，我主席（马鸿逵）复具有必然之决心，誓扫毒氛，在此一举。兹当第二次全省省政会议，爰据《禁烟纲要》，呈请鉴核，交由大会讨论施行。据此相应提请公决。

[1]《宁夏省第二次全省省政会议实录·纪事》，1935年2月。

宁夏省实施两年禁烟纲要

甲、禁吸部分

一、规定戒烟程序：凡本省烟民，无论男女，俱按其年龄定遵戒烟程序，分列如次：（1）未满二十岁之男女，限即日自行戒除，或送所戒除。（2）二十岁以上至三十岁者，限三个月内戒绝。（3）三十岁以上至四十岁者，限六个月内戒绝。（4）四十岁以上至五十岁者，限一年内戒绝。（5）五十岁以上至六十岁者，限一年半戒绝。上列程序，应依期戒绝，否则勒戒，不得展限，禁期届满，一律肃清。

二、实行总登记：在实施禁吸前三个月，成立省、县禁烟委员会，举行烟民总登记，凡本省二十岁以上烟民，俱应申请登记，将本人之姓名、籍贯、年龄、住址及每日吸量，一一据实报明，填入登记册，以凭统计，由禁烟委员会发给“烟民登记证”以备换领正式执照。

三、领照戒吸：各县烟民登记完毕，应将登记证换领正式执照，凭照向住居地所设之公卖局购买土膏。此项执照有效期为三个月，每三个月更换一次。领照人应照章交纳照费，规定第一次富者三元，贫者三角，为十分之一比例率，照费按次递加一倍，余类推。更换执照，应以施戒程序为标准，如戒期已满之烟民，即不换给执照，以示限制。烟民按照递戒程序，应戒除净尽，于缴销执照时，须具决不再吸切结，并得由禁烟委员会予以调验，将来如发现有再吸情事，依法处办。

乙、禁种部分

计量分种：查照烟民登记册，统计禁期二年中，全省应需烟土总数若干，令各县分期递减播种，第一年种总数十分之六，第二年种总数十分之四，每县每期应种若干亩，由禁烟委员会按照地亩之多寡，平均指定，此外不准多种，以示限制。

丙、禁售及禁运部分

一、统收统售：禁期二年中，全省烟量若干，统由禁烟委员会分设机关，备价收买，发交注册之公卖局，售给登记之烟民。私人方面，不准私收私售，违者论罪。

二、严查私运：禁政实施后，本省所种烟土量，既以本省烟民报清吸数为标准，自无余额可以外运，但为严密防止走私，及便于统制起见，凡种户收获之烟土，应由禁烟委员会一律购归公有，并于各县出境入境之冲要地带，及与邻省毗连之边境，设置查缉人员，严密稽查，以防外运。

丁、其他

成立禁烟机关：在禁政实施前，应先后成立下列禁烟机关，以专责成，而利进行。

（1）省禁烟委员会，综理全省禁烟事宜。

（2）省戒烟所，综理烟民戒烟及诊疗调验事项。

（3）特种执法处，其任务专为惩治违反禁政案件，查去岁（1934 年）南昌行营，对于禁烟法之规定，凡违反禁政者，概以军法办罪，本省执法条例，亦不妨依此办理，惟情节轻重不等，故对于私吸、私种、私售、私运各项，均须分别制定专律，以为判处之标准。

（4）查运处，设于省垣，但关于各县查缉事宜，得随时派遣缉私队员驻县办理，必要时或于各县设置分驻所，与当地军警取得联络，查办一切查缉事宜。

（5）县禁烟委员会，办理全县禁烟事项。

（6）县戒烟所，办理戒烟及诊疗调验事项。

（7）公卖局，省城及每县各设公卖局一处，向禁烟委员会获批购领烟土，凭照分售烟民吸食。

以上各机关之组织章程及办事细则另定之。

2. 提案人李作栋、联署人苏芬等提议《实施禁烟案》

查鸦片一物，祸国弱种，毁家丧德，为害最烈。自民国十二年（1923 年）宁夏开始种烟，迄今十余年来，家家复种，人人尽吸，致使地贫如洗，民穷益极，人民现尚不知觉悟，相率沉沦，政誉亦深受其影响，倘不及早设法严禁，将使全省人民同入于地狱生活，后患何堪设想。兹将禁烟办法，以管见所及，略提一二，恳请公议施行。

办法：分为两期。

甲、第一期为筹备时期，时间以一年为限。在此时期，政府应筹备者，即为开源节流之有效方法。

在抵补方面，除农产物外，如种棉植桑等，均为宁夏之所需要，亦为宁夏所能为利者。但种子桑苗由何而来？来后如何种法？以及产物收获后之纺棉织布、养蚕抽丝等，均为增加生产上重要条件，但必如何而能一一见诸实行非事先有精密之计划与筹备不为功。况禁烟与宁夏整个人民生计攸关，稍一不慎，农村商业、税收各方面均受莫大影响。

除积极筹备抵补办法外，如消极的禁吸、禁运以及设立机关、配制药膏、调查吸户等，均应当在此一年时间内筹划妥当。

乙、第二期为强迫禁种时期。在此时期，政府对农民之经济已有相当之计划，生产物之替代已有充分之准备，人民无虑负担之重，政府不发生经费之难，一纸命令，即可强迫禁绝。

关于禁吸，由两方面着手。（1）公务员方面：公务人员以绝对禁吸为原则，由省府下一通令，在一个月以内，由各机关主管负责具结报告，未吸者担保永不沾染，有瘾者须找二人以上之担保，限期禁绝，违者以连坐法惩处。（2）民众方面：①先成立各区戒烟所（或戒烟会）。②调查由戒烟所会同各区保长、甲长、户长，将区村内之烟民分别男女老幼一一登记于禁烟后，以资办理。③限期禁绝：依江苏禁烟成例，吸户分四年禁绝。其登记烟民三十岁以下者第一年禁绝，三十岁以上四十岁以下者第二年禁绝，四十岁以上五十岁以下者第三年禁绝，五十岁以上者第四年禁绝。至烟民吸用烟量，应于戒绝年限内分期减少，限一年禁绝者，分一年为四期，按期减原吸量四分之一；两年戒绝者，分两年为四期，亦按期减原吸量四分之一。三年禁绝者，分三年为六期，按期减六分之一；四年禁绝者，分四年为八期，减八分之一原吸量，至吸烟之人限期之长短，均发票证。以上在烟民，均须按期戒绝，倘逾期未戒绝者，均以禁烟法惩治之。

至禁运方面：（1）省内人民除公家许可者外，一律不准携带鸦片。（2）边境各要塞，均设立局、卡，检查来往行人是否携带烟土。（3）政府必须联合邻省禁止鸦片输入。（4）设立机关限期登记，由禁烟机关规定一定期限，使人民所存之烟土一律报告登记。（5）各区、村鸦片登记后，由政府备款，将全省之鸦片尽数收买，然后由政府全盘计划，除留给未禁绝时期之吸户所用者外，一律运售国外。（6）政府为贯彻上项禁种、禁吸、禁运之三大政策起见，必须制定禁烟单行法，并用连坐法办法，以期贯彻禁烟主张。如查某人存烟运烟，收买私烟，或限期满后仍未戒绝者，村内人民皆有检举之权，如知而不告者，亦同受连坐之处分，如是则村内人民必互相警戒、互相检举，以免连坐之罪，而达禁烟之目的矣。

3. 提案人王振东、联署人罗光吉等提议《拟请全省分三年期限禁绝烟苗案》

查鸦片流毒播被全省，良田沃野尽植罂粟之苗，民泛菜色，显呈亡国灭种之像，若不急起振拔，禁绝烟苗，非惟饷糈无法可筹，抑且无可用之人民，贻害将来，不堪追问。

办法：拟将全省烟苗划分三年禁绝。先从本年上年度起，划定宁夏、宁朔、平罗、中卫四县为种烟特别区域，减缩烟区。下年度设立官膏局，由政府实行统制贸易，限制私人运销。第二年上年度厉行减售，明定赏罚，下半年度严禁吸食。第三年实行禁种，务绝烟苗，循期实行，隆治可期。

附注：查旧日烟灯票捐为寓禁于征政策，当兹厉行禁烟之际，认为仍有恢复之必要，不惟增裕府库，抑且裨助烟政甚大。合并陈明。

4. 提案人李毓秀等、联署人马振元等提议《分期实施禁烟办法案》

鸦片之毒害深中民间，当此政府厉行禁绝之际，自应遵令办理，按照地方情形，予以分期进行，庶可苏民困而裕省库。

办法：

一、自二十四年（1935 年）起，所有禁吸、禁运、禁售自应同时并行，以肃毒物。惟宁省民人依赖种烟为生命，如用斩钉截铁办法，势必发生他虞。为釜底抽薪计，应先之以禁运、禁吸，继之以戳导禁种，并令各县区广辟农事试验场，试种药材，如枸杞、当归、党参、甘草以及棉花、桑麻、花生、蔬果等，为替代烟产物之准备。

二、自二十五年（1936 年）起，倘民人相沿播种，未肯绝种者，应由政府择定一二县为播种之地，筹设公膏收销局，办理统收、统运、统销事宜，倘有偷运及偷吸者，予以最严厉之处罚。

三、自二十六年（1937 年）后，完全禁绝，以符蒋委员长禁烟之决心，至于抵补亩款收入办法，应先呈请中央，准予拨发十五路军费，以资弥补。

5. 提案人张国栋等、联署人张维屏等提议《请禁鸦片烟案》

……宁省自经去年（1934 年）兵燹，平罗、宁夏一带十室九空，中卫、中宁等县因供给军粮，民力亦甚竭厥，加以雹灾、水灾，农民之元气未复，而今年多数之县又均有重大黄河等工程，虽蒙省府体恤民艰，协济巨款，但不足半数，仍须民众负担，工程浩大，负担甚重，似此情形，今年农民之生活当较往年更加困难。

近年来，宁省民众经济方面惟收获烟土时稍为活动。今年，民困特甚，若当年即禁种鸦片，恐不但农民无以为生，而军政各费亦难维持。拟请本年暂缓禁种一年，先行禁吸，分年进行，卒绝烟祸。谨将禁烟办法条陈于后。

办法：

一、禁吸：（1）宁民有烟瘾者十之七八，若不亟行禁吸，吸者日增，祸将愈深，从今年起，当即行禁吸，应请省府颁布明令，严定罚规，先收毁烟具，再另四邻互相担保不吸鸦片，如一家犯禁，而四邻不行检举，连坐处罚，并责成保甲长负监督考查之责，倘有犯禁者，随时当众处罚，但不得私下处置，以杜流弊，保甲长考查不力，则罚保甲长。（2）禁吸应分二期，第一期为自动戒烟期，以三月为限，由保甲长负责劝导，使人民自动戒绝，偶犯者恳切劝导，不加严厉处罚。第二期为强迫戒烟期，犯者即按罚规实行严厉处罚，不稍宽假。（3）禁吸时各县各区应附设戒烟所，施散戒烟药，经费则先以捐募，继之以罚款。

二、禁种：暂缓一年禁烟，原为从权救济人民目下穷困，次年自当严行禁种，以期根本铲除烟祸。禁种之法，请省府于本年年底，即布告民众，规定严厉罚规，开春之后，除责成保甲长及区乡长切实考查外，并由省府委派专员赴各县调查有无偷种情事，如有时，即按罚规处罚之。

三、禁运：禁运应与禁种同时实行。盖本省禁种后，烟价必涨，邻省烟商自必趋利运卖，应请省府早为布告，严定罚规，以杜邻省烟土输入本省，人获其利，我受其害。

上述禁烟提案[1]经大会议决：

（1）以上五条（提案）性质相同，并作一案讨论。

（2）本省种烟期限，决定两年禁绝。

（3）以第一案（省政府提议《本省实施禁烟案》，即《宁夏省实施两年禁烟纲要》）为原则，其余四案作参考，由各代表中推出起草委员，厘定本省禁烟实施详细办法，另提交会议讨论。

（4）本案起草委员，每县推出一人（宁夏县李斌、宁朔县李树元、平罗县罗光吉、中卫县张济美、中宁县莫增隆、金积县马柱、灵武县张照、盐池县陈步瀛、预旺县金光辉、磴口县崔凤桐），省政府秘书处及民政、财政、教育、建设四厅各推出一人，并加推王含章、陈宝玺、孙俭、徐宗孺，共 19 人为起草委员，由省政府秘书长叶森为召集人，依照南京国民政府中央颁布的《六年禁烟计划》，拟定了《宁

[1] 五条禁烟提案见《宁夏省第二次全省省政会议实录·提案》，1935 年 2 月。

夏省禁烟办法》。

经大会审查委员会审查，1935 年 2 月 15 日上午，大会讨论公决叶森等拟定的《宁夏省禁烟办法》。议决：除第十条修正为“各县烟民应领之登记证，须缴纳证费五角”，第十八条修正为“凡禁烟（委员）会职员，办事不力，或有徇私舞弊之情事者，应得破坏烟禁之罪。其详细办法另定之”，第十九条修正为“区、乡长对于禁烟事宜督察不严，及甲、闾长等对于烟民登记报告不实，或隐匿不报者，其处罚与第十八条同”外，其余照原案通过。

宁夏省禁烟办法[1]

第一章：总则

第一条：本办法为实行禁烟，特遵照禁烟法令，并参照宁夏省地方情形制定之。

第二条：全省设禁烟委员会，各县设禁烟分会，附设戒烟医院或戒烟所，各区、乡设禁烟员，办理禁烟一应事宜。前项之全省禁烟委员会以省政府主席为委员长，各县禁烟分会以各县县长为委员长，其组织另定之。

第二章：禁吸

第三条：禁吸分为劝告及勒戒两期，务于一年半内禁绝。

[1]《宁夏省第二次全省省政会议实录·会议记录》，1935 年 2 月。

第四条：劝告期以三个月为限，在此期间，由全省禁烟委员会组织宣传队，分赴各县，会同禁烟分会，为切实之宣传及劝告。

第五条：凡烟民未满二十岁者，在劝告期内，务各一律戒绝。其年在二十岁以上之烟民，能自动戒绝，经该甲长或闾长之证明，取具切实戒绝甘结者，除免予登记外，宣传队得为名誉之奖励。

第六条：各县烟民如逾劝告期尚未戒绝者，依下列期限分期戒绝。(1)二十岁以上至三十岁者，三个月。(2)三十岁以上至四十岁者，六个月。(3)四十岁以上至五十岁者，十个月。(4)五十岁以上至六十岁者，十五个月。前项烟民如逾期尚未戒绝，即交戒烟所强迫勒戒，时间以二十日为限。

第七条：各县烟民登记，应于劝告期内之第三月开始，在此期间，凡未自动戒绝之烟民，均应一律登记。

第八条：登记方法，以一甲或一闾为单位，由各县禁烟分会责令各区区长或闾长，就该甲或闾内之烟民，分别详载年龄、住址及经济状况，连具名册，呈报禁烟分会，以便派员调查，藉资考核。

第九条：各县烟民于登记完毕后，由禁烟分会各发给登记证，以便考查，而资识别。此项登记及格式，须由全省禁烟委员会制就颁发。

第十条：各县烟民应领之登记证，须缴纳证费五角。

第十一条：各县烟民于勒戒期满，应将登记证缴销，由禁烟分会取具该烟民确实戒绝之甘结注册备考。

第三章：禁种

第十二条：禁种分为两期，以一年为一期，第一期须比历年烟亩数减种十分之四，第二期须减种十分之六，届满全省一律戒绝。

第十三条：本省历年种烟之地统计二十万亩，约占现已清丈之地亩十分之一，前条分期减种亩数，即以各县现有地亩按十分之一比例核算，为分期限种之标准。其亩数另表制定之。

第十四条：每届烟亩播种时期，由各县禁烟分会派员履地切实查勘，不得超过前条限制之亩数。

第十五条：禁种期满，如发觉有偷种情事，除种烟地亩充公外，并将偷种地户依法治罪。

第四章：禁售禁运

第十六条：本省禁吸期满即实行禁售，禁种期满即实行禁运。其详细办法届时规定之。

第五章：奖惩

第十七条：凡禁烟（委员）会职员，办事勤奋而有成绩者，得由全省禁烟委员会委员长依照《公务员奖惩法》奖励之。

第十八条：凡禁烟（委员）会职员，办事不力，或有徇私舞弊之情事者，应得破坏烟禁之罪。其详细办法另定之。

第十九条：区、乡长对于禁烟事宜督察不严，及甲、闾长等对于烟民登记报告不实，或隐匿不报者，与（第）十八条同样处罚之。

第二十条：烟民于缴证具结后，复吸鸦片者，处以百元以下之罚金，或百日以下之拘役，其有再犯者，依禁烟法处治之。

第六章：经费。

第二十一条：各县禁烟经费，即以各县收入之烟民登记证费及烟民罚款充作开支，不足时由省政府设法筹拨。其预算另定之。

第七章：附则

第二十二条：本办法经本省第二次省政会议通过后，由省政府公布后施行之。

第二十三条：本办法如有未尽事宜，得由省政府委员会议修正之。

为此，1935 年 3 月 7 日，宁夏省政府发布秘一字第 3946 号训令中曰："《宁夏省禁烟办法》，现经第二次全省省政会议制定，交由本府发布施行，自应照办，兹特明令公布。"[1]

---

[1] 宁夏省财政厅编《民国二十四年（1935 年）度宁夏财政年刊》，1935 年。

（二）组织成立省禁烟委员会及各县分会

为主持与推动全省的禁烟行政工作，宁夏省政府于1935年2月26日召开第74次会议，决议组织成立宁夏省禁烟委员会，协助政府“主持全省禁烟事宜”，并通过宁夏省禁烟委员会组织原则。

规定以省政府主席马鸿逵为省禁烟委员会委员长，并推定省政府委员马福寿、马继德、海涛，以及省民政厅厅长冯延铸、省财政厅厅长杨鸿寿、省教育厅厅长童耀华、省建设厅厅长余鼎铭、省政府秘书长叶森、省高等法院院长梁敬錞、驻宁夏第十五路军参谋长李翰园、省垦殖局总办王敏悟、省道管理处处长魏鸿发、省卫生处处长魁文山、省会警察局局长马如龙、省保安司令卢忠良、省党部委员王含章、宁夏中学校长徐宗孺、宁夏师范学校校长孙俭、科长黄光贲等宁夏党政军各界要员19人为委员。[1]

为此，1935年3月14日，宁夏省政府发布秘一字第4048号训令中曰：“《宁夏省禁烟委员会组织规程》现经制定，明令公布，应即通饬施行。”[2]

对此，当时《西北日报》以《宁省组织禁烟委员会，限期两年肃清烟毒，劝告时期布告民众自动戒除》为题进

[1]《西北日报》，1935年3月5日；《甘肃民国日报》，1935年3月6日。

[2]宁夏省财政厅编《民国二十四年（1935年）度宁夏财政年刊》，1935年。

行报道。报道曰：宁夏省政府第74次委员会议决议组织禁烟委员会，主持全省禁烟事宜，三项组织原则修正通过……“近复布告民众，决遵照中央厉行禁烟意志，限期两年，一律肃清。望能在此劝告期间，一致觉悟，劝谕家族戚邻自动戒除，倘有违抗功令，不即铲除者，一俟勒戒时期，定当从严处理。”[1]

宁夏省禁烟委员会成立后，随即又在全省各县成立了禁烟委员会分会，由各县县长兼任县禁烟分会主任委员，开始办理禁烟事宜。

为此，1935年3月29日，宁夏省政府发布秘一字第4105号训令中曰：“《宁夏省各县禁烟委员会分会组织通则》现经制定，明令公布，应即通饬施行。”

随后，宁夏省政府召集全省各县县长及区长到省城（今银川市）受训，由负责机关派员进行禁烟办法和禁烟条文规定内容的讲解。

受训期间，省政府主席马鸿逵亲临训话，分四个部分阐述了本省禁烟之理由与决心，对在宁夏实施禁烟进行宣传和动员。

首先，马鸿逵指出：“目前，禁烟一事，是整个政治根本问题……因为责任关系，把禁烟的理由和办法的大概，以及政府所抱定的决心，向大家作个详尽的报告。而其要点，

---

［1］《西北日报》，1935年3月25日。

尤在将政府的真诚与决心切实宣达民众，使民众了解政府的办法与意旨。”

接着，马鸿逵分四个方面，讲述了本省禁烟之理由与决心：

其一，本省之有鸦片为时甚长，受害亦最巨。过去种烟及贩运鸦片的人得到了些许利益，而吸烟的人受了大害，合起来利少而害多。现在祸害更大了，不但吸烟的人要受害，即种烟、贩运烟的人也要受害。如本省商人积存烟土卖不出去，弄得金融停滞，无法维持，几乎就要破产，只得由省银行设法给他们借出五十万元，以资维持。

所以说，鸦片之在本省过去利少害多，现在祸害更大，简直毫无利益而言。因此，我们要以非常决心，运用最合理、最有效的办法去根绝鸦片。

其二，本省禁烟办法，采取绝对的统制政策，对于运销、种、吸都有详细规定，而运销部分最为亘要。对运销有了完密的办法，一方面，吸的人不能漫无限制地任意吸食；另一方面，种的人不能自由畅销。这样，吸的人由于政府的限制逐渐减少，种的人因为无利可图自然而然也只有减少。

今年统制禁烟的办法，决定由公家收买烟土，虽一两一钱，绝不准私人自由买卖的，无论你购存的也好，自种的也好，都要由公家备价收买。

至于烟民的吸烟，须按照登记的吸量及戒烟的期限，向公家去购熟膏，不得私自存储。

同时，要注意到民众不识字者甚多，仅仅贴几张布告，大多数民众仍然两眼迷糊，不知道说的什么。所以应将政府的意旨与办法不怕麻烦反复详细解说，使他们明明白白，才可望不至违法。

其三，我们一方面设法厉禁，另一方面要计划根本代替的办法。因为烟土的价值比粮食高得多，要是鸦片完全禁绝，不想代替办法，农村经济根本就要破产了。

因此，政府计划明年大量种植棉花、花生等物，以代替鸦片，改进农村经济。因为鸦片是绝对不能再种了，虽然马上不能根本铲除，但必须限制，务使逐渐减少，或限定一定区域，或规定渐减数量，总使由减少而归于根本减绝。

其四，对于外来的烟土，绝对限制，不使其过境。限制的办法就是提高烟税，比如从前规定每两一角六分，今年就要定一元六角，决心限制外来烟土，实现禁烟计划。[1]

1935 年 10 月，军事委员会委员长兼禁烟总监蒋介石令各省、市、县均设置禁烟委员会，协助各级政府执行禁

[1]《十年来宁夏省政述要·民政篇·禁烟》，1942 年。

烟事宜，并颁发《各省市禁烟委员会及县分会组织通则》。

据此，1935 年 10 月下旬，宁夏省政府奉令改订了《宁夏省禁烟委员会组织规程》及《各县禁烟委员分会组织通则》，呈报禁烟总会备案。同时，对省禁烟委员会及各县分会进行了正式改组，省政府主席马鸿逵兼任省禁烟委员会主任委员，省政府秘书长叶森、省建设厅厅长冯延铸兼任省禁烟委员会常务委员，“以便积极负责”[1]。

随后，省政府秘书长叶森、省建设厅厅长冯延铸，在省政府总办公厅召集省禁烟委员会职员十余人讲话，并分配工作。先由冯延铸厅长“讲述该会成立以及改组之经过情形”，次由叶森秘书长“勖以分工合作意义”，复由省禁烟委员会秘书李伯海“报告关于秘书室及各科事务，除专责外，应不分畛域，互助进行，庶无偏枯之患，兼收同济之益”云云。会议决定，省禁烟委员会即日派员，协助省会（今银川市）公安局各分局开始对省会烟民进行复查。各县亦将开始进行烟民登记。

对此，当时社会舆论认为：省禁烟委员会“似此精神振作，积极进行，本省禁烟前途，定再收良好效果”[2]。

---

[1]《甘肃民国日报》，1935 年 10 月 30 日。

[2] 同上。

（三）改组完善省禁烟委员会与县分会，成立省政府禁烟处

1936 年 3 月，军事委员会委员长兼禁烟总监蒋介石发布（政字第 536 号）指令："凡禁烟事务，概由地方政府负责执行，禁烟委员会对于禁烟机关有监察、督促、检举、纠正、设计、调查、稽核、建议之责，令饬遵照。"宁夏省政府当即依照进行，由省政府呈报禁烟总监备查。

（1）将《宁夏省禁烟委员会组织规程》及《各县禁烟委员分会组织通则》均予分别修订。

（2）按照《修正宁夏省禁烟委员会组织规程》第二条之规定，遴聘地方上热心禁烟公正人士 7 至 9 人为委员，并以 3 人为常务委员，筹划改组，以符法令。

（3）将宁夏省禁烟委员会改组情形、委员履历及职员名册呈报备查。

宁夏省政府考虑到，"各县禁烟委员分会虽于上年（1935 年）成立，其中组织多不完备，委员人选又各不齐，数额多寡复不一致，督促禁政之推行不无影响，应即分令改组，以符法令"，即按照修订后的《各县禁烟委员分会组织通则》，将原设各县禁烟委员会分会从速予以改组，改设委员 5 至 7 人，分设两股，各股设股长 1 人，股员若干人，遴聘地方热心禁烟公正人士为委员，并将改组情形及委员履历呈报备查。

对于改组各县禁烟委员会分会，当时社会舆论认为："禁烟为本省目前要政，各县禁烟分会经此次改组之后，

委员既已另行遴聘，内中职员亦均各有专责，监督禁政当可逐步推行矣。”[1]

按照修订后的《宁夏省禁烟委员会组织规程》，对“原规程所有执行禁烟事务，或改督促考核，或予删除，禁烟委员会不负禁烟行政之责，权限业已分明”。但宁夏省政府考虑到，“本省地处边陲，情形特殊，烟祸较深，非有特别办法和设计、执行机关提前赶办，一致进展，难收巨速效果”，经宁夏省政府第101次委员会议议决，在省政府成立禁烟处，办理全省禁烟行政事宜。随后，即制定了《宁夏省政府禁烟处组织条例》，经省政府第102次委员会议议决通过：“禁烟委员会即遵照决议案，成立禁烟处，专办全省禁烟行政事宜，负责进行。”[2]

1936年6月8日上午9时，宁夏省政府主席马鸿逵在省政府总办公厅召集各县禁烟委员会委员、各机关代表二十余人，“讨论本省禁烟事项。当经决定，限四年禁绝本省烟毒及确实复查省垣烟民登记、各县烟民登记、先施禁吸等案”[3]。

---

[1]《宁夏省政府二十五年（1936年）行政总报告·禁烟》，1936年。

[2]《宁夏禁政之一斑》，《拒毒月刊》1937年第112期。

[3]《西京日报》，1936年6月9日。

四、各项禁烟宣传实施情形

（一）成立禁烟宣传团及其扩大宣传活动

1935 年 3 月，宁夏省政府“以期唤醒民众对于禁烟意义之了解”[1]，令由省禁烟委员会负责，组织成立了宁夏省政府禁烟宣传团，由省政府秘书长叶森负责，分往全省各县做扩大宣传。

为此，省禁烟委员会选拔党政机关各厅、处中有文化的科员和少数科长，驻宁第十五路军中有文化的士兵和少数官佐，担任宣传队员，共 50 余人，编组为 3 个队，并进行了为期 5 天的培训。培训期间，马鸿逵亲临训话，加以勉励。

根据当时宁夏的实际情况，将全省划为 3 个宣传活动区域，禁烟宣传团编组为 3 个队。第一队负责中卫县、中宁县、同心县和盐池县的部分村镇，第二队负责金积县、灵武县和陶乐县，第三队负责宁夏县（省城）、宁朔县和平罗县。每个队发给一面红布旗帜，上书“宁夏省政府禁烟宣传团 × 队”，并印制和携带了大量禁烟宣传标语、图画和传单等。

发给宣传队队员每人一份禁烟《宣传提纲》和几种宣传小册子，内容丰富多样，包括介绍英国人向我国沿海贩

[1]《人道月刊》，1935 年第 1 卷第 11、12 期合刊。

运鸦片和林则徐在广东禁烟、销烟的简要史料，以及宣传吸食、种植、贩运鸦片的危害等资料。[1]

要求各宣传队到县后，“由各县妥为协助，并加派干员，作盛大宣传，并携带禁烟图报，逐日下乡分散宣传，以期家喻户晓，届期戒绝”[2]。

1935 年 3 月底，禁烟宣传团起程，各队分赴各自的宣传区域。各队所携带的大批禁烟宣传标语、图画、传单等印刷品，均雇用毛驴驮运，队员们分乘马拉轿车。

出发前，马鸿逵集合全体宣传队员，在省政府院内进行训话，略谓：“宣传队员要深入农村，走遍各家各户；要吃苦耐劳，不要骚扰百姓”等语。[3]

宁夏县（省城）、宁朔县、平罗县人口稠密，土地肥沃，是鸦片种植、吸食、贩卖的主要地区，被列为重点禁烟宣传区。

据当年参加宁夏省政府禁烟宣传团第三队的宣传队员牛星奎回忆说：

> 我们宣传队共 18 人，到达宁朔县后，受到县长的

---

[1] 牛星奎：《宁夏禁烟宣传队与所谓“厉行禁烟”》，载《银川文史资料》第 5 辑（内部资料），1990。

[2]《十年来宁夏省政述要·民政篇·禁烟》，1942 年。

[3] 牛星奎：《宁夏禁烟宣传队与所谓“厉行禁烟”》，载《银川文史资料》第 5 辑（内部资料），1990。

热烈欢迎。当晚，我们分别住宿在县政府附近的百姓家里。

第二天，我们就张贴标语、散发传单，开始有计划、有步骤地宣传讲演活动。先向一所小学的师生宣传了吸食、种植大烟的害处，又向集合在一起的男女老少进行了宣讲，同时讲述了女子缠足的痛苦，听者莫不为之感动。

在宁朔县政府周围的村庄宣传了3天，然后我们分组到县属四个区进行宣讲。在李俊堡、瞿靖堡、邵岗堡、唐铎堡等乡村向村民和学校师生宣讲时，预先寻找一两个吸食大烟时间长、受害深、卖儿卖女、倾家荡产的典型“烟鬼”，做好思想工作，要他们当众“现身说法”，收到了较好的宣传效果。

时值春工修渠，我们还抓紧利用中午时间，向不同工段的渠工们进行了多次宣讲。

5月中旬，我们由宁朔县回到省城（即宁夏县，今银川市）进行宣传。白天分四个组，在各街巷宣传，由县政府派人集合群众听讲。

晚间，全队集合在戏院内（规定在晚上的演出中间停戏40分钟，作为禁烟宣传时间），向观众进行宣传。每次都由陈选民（宁夏县司法科一等科员）登台宣讲。其口才好，知识丰富，对鸦片烟给民众所带来的苦难予以无情的揭露，时而慷慨激昂，时而声泪俱下，使观众无不为之动容。

> 我们在对妓院宣传时，联系妓女们的实际，她们一个个莫不为身陷烟花院而伤感哭泣。
>
> 6月下旬，我们离开省城赴平罗县进行宣传，正值烟花盛开季节，街上的工匠们在日夜赶制割烟的刀子和收烟浆的盒子。一边是我们振臂高呼禁烟的宣传声，另一边是工匠们赶制烟具的锤打声，这种互相矛盾的景象，令人哭笑不得。
>
> 在石嘴山宣传时，我们虽采取了多种形式的宣传方法，经过了多日的宣传讲解，但在客商中仍无什么效果。当地两所小学的师生很热情，协助我们贴标语、散发传单，老师还亲自帮助宣传。[1]

1935年9月上旬，各禁烟宣传队完成任务，陆续返回省城。

这次历时半年之久的禁烟宣传与劝导活动，声势与规模较大，也取得了一些实效，产生了一定的社会影响。当时，在宁夏省城（今银川市）“各处张挂漫画，宣传吸食鸦片烟的毒害，画着小小烟葫芦，把老婆、孩子、家产、田地都吸了进去，对吸毒者敲响了禁烟的警钟”[2]。

---

[1] 牛星奎：《宁夏禁烟宣传队与所谓“厉行禁烟”》，载《银川文史资料》第5辑（内部资料），1990。

[2] 祁志彬：《解放前宁夏话剧史略》，载《宁夏文史资料》第13辑（内部资料），1984。

（二）禁烟演讲，编唱戒烟歌曲

宁夏省禁烟委员会考虑到，鸦片一物戕害民命，破坏社会，动摇国本，危害民族，为害之烈，无与伦比，而宁夏地处边陲，人民缺乏知识，举凡鸦片毒害，俱未彻底了解，亟应普遍演讲，以期家喻户晓，自动戒除瘾癖。

省禁烟委员会当即编制演讲组 4 组，每组设组长 1 人，从禁烟处职员中遴选。每组演讲员 4 人，从受训学员中择优委编，令各组组长领导，赴省垣按区分别演讲，并厘定《演讲办法》及《演讲纲要》，俾资遵照办理。

与此同时，省禁烟委员会考虑到，宣传禁烟，必须普遍，始能收效。唯宣传方法甚多，尤应达到无人不知境界，方可推行顺利。

为此，省禁烟委员会将以前省政府所编《戒烟歌谱》及《劝戒烟七字歌》，遍发各省垣民众识字班，使识字民众随时习唱，以期转移风气。

宁夏省禁烟委员会开展的“上述两项宣传（工作），自经实行后，一般民众无不警惕异常，于禁烟进行，裨益匪浅”[1]。

（三）编印《吃大烟十不该》传单，编唱戒烟歌曲

1936 年，宁夏省禁烟委员会编印《吃大烟十不该》传单，

[1]《宁夏禁政之一斑》，《拒毒月刊》1937 年第 112 期。

散发民众阅读。其词曰：

一不该：党中同志吃大烟，高于一切惟党权，领导各界为之先，吃上大烟真觍颜，做事何能到人前。

二不该：政界官吏吃大烟，民脂民膏为俸钱，父老疾苦真可怜，吃上大烟愧对天，何况犯法有罪愆。

三不该：军队长官吃大烟，武装卫国责任专。杀敌御侮着先鞭，吃上大烟百病添，不能奋作战斗员。

四不该：绅士先生吃大烟，四民翘楚一乡贤，做个榜样在世间，吃上大烟忘耻廉，土豪劣绅挂头衔。

五不该：学校教职吃大烟，师既不尊道不严，青年学子何责焉，吃上大烟坏心田，误人子弟造孽缘。

六不该：商家号伙吃大烟，流通货物居市廛，富国利民称中坚，吃上大烟塞利源，生意亏累年复年。

七不该：农村父老吃大烟，锄禾血汗滴田园，贫无立锥富陌阡，吃上大烟家计艰，卖妻鬻子难团圆。

八不该：劳工生活吃大烟，工具制造全又全，晨要早起夜晚眠，吃上大烟外务牵，好吃懒做日颠连。

九不该：妇人女子吃大烟，一家生产相关联，各事其事再不关，吃上大烟缺衣穿，冻饿穷愁坐针毡。

十不该：游闲人等吃大烟，天生才艺本有偏，自食其力乃当然，吃上大烟无勇拳，坐以待毙到九泉。

与此同时，宁夏省禁烟委员会还“将各戏院中滑稽演员、说书场说书员并街巷间行乞唱小曲者，集合一处，予以详细讲授（《吃大烟十不该》等戒烟歌曲）后，着其随时演唱，以广宣传”[1]。

上述宁夏省垣开展的禁烟宣传工作，虽然形式多样、内容丰富，使禁烟情况较前有所改观，但是实际禁烟工作仍流于形式，并无多大进展，以致宁夏种植、吸食、贩运大烟的状况依旧。

五、实施烟民登记、复查与领用戒烟执照

宁夏省政当局认为：“禁烟要政，首在禁吸。禁吸关键，尤在烟民数字之精确，方能树立禁政基础，推行尽利。”

为此，1936 年 5 月间，宁夏省政府召集党、军、学、绅、商各界人士以及省禁烟委员会全体委员召开禁烟会议，讨论禁烟要政推进办法，通过了三项关于禁吸的重要议案：省垣烟民举行复查、各县烟民补行登记，改定烟民戒烟期限。[2]

1936 年 6 月初，宁夏省政府为贯彻禁烟主张，决定对省垣烟民实行复查，各县烟民补行登记，并制定了实施办法，“俾得详确统计，树立禁烟基础”，特拟定布告曰：

[1]《拒毒月刊》，1936 年第 106 期。

[2]《十年来宁夏省政述要·民政篇·禁烟》，1942 年。

查烟民登记为确知烟民数目、统计食烟量数，以期统筹禁烟禁种根本计划，关系禁烟前途至重且巨。

本省上年（1935 年）虽于省垣办理前后两期烟民登记，仍多不实不尽，兼以各县筹办防务，未遑赓续进行，以致吸、种两项禁政无从策进。

本府兹为贯彻禁烟主张，最近召集禁烟会议，当经议决，省垣实行复查，各县补行登记，分别办理，俾得详确统计，树立禁烟基础。

各县补行登记，必须各县县长依限查报后，方能开始工作。

惟省垣（烟民）复查，即于 6 月 1 日实行。此次复查与上年（1935 年）登记办法略有不同，由本府会同公安局长、保甲长，按户口册挨户按人查验，如确系烟民，即予登记，否则免议。无论是否烟民，概予查验，决不遗漏一人，以求缜密翔实。

除分令外，合亟抄录《复查办法》，仰即一体周知。凡我吸烟人民应彻底觉醒，不可再隐瞒规避，或有行贿行为，希图脱离（复查）。须知此种伎俩，本府早已鉴及，任有如何诡计，亦难幸免。莫若实事求是，既染烟瘾，认定不能不治，应自新登记，踊跃领证，决心戒除，必要依着正当途径，勿自觅死途为要。此布。[1]

[1]《西北文化日报》，1936 年 6 月 18 日。

（一）省垣烟民登记与复查

1. 组织成立烟民登记队

1935 年 7 月 6 日，《甘肃民国日报》以《宁省禁烟办法第二步将实行勒戒，各县宣传队工作完毕返省》为题进行报道，报道曰：

本省禁烟事宜，现从禁吸方面着手，严厉禁止，不遗余力。前由当局提倡焚毁大批烟具后，一般烟民非常惊骇，迄今自动戒除及送戒烟医院勒戒者数五百余人，成绩甚佳，人所称快。

现值劝告时期，前派禁烟宣传队前往各县普遍宣传，工作极为努力，历三月之久，已将全省各县宣传殆遍，烟民大为省悟。刻因工作完毕，各县宣传员均已纷纷抵省（城）报告工作情形。

闻禁烟委员会以劝告时期业已履行，应进行第二步办法，即将实行强迫勒戒。倘能按此逐项实施，则宁夏烟祸铲除有望，而烟籍人民亦可拯拔矣。[1]

1935 年 7 月下旬，省禁烟委员会以禁烟宣传工作业已进行，即转入第二步工作，调查与登记烟民，分期戒除，特组织成立登记队，委派男女登记员，对省垣分区实地调查登记烟民。委派马孝祥为队长，总理全队一切事宜。

[1]《甘肃民国日报》，1935 年 7 月 6 日。

同时，省禁烟委员会特聘请省垣热心禁烟士绅梅俊、乔森荣、梁善卿、许景鲁等为委员，协助进行登记烟民，推进禁烟工作，以收实效。[1]

第一区，分队长崔韶华，队员李清和、王家骏、杨凤鸣、吕冰之（女）、牛蕴仙（女）。

第二区，分队长刘文耀，队员宋炳信、孙贵兴、张德鸿、姜绪真（女）、程亚君（女）。

第三区，分队长郭忠厚，队员孙彦儒、陈汝惠、甄廷宾、沙包润霖（女）、马英仙（女）。

第四区，分队长李永发，队员马贤良、梁占元、王生魁、刘惠贞（女）、祁文杰（女）。[2]

报载："登记队各队员工作以来，努力异常，进行甚为顺利，未出一星期，已将南大街及第四区邢府街、西大街登记完毕。预计半月，此项工作定著巨效，实宁夏人民之幸也。"[3]

2. 印发《烟民登记应有认识》（《烟民登记须知》）告示

宁夏省禁烟委员会考虑到，"自举办烟民登记以来，虽一再布告并讲演，而一般民众对于登记意义及程序多未彻底了解，致进行登记不无窒碍"，为烟民登记顺利计，特将《烟民登记应有认识》，分 10 条予以印发，告示社会，

[1]《西北日报》，1935 年 8 月 3 日。

[2]《甘肃民国日报》，1935 年 8 月 3 日。

[3] 同上。

并按户分发，俾期家喻户晓，辅助登记进行。规定：

一、烟民登记不论男女老幼，均须按名登记，以便分期戒除。

二、本省（烟民）戒除吸烟分期如下：

第一期，年岁未满二十者，当时立戒。

第二期，年在二十岁以上至三十岁者，限三个月戒绝。

第三期，年在三十岁以上至四十岁者，限六个月戒绝。

第四期，年在四十岁以上至五十岁者，限十个月戒绝。

第五期，年在五十岁以上至六十岁者，限十五个月戒绝。

前项烟民，如逾期均未戒绝，即交禁烟所强迫勒戒，时间以二十日为限。

三、（烟民）登记后，给以登记证，只取资五角，领证后分别戒除，如自动戒除，出具切结，足资证明可免调验，否则既不领证又不自戒，只有送（禁烟）所勒戒，以清烟毒。

四、（烟民）登记后，十家（户）长及家长均要出结完全负责，虚伪连坐。

五、（烟民）登记后，恐有疏漏，仍应复查，以便查出补行登记。

六、(烟民)登记时,如本人应行登记,或因事外出,或隐匿不露,过后自请登记,免予处罚。

七、(烟民)在戒烟期内,实系年老或有病,一时难以戒绝,仍准吸食,但须按期减少食量,配制药丸,务于戒断去,期满之前,戒净烟癖,免受罚办。

八、认定戒烟是治病,非犯法,是救人而非害人,不要怀疑畏惧。

九、戒烟是一桩好事,不可轻听谣言,多所误会,登记时如要逃避,势必自己吃亏,后悔无及。

十、戒烟是慈善事,劝导的人务要苦口婆心,在家庭中,尤要子女对于父母,媳妇对于夫男婉言劝戒,可收巨效。[1]

烟民调查登记队依照《烟民登记实施办法》及《烟民登记应有认识》之告示,先由宁夏省垣开始,“按四区分赴各街,逐户登记调查烟民。统计数量,藉作禁吸之标准,其办法分别年龄,限期戒断,以除祸根”。

与此同时,宁夏省政府为厉行禁烟,推动烟民调查登记工作顺利进行,特致函宁夏省党部,“饬属协助戒烟工作,劝导亲邻不得阻挠烟民登记”。函曰:

查厉行禁烟,本省视为要政。规定二年禁绝,早

[1]《甘肃民国日报》,1935年8月20日。

经明令公布在案。

兹为取缔吸户，分期戒除起见，特派男女登记员，依照《烟民登记实施办法》，分赴各街逐户登记，调查烟民之数量，藉作禁吸之准备，分别年龄，限期戒断，以除毒祸，而收实效。

关系至为重要，人人均宜赞助，而公务人员尤应以身作则，竭力提倡，对于本身、家人，固宜及时戒绝，而与亲友邻居更须力加劝导，脱离苦海，同登寿域，幸勿隐瞒粉饰，自误人生。

倘有依势抗不登记，或拒绝登记人员进门外，即以阻挠禁烟、违抗命令论罪，相应商(函)请饬属遵照。[1]

此外，1935 年 8 月下旬，宁夏省禁烟委员会“为使民众明了吸烟祸害及施禁决心”，动员与邀请省民政厅、省财政厅、省建设厅、省教育厅厅长，以及省政府秘书长叶森、省高等法院院长陈宝玺、省道管理处处长魏鸿发、省垦殖总局总办王敏悟等，每日下午5时至6时半，轮流对省垣(今银川市)民众“讲演禁烟办法”。要求省垣“每户须到男女各 1 人。至已登记烟民，无论男女老幼，均须到场。因之，近日此间（宁夏）禁烟空气异常紧张”[2]。

[1]《甘肃民国日报》，1935 年 8 月 21 日。

[2]《宁省加紧禁烟，高级长官总动员》，《西北日报》1935 年 8 月 25 日。

3. 警告烟民应行注意事项

1935 年 11 月上旬，宁夏省禁烟委员会“为使本省一般有烟癖者，在规定期限内戒绝烟瘾，免致临时受罚，特以应行注意五点，警告烟民”。原文曰：

吸食鸦片的祸害及本会禁烟的计划，业经一再地宣告，想大家已很明白了。但是省垣登记的烟民，统共算起来，不足三千人，其遗漏登记的，当然不在少数，所以仍须详密地复查，是非常的重要。希望一般有烟癖的人们，要特别地觉悟，赶快从苦难里上“救生船”，不要再错过机会，犯罪受罚，致贻后悔。

兹将应行注意的几个要点，写在下边。

一、凡遗漏登记的烟民，无论是有意规避，或是以前确不在家，后来回城均一概不究，应准于补行登记期内补行登记，俾得依限戒绝，如果再不登记，将来一经查出，不但强制勒戒，还要从严罚办，并从前具结过的保甲长等亦要连坐究办。

二、未满二十岁的烟民，经宣传后，就应该即日自动戒绝，如果查出来尚未戒绝，除将本人交戒烟医院勒戒外，并处家长以百元以下的罚金，或百日以下的拘留。

三、第二期的烟民，即年（龄）在二十岁以上至三十岁，限三个月戒绝者，自七月中旬起，至十月中旬止，业届期满，应即戒绝，并须具结缴证，如尚未戒者，即送交医院勒戒，法（绝）不姑宽。

四、凡三四五各期的烟民，戒绝期限，转瞬即届，应即早戒绝，勿得因循观望，自暴自弃，错过了绝好机会。

五、此后复查，随时进行必须各期烟民戒绝而后止，纵使一时幸脱，终不免于察觉严办。孰得孰失，其自择之。[1]

据报道，宁夏省禁烟委员会“在省垣委派大批男女队员，分区登记烟民，业经实地工作。各队员等自出发后，即遵照规定手续，努力进行，现已如期办理完竣，省垣共登记烟民约 950 人”[2]。后来统计，宁夏“省垣烟民初次登记者为 2779 名”[3]。

4. 实施省垣烟民复查工作

省禁烟委员会考虑到：“省垣烟民前经检举登记，办理尚属缜密。值兹冬防农隙之际，乡间农民迁居城关者甚夥，而各区住户又难免相互移居，入冬以来，省垣户口多有变迁，因之各区所属保甲长对于新迁各户家庭状况认识太浅，既不敢贸然检举，复不敢负责具结，势非再行复查，殊难精确统计。”[4]为彻底办理施禁工作起见，宁夏省禁烟委员

[1]《甘肃民国日报》，1935 年 11 月 8 日。

[2]《甘肃民国日报》，1935 年 8 月 13 日。

[3]《甘肃民国日报》，1936 年 1 月 11 日。

[4]《宁夏禁政之一斑》，《拒毒月刊》1937 年第 112 期。

会自1935年11月18日开始(一说自1935年12月16日开始，限一月办竣)[1]，对省垣烟民进行复查，由省会公安局协助，仍分四区进行复查。

每区派男女复查登记员各1人（一说每区遴派登记长2人、登记员6人）。省会公安局第一分局辖境，由舒志学、吕冰之（女）担任；第二分局辖境，由高鸿宾、姜绪真（女）担任；第三分局辖境，由易凤鸣、朱蕴仙（女）担任；第四分局辖境，由甄廷宾、马英仙（女）担任[2]。“会同公安分局及所属保甲长，按照户口详细复查。”

1936年1月11日《甘肃民国日报》以《宁省垣烟民共3176人》为题，报道：“宁夏省禁烟委员会依照本省禁烟计划，对于禁吸方面实行积极办理，计省垣烟民初次登记者为2779名，曾恐有遗漏，又派员协助各分局挨户复查，限期一月，业经办竣，补行登记者为397名，连初次登记者共计3176名，正在勒令戒除之中。至外县（烟民登记），须俟防御□□工作告竣，再行登记。”[3]

（二）各县烟民登记与省垣烟民补行登记

1. 训练各县烟民登记人员

1936年4月，宁夏省政府考虑到，各县烟民登记为禁

---

[1]《宁夏省政府二十五年（1936年）十二月份工作报告》，1936年。

[2]《甘肃民国日报》，1935年11月19日。

[3]《甘肃民国日报》，1936年1月11日。

烟主要工作，但负责登记之工作人员须施以相当之训练，方能胜任，决定从当时县行政人员训练所及地政训练班毕业学员中，取录30名，拨归省禁烟处施以训练。规定：

一、取录学员三十名，编为烟民登记训练队一队。

二、编制授课课程，凡中央及省有关禁烟之法令并登记烟民办法，为授课主要材料。

三、在受训期内，由省政府发给每员每月伙食费八元，其余教员、差役均由禁烟处职员兼充，不另支薪。

四、自四月起开始授课，以两个月为期，期满派赴各县，进行登记等工作。[1]

当时《西北导报》以《马主席切实铲除烟祸，通盘登记各县烟民》为题报道："各县烟民登记，自宁夏县开始办起，宁夏省政府禁烟处除派检举烟民登记组出发宁夏县工作外，并派两位科长分别赴宁夏县各区巡回视察，会同宁夏县政府派员办理。"[2]

2. 各县烟民调查登记与省垣烟民补行登记、复查

1936年7月1日，宁夏省政府遵照《检举烟民登记办法》，并根据1936年5月间省政府召开的禁烟会议决议

[1]《宁夏禁政之一斑》，《拒毒月刊》1937年第112期。

[2]《西北导报》，1937年第3卷第5期。

案，“开始检举、补行（烟民）登记，省垣与各县同时并举”。至 1936 年 8 月底，据不完全统计，全省共计登记烟民 123564 人。[1]

在此需要特别说明的是，据有关资料记载：当时，一则，宁夏各县居民户口时有变迁，因之检举登记（烟民）多有窒碍，势难如期办竣；二则，“省垣并于（1936 年）12 月 6 日（16 日）开始（烟民）复查，限一个月办竣”（《宁夏省政府工作报告·禁烟》1936 年 12 月份）。因此，上述登记烟民数字统计并不完全。

据 1937 年 3 月《宁夏省政府工作报告》中关于“宁夏县（今银川市）检举烟民登记进行之经过”记载：检举宁夏县烟民登记工作，编制登记组四组，每组工作一区。计委派王孝坤为第一组组长，张秉贞、脱世旺为登记员。张德生为第二组组长，任觉悟、胡长序为登记员。茹嘉琛为第三组组长，尚如渊、王培汝为登记员。张廷宾为第四组组长，王普照、原怀俊为登记员。

此外，派省政府禁烟处第一科科长马祥、第二科科长李敬荣，分赴宁夏县各区视察与指导。

因此，“自（宁夏县）实行检举以来，工作尚称顺利，检举出烟民甚多，均予补行登记”[2]。

1937 年 3 月下旬，宁夏省政府为彻底禁绝吸食鸦片起

---

[1]《十年来宁夏省政述要·民政篇·禁烟》，1942 年。

[2]《宁夏省政府工作报告·禁烟》，1937 年 3 月。

见，特重申禁令，发布布告，厉行禁吸。布告曰：

查鸦片毒害中国百有余年，我民族之呻吟辗转于毒品侵袭之中者，历时愈久，为数愈众，驯至民族精神日益衰颓，国家、社会日益凋敝，东亚病夫宜乎不齿于世界，言之可胜痛恨。

……

本省遵奉斯意，列为要政，于前第二届省政会议决定方针，按期施行，并组设禁烟机关，专负禁烟全责。数年以来，唇焦舌敝，积极推行，禁吸则先后登记烟民，限期勒戒着手。禁种则分年递减，限以四年禁绝。雷厉风行，不遗余力。

现在大局底定，应再重申前令。关于禁吸部分，本府已下最大决心，已令禁烟处登记烟民，遍设戒烟医院，务于规定期间实施强迫，根本肃清。凡我同胞，如平素染有烟瘾者，务各及早醒悟，痛下决心，以三个月为限，一律自动戒绝。如仍徘徊迷离，逾期竟未戒绝，一经查觉，定即暂予拘禁，强迫勒戒，或从重科罚，毫不宽贷。

除令禁烟处严厉执行外，合亟布告全省民众一律凛遵，勿违为要。切切此布。[1]

[1]《新秦日报》，1937年4月3日。

（三）烟民领用戒烟执照

对于这些未戒烟民，当时军事委员会委员长兼禁烟总监处特予制发限期戒烟执照，分“普通戒烟执照”和“贫民戒烟执照”两种，规定烟民须凭照购吸。

“普通戒烟执照”每张纳费 5 元，内缴工本费 1 元；“贫民戒烟执照”每张纳费 6 角，内缴工本费 2 角。上述两种戒烟执照有效期为 6 个月。

对此，宁夏省政府考虑到，宁夏“僻处边疆，地瘠民贫，加之连年灾祸频仍，农村破产，纳费太多，烟民实难负担”，电请军事委员会委员长兼禁烟总监处，“免收（戒烟执照）工本费，或纳（戒烟执照）实需工本最低费，以示体恤”。

旋奉军事委员会委员长兼禁烟总监蒋介石指令（政字第 1311 号），准予宁夏未戒烟民“一律领用‘贫民戒烟执照’，工本费即照晋省（山西省）每张一角成案办理”，暂领 5 万张，转发宁夏未戒烟民使用，凭照购吸，“如不足用，再行续领”。[1]

六、宁夏禁政之调查

1936 年夏，设在上海的中华国民拒毒会派调查员赴鸦片烟毒重灾区之宁夏，对禁政工作进行较为全面系统之调

［1］《宁夏禁政之一斑》，《拒毒月刊》1937 年第 112 期。

查，掌握了大量第一手资料，并撰写了《廿五年（1936 年）宁夏省烟土收成与禁政进展之调查（宁夏通讯）》，认为：“在禁种方面，我们不能否认宁省烟禁有一部分已推进，但在禁运与禁吸两方面，则无成绩可言。”该调查报告中曰：

> 宁夏省当局于去年（1935 年）四月间，召开第二次全省省政会议，决定该省禁烟办法，为分期比例禁种。即二十四年（1935 年）度，冬烟播种，减种十分之四；二十五年（1936 年）度冬烟播种，减种十分之六。两年届满，全省肃清。
>
> 查宁夏共计县区 7 县，每县土质肥瘠不同，故产量上多寡不一，平均每亩产量在 40 两左右。
>
> 查宁夏 7 县，共计烟亩数量 182874 亩，年产烟土 7304964 两。去年（1935 年）冬烟播种共计 109275 亩，今年（1936 年）新烟上市后，据查共计产土 4369800 两。（1933 年度 182874 亩，产烟土 7304964 两；1935 年度 109275 亩，产烟土 4369800 两，两数系今年收成）。
>
> 从数字比较观察结果，今年（1936 年）宁夏省烟土收成比去年（1935 年）减少 2935164 两。宁夏省今年（1936 年）烟土收成陡然减少这巨量的数目，所以在今年（1936 年）入春后，烟土市价日往上涨，及至到新烟土上市后市价稍微稳定。
>
> 但据一般情形推测，入冬后，烟价绝不能稳定，将愈有上涨之趋势。其原因有二：一为宁省每年有巨

量烟土出口，其数在425万余两，今年（1936年）烟土出口当然减少，但烟价上涨，必为出口所影响；二为产量减少，将愈使烟价上涨，这是必然之事实。

在禁种方面，我们不能否认宁省烟禁有一部分已推进，但在禁运与禁吸两方面，则无成绩可言。

因宁省对于鸦片贩卖，尚是采取放任主义的自由贸易制度，凡经营特货营业者，只要领取执照，即可贩运，漫无统制运输，于是走私案件层见叠出。

至于禁吸方面，当局本已决定限一年半戒绝，规定以前三月为劝告期，余为勒戒期，但迄今业已一年，除各县设有禁烟分会，及有名无实之戒烟医院5所以外，别无表现。

至于戒绝之烟民数量，则不及烟民3%云。[1]

1937年8月初，国民政府军事委员会禁烟总会“为明了西北禁烟情形”，特邀内政部、经济委员会、卫生署、实业部、财政部等，共同组织西北禁烟调查团（禁烟考察团西北路，主任团员周连宽，团员葛建时、潘赞化、马静之等一行十余人），赴西北绥远、宁夏、甘肃、陕西4省调查禁烟（禁政）情形，于10月间抵达宁夏进行调查。[2]

---

［1］《拒毒月刊》，1936年第106期。

［2］《西北日报》，1937年11月17日；《西北文化日报》，1937年11月25日、27日。

1937 年 11 月 28 日，西北禁烟调查团团员葛建时在陕西西安对记者谈“调查四省禁烟经过”时，关于宁夏禁烟（禁政）情形，葛建时曰：“宁夏省土地肥沃，鸦片产量甚多，而马（鸿逵）主席对吾等表示，谓禁烟应先从禁种着手，自明年（1938 年）起，绝不再种，即种少数之烟苗，亦须划定区域，期于一二年内完全禁绝。”[1]

1937 年夏，日本设立在上海的东亚同文书院（今日本爱知大学前身）派遣即将毕业的学生组成调查组，来到西北的宁夏等地进行实地考察，亦认为：“虽宁夏省回族几乎无人吸食大烟，但据记载，汉族中九人就有一人吸食成瘾，因此在宁夏省禁大烟并非易事。”

[1]《西京日报》，1937 年 11 月 29 日。

第七章 抗战以来宁夏全面实施统禁政策

1937 年四五月间，日本加紧了侵华战争，全国人民抗战呼声日益高涨，宁夏马鸿逵为了充实其政治资本，急欲攫取一笔经济财富。

当时，宁夏所出产的大烟多为山西和陕西坐商和行商所收购，而官府收购大烟据说不及总产量的一半。大烟如此外流，使宁夏地方经济深受困扰。恰在此时，传来消息：山西阎锡山政府收存大烟，抬高了烟价，宁夏商人正积极收买大烟，准备运往包头、绥远、山西等地牟利。

在这种情况下，马鸿逵政府遂抢先下手，一面命宁夏驻包头办事处处长哈尔玉在包头加以堵截控制；一面扩大和充实宁夏省禁烟委员会，充实和改组各县禁烟委员会分会，并提出了一个以“存烟备戒”为中心，以实行烟土统制专卖、垄断经营为目的，以“三禁”即禁种、禁吸、禁运为重点，实施统禁政策的宁夏禁烟计划，全面予以实施。

一、改组与调整、充实省禁烟委员会及各县分会

为进一步推动全省禁烟要政，1937 年 5 月，宁夏省政府将宁夏省禁烟委员会进行了改组与调整、充实，省政府主席马鸿逵自兼主任委员，他的一些亲信担任委员。

省禁烟委员会下设三个处：第一处主管与负责文书（总务）和缉私，由省政府秘书长叶森兼处长，赵晋熙兼副处长，缉私武装由赵文府指挥。第二处主管与负责禁吸，由省民政厅厅长、驻宁第十七路军总指挥部秘书处处长冯延铸兼处长。第三处主管与负责收购、保管，由省财政厅厅长、驻宁第十五路军总指挥部军需处处长赵文府兼处长，宁夏省银行行长李云祥兼副处长。各处之下设科，科下设股。

之后，省禁烟委员会将宁夏、宁朔、平罗、金积、灵武、中卫、中宁、盐池、同心、磴口等 10 县禁烟委员会分会加以充实和改组。各县禁烟委员会分会设委员 5 至 7 人，从地方热心禁烟的公正士绅中选任，其中内设当然委员 1 人，由县长兼任，主任委员 1 人、监察委员 1 人，由省禁烟委员会聘委。下设两股，各股设股长 1 人、股员若干人，“专负办理全县烟民登记、禁运、禁售及收买民间烟土、实行

统制政策”。[1]

1938 年 5 月 24 日，宁朔县禁烟委员会全体职员合影纪念

此外，省禁烟委员会及县禁烟委员会分会还设立缉私马巡队和缉私步巡队，以防止私货之输出及毒品之输入。[2]

“迨至二十七年（1938 年），（宁夏）全省禁烟完成，遂将省、县禁烟委员会先后撤销，所有禁烟行政，则移归民政厅及各县政府接续办理。禁运事宜，则责由地方税局缉查办理矣。”[3]

报载，自宁夏省禁烟委员会及各县分会改组与调整、充实后，“遵照蒋委员长禁烟禁毒计划，并参酌地方情形，有更详密而切合实际之规定，近月来，省、县禁烟机关积极推动，其各项工作均已转入新的阶段”。

[1]《十年来宁夏省政述要·民政篇·禁烟》，1942 年。

[2]《十年来宁夏省政述要·财政篇·金融》，1942 年。

[3]《十年来宁夏省政述要·民政篇·禁烟》，1942 年。

1937年7月6日下午4时，马鸿逵“为表明政府禁烟决心，并促进各界彻底注意计”，在省政府召集各机关负责人及地方各界人士，发表关于宁夏实施禁烟工作“以‘四不主义’切实推行”之谈话曰：

宁夏为兄弟（马鸿逵自称）桑梓所在，对各种情形很早即为关心，而最不能忘怀者厥为鸦片之祸。故自兄弟莅宁以来，即多方考查，务求根本灭绝之道。

犹忆兄弟于二十五年（1936年）“六三”禁烟纪念大会对各界同胞曾有这么一般警告：“宁夏有膏腴的土地，纵横的水利，在地理方面，确为西北各地所不及。但宁夏的一切落后，民众体育衰弱不堪，民生问题无法解决，反而沦于极贫弱的境地。其最大祸患，即为鸦片。要是大家再不觉悟，三十年、四十年后，宁夏人民将被鸦片侵蚀无孑遗”云云。时至今日，虽经年余，记忆犹清晰。

近年来，中央当局努力复兴事业，对于禁烟之事，蒋委员长已有统筹计划，命令森严，期在必行。

本省受鸦片之祸最为深刻，而禁绝之道亦当最为努力。故本年（1937年）春末，对禁烟委员会重行改组，调整各部，力求健全。对一切办法，均遵照委员长禁烟禁毒计划，并参酌地方情形，有更详密而更切合之规定。

经省、县禁烟机关积极推动，各项工作均大有起色。

惟人民于政治设施历来发生一种共同错误观念，即凡事可与乐成，难于图始，而一般负政治之责者于新政推行之始，亦不无各种游移观念。

所以，今天特地召集各位，表明政府对于禁烟之决心。政府对于禁烟抱有一种一定不移的主义，这种主义，也可名为“四不主义”。

第一，绝不借禁烟而筹款。

总理(孙中山)有言:“苟有主张法律准许鸦片营业，或对鸦片之恶势力表示降服者,即使为一时权宜之计，均为民意之公敌。”所以，政府抱定决心，无论本省财政如何困难，绝对不采取“寓禁于征”之借禁烟而为筹款的饮鸩止渴政策。

是以自二十二年（1933 年）兄弟莅宁以后，即不惜一切，对每年一百八十万之清乡费概予豁免，并未借任何禁烟名称而征收税款。对于过境之土药(烟土)，虽是深税,而其数甚微。原其本意,在阻止外省土药(烟土)之流入，以便逐渐禁绝。本省土药(烟土)之生产，并非藉以筹款也。

第二，绝对不因少数人之利益而不顾多数人之祸害。

本省人士多年来有一种错误观念，以为本省无其他较大出产，种烟实为最大利源，且烟民过多，一旦禁种，农村经济将必无法维持。况烟民种烟未必即能一时戒绝，势非仰给外省之土药（烟土）不可。如此，农村经济更趋于破产，人民生活将永无法解决。

其实，此种观念谬误之极。以人民利害而定，所谓因种烟而获利者，不过外省来宁之少数土药（烟土）商人而已，大多数之农民种烟即不能种麦，而种烟所用之资本、工夫均较种麦为多。况近年（烟）土价销路壅塞，其值甚低，而粮价反甚昂贵。苟详切计算，实无若何利益。然因种烟而受其害者，直接间接统计不下三四十万人。故政府绝不能昧于此种事实，以少数人之利益而遗多数人之祸害。

第三，绝对不因目前之困难而遗留永远之毒害。

就政府本身环境说，在目前实行彻底禁烟，不无重大困难。然政府之设施，应注意百年大计，而不因只顾虑目前之利害。是以在施行禁烟政策上，无论遭遇如何严重之困难，政府绝不降服。

第四，绝对遵守蒋委员长禁烟禁毒意旨，不事因循取巧。

禁烟之事，非特为本省刻不容缓之要图，而且为复兴民族之先决条件。所以，省府已下最大决心，绝对遵照蒋委员长禁烟禁毒意旨，逐步实行。

禁吸方面，全省烟民登记早已完竣，约计不下二十余万人，均必分期勒戒。禁种方面，较之往年已减少一半。现已决定，于本年（1937 年）产量施行严格之统计，为来年实施禁种、禁运之准备。

最后，马鸿逵说："总而言之，禁绝鸦片为本省百万人民中之生死关头，各位要认清政府所抱之决心，于"四不主义"下，推动政府计划，奉行政府法令，扫除一切游移、疑惑之错误思想，而完成政府之禁烟计划。并盼各位乡亲将此意转达地方同胞，于整个政令前途必有重大之裨益。"[1]

二、实行烟土垄断经营、统制专卖

（一）垄断经营

1937 年 8 月，宁夏省禁烟委员会从烟土统制专卖和垄断经营的目的出发，"以值国难时期，后方极需增加生产，以充实抗战物资"为由，实行"烟土统制收买"，决定由省政府筹措巨款，令各县禁烟委员会将是年民间所收获的烟土，以略高于市场价格予以收购，并布告全省，禁止商民私存、私购。

这种做法，使各县禁烟委员会成为"收烟委员会"，主要任务是由省禁烟委员会派要员与县长协同执行"收购办法"，区、乡、保、甲逐层落实，全力以赴，广为收购农民当年收获的全部烟浆，规定每亩烟田交软烟 60 两，每两发官价 5 角，交烟领据，准抵"附加税"。

如 1937 年，宁夏中宁县禁烟委员会分别在县城、鸣沙、石空、枣园设立了 4 个收烟所，每所配备 4 至 5 人，分别

[1]《绥远日报》，1937 年 7 月 18 日。

负责催收所属各地烟土。[1]

据统计，当年（1937 年），宁夏全省共计支出省钞 227.2 万余元，收购烟膏（软烟）4049215 两（一说 600 余万两）。其中，宁夏县购烟 1675571 两，宁朔县购烟 303066 两，平罗县购烟 749044 两，金积县购烟 308383 两，灵武县购烟 387585 两，中卫县购烟 392061 两，中宁县购烟 190071 两，同心县购烟 8124 两，以及各县缉获私烟 35310 两。[2]

此次收购的烟膏（软烟），后晒制成“板货”（硬烟）2625254 两。其中，宁夏县 1026407 两、宁朔县 211590 两、平罗县 463131 两、金积县 218957 两、灵武县 274405 两、中卫县 252957 两、中宁县 135261 两、同心县 5700 两，以及各县缉获私烟 318461 两[3]，从而垄断了全省的大烟。

各县收购来的烟膏，分批送往省城（今银川市），省禁烟委员会责成省财政厅厅长赵文府亲自监督负责，督促加工，在西塔（承天寺）院内设置仓库（属财政厅）和晒烟场，特制大缸数百个，盛放烟膏，并集中各烟商晒软烟能手，对烟膏进行翻晒和铸印板货。

---

［1］郭凤举：《鸦片的传入、种、禁与宁夏人民》，载《中宁文史资料》第 1 辑（内部资料），1988。

［2］《宁夏省临时参议会第一届大会记录》，1940 年。

［3］《十年来宁夏省政述要 · 财政篇 · 金融》，1942 年。

宁夏省禁烟委员会所制储烟大缸

为了便于长期保存和运销，赵文府按照过去烟贩加工“票板货”的方法，特制作 1.5 米长、0.5 米宽的木槽，将收购来的烟膏，分不同等级（头、二刀为一等货，三、四刀为二等货，涝茬烟为三等货），倒在木槽内搅晒。晒干后，一律制成 75 两（一说 70 两）一块的长方形硬质烟板，名曰“硬货”。再用硬纸包装，上印等级、负责人姓名，经办人签名盖章，并印有“宁夏省禁烟委员会”字样，加盖赵文府的名章，然后装箱储藏，每箱 8 板，上缴宁夏省银行收储，是为“官货”，亦称“官烟”，统称“票板货”，印“宁夏票板”字样（红字，称红字票板）。

1938 年，马鸿逵政府又将部分加工好的“票板货”运送到中宁县，分别储藏在县城南关魏雨三寨内和鸣沙谢伟秋（前清宁夏知府谢威凤之子）寨内。

谢寨藏烟由马鸿逵部军需处金股长负责看管。[1]魏寨藏烟由马鸿逵部军需处冯科长负责看管。据当年翻倒过烟箱的长工钱元清和张振儒回忆，魏寨储藏烟膏600余箱，按每箱1500两计算，计100余万两。这部分藏烟，从1940年开始分批陆续运出，到1943年全部运完。[2]

鸦片烟膏（包装纸上印“宁夏省城北门外骆驼岭”字样）

1938年全省实施禁种，宁夏大烟稀缺，烟价因之高涨，马鸿逵的“红字票板”成了独桩生意，收价四五角1两的大烟，开始卖3元、5元1两，后来卖到8元、10元1两，甚至更高至几十元、几百元一两不等。马鸿逵政府囤积居奇，存储的大烟成了独桩生意，从事垄断专卖，并从中大发横财。

（二）统制销售

当年，宁夏大烟销售的办法内定为“三销”，即坐销、运销和派销。

---

[1] 郭凤举：《马鸿逵的“红字票板”鸦片》（稿本）。

[2] 杨应林：《马鸿逵部分大烟存放中宁魏家寨子》（稿本）。

坐销主要由官膏店出售，并委托大商号代销。

运销是除在本省销售外，还派亲信负责运往外省销售。如 1940 年，马鸿逵责成其亲信负责，装了两大卡车烟土，贴上军用物资的标记，派军队护送，运到西安等地销售。[1]

派销是派亲信大员，将“官烟”亲手交给各县县长出售。据当时任过县长的人回忆，县长除征兵、征粮、征款的三大任务外，又增加了推销烟土的任务。推销时，既不能完全公开，又不能硬性摊派，是一项十分难办的差事。县长们为了完成任务，便召集当地富商、大户及烟馆老板等，按其财力进行摊派。还以保为单位，根据保的大小，不定期向保摊派“票板货”30 至 50 板不等，由官府定价，保长经手，如期交款。

具有讽刺意味的是，1941 年 10 月，马鸿逵政府派军队在金积、灵武、吴忠一带大举搜缉私烟、枪毙烟贩，而其田粮处长魏烈忠却在平罗、惠农一带大肆派销“官烟。”[2]

（三）奖酬军政人员

当时，马鸿逵按照其庶母马书城老太太的建议，给马部军队官佐发放大烟，尉官每人 20 两，校官每人 30 两，

[1] 郭凤举：《马鸿逵的“红字票板”鸦片》（稿本）。

[2] 马延卿、原璧辉：《宁夏禁烟见闻》，载宁夏参事室编《文史资料》第 4 期，1987 年 7 月。

将官每人 70 两（约一板子），以充军饷。[1]

此外，还将洗烟缸水熬成熟烟膏 3 万两，作为省禁烟委员会全体职员的慰劳品予以分发，处长分得 500 至 800 两不等，委员分得 300 至 400 两不等，秘书、科长分得 120 两左右，科员分得 50 至 80 两不等，办事员、书记分得 30 至 50 两不等，勤务员也分得 20 两左右。[2]

据载，1938 年，马鸿逵政府借口收购烟土之款“系由宁夏省银行陆续借垫。盖此项借垫之款，实系党政军各机关陆续储存银行之公款。故本府为奖励党政军各机关踊跃银行存款计，乃于事后提出土药（烟土）367228 两，分配党政军各机关公务人员，以示奖酬之微意，亦所以说明购烟价款之来源”。

其中，奖励党政各界公务人员 88100 两，支出第十五路军军官子弟教育费 130000 两，送给驻宁马鸿宾部第三十五师各级军官 15000 两，奖励第十五路军各级官佐 112173 两，抚恤第十五路军历年阵亡官兵家属 21955 两。[3]

据说，此次“奖酬”，厅、处长与军队团长及省党部委员每人分得烟土 1500 至 10000 两不等，县长每人分得烟

[1] 牛星奎：《宁夏禁烟宣传队与所谓“厉行禁烟”》，载《银川文史资料》第 5 辑（内部资料），1990。

[2] 《马鸿逵的榨钱术》，载《宁夏文史资料》第 26 辑，宁夏人民出版社，2002。

[3] 《十年来宁夏省政述要·财政篇·金融》，1942 年。

土 200 至 300 两不等[1]，科长以下公务人员每人分得烟土 50 至 200 两不等[2]。

抗战爆发后，国民政府在财政部设置禁烟密查组，调查大后方烟毒危害及禁毒政策实施情形。

1940 年 9 月 1 日，代理禁烟密查组组长郭寿华向财政部呈送第一期《全国禁烟密查总报告》，汇报调查结果中指出："宁夏各级公务员之薪资本属低微，且积欠数月始行发放一月，故一般公务员均感生活维艰。马鸿逵在每年年终，将私存烟土每人分配一次，按阶级高低，三十至百两不等，藉示体恤，实为西北之怪现象也。"[3]

（四）办理各项事业费用与整理金融

马鸿逵政府除分配与发送了一部分烟土外，1940 年以后，又陆续支出办理减免田赋 30 万两，救济烟民 1.7 万两，熬制烟膏 473 两，整理教育 1 万两，补助军费及壮丁费、服装费26万两,补助第十五路军办理生产合作和心范会2.44 万两。

---

[1] 马光宗等：《马鸿逵的"禁烟"和"缉私队"》，载《宁夏三马》，中国文史出版社，1988。

[2] 万生芳：《平罗县解放前后禁止烟毒的简介》，载《平罗文史资料》第 5 辑（内部资料），1991。

[3]《全国禁烟密查总报告》（1940 年 9 月 1 日），《民国档案》2006 年第 1 期。

此外，马鸿逵以“因抗战军兴，购置材料不易，现尚存储，以待交通顺利，即着手照计划办理”[1]为由，预支修建青铜峡黄河铁桥11万两，修建轻便铁道17万两。兴办洗毛厂、电灯厂、造纸厂、面粉厂5.8万两，兴建军队营房2万两。

马鸿逵还支出烟土44.3万两，“借银行之省钞购烟仍还银行债务”。其中，14.6万两用以拨还透支省银行各界存款省钞，29.7万两用以拨还各界用省钞认购的救国公债。此“均系归还省银行之借债。至所售获之烟款，除将前省银行之借债还清外，其所获之盈余烟价，全数充作收回省钞之用”[2]。

马鸿逵政府还将收购来的一部分烟土拨归省财政厅，作为整理宁夏金融之特别基金，收回无基金省钞之用。

1938年5月，宁夏省政府特召集绅商各界共同组织金融整理委员会，商讨决定将1937年省禁烟委员会购存的烟土提出844231两，以法币市价变卖，收回省钞3485490元，于省城（今银川市）文化街当众悉数销毁。[3]

从此，在宁夏禁止省钞流通，统一使用南京国民政府中央银行发行的法币。

对此，有人议论道：“宁夏当局以禁烟政策解决金融

---

[1] 宁夏省临时参议会编《民国宁夏省志》，1941，手稿本。

[2]《十年来宁夏省政述要·财政篇·金融》，1942年。

[3] 同上。

问题，运用之妙，令人莫测。”[1]

马鸿逵政府则标榜道：“如此，不惟本省禁烟获功，即本省金融亦树立稳固之基础也。”[2]

对此，1940 年 1 月召开的宁夏省临时参议会成立及第一届大会上，省财政厅在工作报告《关于整理金融经过》中云：

> 查宁夏向为产烟之省份，农民每年耕种食粮而外，常少种烟苗，以资补助其经济之活动力。然种烟农民所产收之烟土，恒受奸商之垄断，在收割之期，奸商及富有财力者，故意压抑烟价，往往每两奶浆竟跌至二角二三分之微。
>
> 尝考贫穷农民售获之烟价，每不抵偿所支出者，实居多数，故每逢粮价高涨时期，种烟反不如种粮获利之多也。主席（马鸿逵）为补救农村，兼除多年之鸦片毒根起见，特于二十六年（1937 年）夏月间，成立禁烟委员会，每两以超出市价之高价三二角（如市价五角，则公家六七角，市面六七角，则公家八九角，甚至一元），共计统制收买烟土 262.5 万余两，（其经商人所收买者为极少数之烟土，所幸数量不多，查禁较易），故自二十七年（1938 年）起，宁夏为实施

[1] 宁夏省临时参议会编《民国宁夏省志》，1941，手稿本。
[2]《十年来宁夏省政述要·民政篇·禁烟》，1942 年。

禁种烟苗年。

查二十六年（1937 年），禁烟委员会共计收购烟土 262.5 万余两，共需省钞 270.2 万余元。此项价款，系由宁夏省银行陆续借垫。盖此项借垫之款，实系党政军各机关陆续备存银行之公款（宁夏省银行为本省唯一金库），故省府为奖励党政军各机关踊跃银行存款计，乃于事后提出土药 367228 两，分配党政军各机关公务人员，以示奖酬之微意，亦所以说明购烟价款之来源。

迨二十七年（1938 年）春，特召集绅商各界，共同组织金融整理委员会，商讨议决将前禁烟委员会购存之烟土提出 844200 余两，以法币市价变卖烟土，收回省钞 3485490 元，悉数销毁。其救国公债，烟土 297000 两及由宁夏省银行代卖烟土 146000 两，均系归还省银行之借债。

至所售获之烟款，除将前借省银行在借债还清外，其所获之盈余烟价，全数充作收回省钞之用，适因此时烟价陆续上涨，特于二十七年（1938 年）五月间，一个月之内，将本省十余年来发行之 340 余万元无基金纸币，人民视为不兑现之空头支票，全数收清销毁，扫数无余……[1]

[1]《宁夏省临时参议会第一届大会记录》，1940 年。

1942年元旦，马鸿逵撰文《宁夏政治之展望》中说："金融之整理。本省未改组前，西北军发行二百多万省钞，无基金、不兑现，加以孙军战费亏短百余万元无法弥补，因之市面艰涩，物价昂贵，一般人士莫不认为本省最大致命伤。为繁荣市面计，乃遵禁烟法令，施行统禁政策，由公家收买烟土，统售统运，以所赚赢余，收回此种省钞，悉数焚毁，换使法币，调剂金融。自此，金融稳定，经济活动，一切困难问题，均可迎刃而解。"[1]

关于宁夏实行烟土垄断经营、统制专卖获利的支出情况，据《马鸿逵的诈钱术》一文中记述，"统制收买烟土共计262.5万两，禁烟机构撤销后，烟价高涨，把烟土拨归财政厅，作为整理本省金融及建设等费"。

对于烟土支出，马鸿逵有这样一个账单：

（1）支出烟土844231两（市价每两3元、4元、4.5元），收回全部省钞3485490.77元。

（2）支出烟土443000两，拨还透支银行借款146000两和各界用省钞认购的救国公债297000两。

（3）预计支出烟土358075两，作修建黄河铁桥、轻便铁路，洗毛、电灯、造纸、面粉四厂和军中营房的费用。

（4）支出烟土318320两，办理减免田赋、救济烟民、熬制烟膏等项救济费用。

（5）支出烟土10000两，整理本省教育。

---

[1]《十年来宁夏省政述要·附录篇·杂项》，1942年。

（6）支出烟土 367228 两，奖励党政军公务人员，抚恤十五路官兵阵亡家属，报第十五路军军官子弟教育费，送三十五师各级军官。

（7）支出烟土 284400 两，补助军费、壮丁服装费，办第十五路军“心范会”。

这样，马鸿逵就把262.5万多两烟土报销得一干二净。[1]

三、全面实施禁种、禁吸、禁贩运与私售

（一）禁种鸦片

关于宁夏禁种鸦片期限，1935 年时，宁夏省禁烟委员会拟定于1938 年年底实施禁种，“届期（限于 1938 年年底），全省一律禁绝种烟”。由于抗日战争的全面爆发等因，马鸿逵政府决定提前至 1937 年年底，在宁夏开始实施禁种鸦片。

为此，1937 年 12 月 28 日，马鸿逵特致电请示在湖北武汉的国民政府军事委员会委员长兼禁烟总监、行政院院长蒋介石：

> 本省禁烟事宜按年减种，原定于二十七年（1938 年）底始报肃清。兹以长期抗战，粮饷问题关系至为重要，且本年（1937 年）粮价飞涨，地方已呈恐慌之像，明

[1]《十年来宁夏省政述要·附录篇·杂项》，1942 年。

年（1938年）若再种烟，军食民食将必发生危险。惩前毖后，自不得不毅然决然通令各县严行禁种，以增加粮食生产，充实抗战力量，暂拟试办一年，期在移缓济急。

惟宁夏地方贫瘠，情形特殊，向来各县种烟，所以未能一时禁绝者，良因农民多恃种烟利益，以维持农村经济。而全省财政亦历以禁种收入为财源大宗，然犹束支两绌，军政各费积欠至5月之多。兹一旦概予禁除，加之自国难以来平绥路交通断绝，各局税收更见枯竭，明年（1938年）军政各费能否撙节维持，殊无把握。

顾事关抗战大计，所陈是否有当，敬乞电示祇遵。

对此请示，1938年1月2日，行政院复电马鸿逵："俭（28日）省密电悉。所见甚是，应准照办，并已函知禁烟总会矣。"

与此同时，1937年12月31日，马鸿逵又以宁夏省禁烟委员会委员长署名呈报行政院，进一步解释了宁夏提前至1937年年底实施禁种鸦片的理由：

案查本省禁烟期限原奉核定限至二十七年（1938年）底，全省一律禁种在案。惟值国难日亟，全面抗战开始之际，正宜举国上下全体动员，各尽智能，共图挽救。宁夏虽居后防，军食供备至关切要，即本地民食年来生计日蹙，亦应兼筹并顾，岂宜仍如平时植毒自伤，坐令生产减少，无所裨补。

况查本省烟民登记、复查业经完竣，本年（1937年）统收民产烟土预计可供一年之用，拟将烟民中之年轻力壮者戒除期缩短，于明年一年中勒令悉数断净，俾其涤除痼疾，为国效力。其余老弱，亦于次年（1939年）分期戒除，即或所存之（烟）土不敷应用，届时另行设法补救。如此，则禁烟之期提前至本年（1937年）年底，尚属行之无碍。

惟查本省种烟收益倍于种粮所入，农民负担繁重，藉此得事弥补；政府收入短绌，赖之以资挹注，即以禁运粘贴印花一项而论，每年收入当在一百六七十万之巨，原以之抵补军政各费。今兹从事禁种，尚无补救之法，于公于民损失均重。但在全国抗战期中，民族国家之存亡在此一举，宁夏虽为瘠苦，故存私念致误抗战之大计。

职盱衡时势，不得不忍痛一时，移缓济急，顾全大局，爰于本年底，即令全省试行禁种一年，所有田亩，明岁通令改种粮食，以期增加生产，而应当前之急需。至于烟民、老弱禁吸如或发生困难，届时当再斟酌办理。

除分呈外，理合具文，呈请钧鉴备查。

对此呈请，1938年2月2日，行政院发布（汉790号）指令："据该会二十六年（1937年）12月31日呈，于本年（1937 年）底，全省禁止种烟，请鉴核备查由。呈悉，准予备查。此令。”

对于上述宁夏省禁烟委员会呈文中，自 1937 年年底“全省试行禁种一年”之句，1938 年 4 月，内政部呈文行政院指出：“二十六年（1937 年）底，全省试行禁种一年办法，仅系短期试禁性质，核与前禁烟总监将该省自二十七年（1938 年）起列为绝对禁种省份，永远禁止种烟之案不符，拟恳请钧院，仍饬（宁夏省政府）自二十七年（1938 年）起永远禁种，以符定案。”

为此，4 月 27 日，行政院院长孔祥熙、内政部部长何健联名签署训令（渝字第 3231 号），“令宁夏省政府：查据上年（1937 年）12 月，据该省政府俭（28 日）电，为该省禁烟原定二十七年（1938 年）底肃清，兹以长期抗战，粮饷问题关系重大，拟提前通令禁种等情到院。当经电复照准，并函达军事委员会禁烟总会及令知财政部。又据该省禁烟委员会呈报前情，请于备查前来。复于本年（1938 年）2 月指令，准予备查，并令知内政部各在案。现据内政部呈称……（列为绝对禁种省份，永远禁止种烟），合行令仰遵照。此令。”[1]

其实在 1937 年秋，宁夏省政府通令全省，自 1938 年春一律禁种大烟，不准再有一茎半苗，“所有种烟亩数，

---

[1]《马鸿逵的诈钱术》，载《宁夏文史资料》第 26 辑，宁夏人民出版社，2002。

悉改种粮食及棉花”，并令饬各县禁烟委员会采取断然手段，严厉监督执行。

同时，宁夏省政府发布了《禁种毒卉，改种五谷，充实抗战力量布告》。

查本省禁烟，自经第二次省政会议议决，分年减种，即具禁绝之决心。良以恶习务尽，禁种因为根本之图，惟关农村经济，计划尤以兼筹并顾。是以办理以来，为求因地制宜计，先自禁吸、禁售、禁运着手，依次推及禁种。

现在，烟民登记业已竣事，办理禁吸已有根据，原拟本年统制收买土药（鸦片烟），为求将来实施禁种，供给本省烟民吸量之准备。

乃自收买以来，各种烟之户私藏、私运，不一而足……

然而势逼处此，所以酿成此种事实者，实由地方刁民渔利取巧之所致。况近数年来，粮价日高，人民生活已难支持，近复困难严重。长期抗战，后方粮食尤关重要，若不厉行禁种，一旦大军云集，军食更难维持。

缘是，政府已下最大决心，定于明年（1938年）春间，所有全省农田绝对禁种毒卉，改植五谷。如有违抗，一经查出，决以军法从事。

至将来，为顾全烟民吸量之计，或于附近省垣一带，由公家酌种若干，以供需求，余均一律禁止。

为此布告，仰各一体凛遵，切切勿违。此布。[1]

1938 年 2 月 5 日，马鸿逵致电国民政府军事委员会委员长蒋介石、行政院院长孔祥熙报告宁夏禁烟情形：“本省禁烟工作前自省政会议决定实施方案后，即经参照地方实情，依按中央六年禁绝计划逐步推行。禁吸方面，则由登记烟民入手，现已将各县烟民登记完竣。复恐间有不实不尽，又举行复查，严促分期勒戒。禁种方面，亦厘定实施办法，分别缓禁区域及禁种地方逐渐实行减种，限制生产，以为统禁之准备。数年以还，积极进行，不遗余力，成效亦颇显著。以本省边瘠，烟祸深巨，实施禁种，虽与农村经济攸关，然值抗战军兴，后方军民食用均关重要，特于本年毅然决然严令全省实行禁种，并令（1938 年）春一律种植五谷，不准有一卉一苗发见土中，以期根绝此害，藉资增加食粮生产。”[2]

由此，1938 年春播前，宁夏省政府严令禁种烟苗，命各县派军警会同保甲人员四处巡查，如发现种植烟苗者，除本人治罪外，保甲长及烟地四邻均受株连。

1938 年 2 月 18 日，马鸿逵对国民政府中央通讯社记者发表谈话曰：

[1]《十年来宁夏省政述要·民政篇·禁烟》，1942 年。

[3] 相关资料由郑文著先生提供。

鸦片烟流毒中国数十年于兹，宁夏僻处边陲，受害更巨。因政府各种经费以及人民生计均惟此毒物是赖，故未得严禁，言之殊为痛心。

本人认为，无论任何困难，只要有决心，无不可解除者。在此全面抗战时期，军粮民食关系整个民族生命，绝不容再行此饮鸩止渴办法，任令此种毒物贻害，自取灭亡。故在困难丛集之宁夏，用斩钉截铁手段，毅然决然，从本年（1938 年）起实行禁种，出斯民于水火。明知此后困难当益趋严重，但决不至因此即濒于死。

可为断言，以贫瘠之宁夏、黑毒之老巢，在万分困难之中，能实行禁种，则其他各省，只要能下决心，此种毒祸无不可一举而廓清者。故凡一切困难之克服，不尚空谈，而在力行。深望全国同胞一致起来，解除毒祸，则增厚抗战力量，复兴中华民族，胥赖于是矣。[1]

对此，记者感怀道："马鸿逵决心宁夏全省自本年（1938年）起，绝对禁绝种烟。过去依种烟为省财政之一大部财源，在全面抗战开始的今日，此种饮鸩止渴的办法，虽明知对财政有极大的影响，但为充足军粮、民食起见，也必忍痛

[1]《宁夏斩钉截铁本年起决然禁种烟》，《西京日报》1938 年 2 月 20 日。

禁烟。天下无难事，虽有财政上的困难，事在人为，必有法可以解决。”

记者认为：“此举不但使全省十几万烟民从此因禁种而走断吸的健康道路，且也因此解除宁夏自种烟以来食粮不足的困难，在（抗战）大军云集省境以来，对军粮的供给不但说解除了供应不便之顾虑，也可以说是宁夏多年顾虑再三的禁烟问题，已得到了最后的解决，实为值得庆幸的一件事。”[1]

总之，这次禁种行动影响颇大，自 1938 年，宁夏毒卉即告肃清，基本上实现了宁夏全省禁种大烟。

与此同时，宁夏省政府考虑到，“本省向为种烟区域，民间尚多私存罂粟籽，希图将来再植毒卉，贻害社会”，故于 1938 年后，“通令各县、局、处遵照部令，将民间私存烟籽一律收缴焚毁，以除日后祸根，而免烟毒之复炽”[2]。

然而，宁夏民间私自偷种鸦片之事仍有发现。据说，1938 年当年，即发现陶乐县与内蒙古接壤的边远地区有个别农民偷种鸦片，经查实后，遂将偷种鸦片的三个农民押赴各县游街，并鞭责示众，每到一地，即用皮鞭抽打，不几日，其中二人因受刑过重而中途死亡。[3]

---

[1] 包特：《宁夏近二十年开放烟禁的影响》，《西北论衡》1938 年第 6 卷第 5 期。

[2]《十年来宁夏省政述要 · 民政篇 · 禁烟》，1942 年。

[3] 马延卿、原璧辉：《宁夏禁烟见闻》，载宁夏参事室编《文史资料》第 4 期，1987。

1939年4月，宁夏县县长白允恭出巡考察，深入乡间，在四区李祥乡查获偷种鸦片农民八人，押送县政府分别重惩，然后呈送省民政厅法办。[1]

在1940年1月召开的宁夏省临时参议会成立及第一届大会上，省民政厅在工作报告《关于推进禁政情形》中云：

本省向为种烟之区，流毒既深，人民嗜者亦众，此乃不可讳言之事。省府年来遵照中央命令，对于禁政之推进具最大决心，严厉执行，不稍因循敷衍，二十六年（1937年）已完成禁种，并于昨今（1938年、1939年）两年，每届春季，必剀切布告于先，严密勘查于后，至今毒卉已告肃清，不复有一茎一苗发现，禁种工作业经完成。[2]

为防偷种毒卉情事发生，1940年5月26日，马鸿逵政府特出示布告，严厉禁止，一面令饬各县县长督饬保甲等注意勘查，如发现有偷种烟苗者，将该违犯者处以枪决之罪，决不姑宽矣。布告曰：

禁烟一事为抗战建国之要政，中央迭经三令五申，饬遵照六年计划依限禁绝。本省自二十七年（1938年）

[1]《宁夏民国日报》，1939年4月26日。

[2]《宁夏省临时参议会第一届大会记录》，1940年。

禁种以后，一面严防偷种，一面注重禁吸，双管齐下，雷厉风行。

所谓六年计划，今年已至最后一年。本主席早具最大决心，必如期完成禁政，彻底肃清烟毒。

惟查历年边远山隅、穷乡僻壤之处，犹有少数无知愚民偷行播种，或将罂粟参种于麦、豆田间，希图厚利者。虽经严厉处罚，然利之所趋，今年难免不再做侥幸之事。现届禾苗出土之际，恐复有烟苗发现，除令饬各县县长督饬所属县乡保甲长等注意勘查外，特此剀切布告。

望我本省民众认清利害，及早打消侥幸心理，如有偷种烟苗者，佥以铲毁净尽。

要知本省禁政工作至今已完成大半，所费人力财力尚属不少，值此功亏一篑之时，绝不容再有一茎一苗发现，致影响全部工作也。倘有无知之徒仍然偷种，一经查觉，或被人告发，定行枪决，不稍宽贷，本主席言出法随，万勿忽视。切切。此布。[1]

《宁夏省政府二十九年（1940 年）度行政报告》中，关于鸦片“禁种部分”称：“本省自二十七年（1938 年）完全禁种后，全省毒卉即告肃清，所有以前种烟地亩悉数

---

［1］《宁夏民国日报》，1940 年 5 月 27 日。

改种五谷，并由建设厅提倡种棉，于是生产大为增加，农村渐趋繁荣。唯恐尚有少数无识愚民狃于积习，偷行播种，遂依照二十九年（1940年）度禁烟计划规定，在每年春季播种种子以前，严申禁令，并布告民众周知。同时，令饬各县县长、区长及保甲人员负责查禁，并饬具连坐切结，以资警惕。复于二十九年（1940年）春间，密饬民政厅派赴各县调查户口人员随地注意勘查，结果并未发现一株一卉，是以本省对禁种一事，至二十九年（1940年）即告彻底肃清。"

1941年4月10日，宁夏省政府主席马鸿逵、省民政厅厅长海涛签署宁夏省政府训令（民字第0040号），要求各县、局、处切实注意巡查民间有无偷种鸦片情形。

令各县、局、处：

查禁烟一事，截至二十九年（1940年）年底，已满六年禁烟计划限期，各省业已先后禁绝，彻底肃清。

兹查，本省对于禁种一事早竟全功，关于禁售、禁吸、禁运之办理各收宏效。惟自禁种之后，鸦片来源断绝，以致烟价连年飞涨，而以利之所趋，无知愚民偷运外省烟土入境，贩卖牟利者数见不鲜。

际此春耕时期，田粒下种，愚民亦不无存有于穷乡僻壤偷种私植之念。要知，本省禁烟已具数年艰苦之历史，其中所费人力、财力而又不知凡几。在此功成垂厥之际，绝不容再有一株一苗发现，俾致前功尽弃。

倘有无知之徒仍敢偷种私植，一经查觉，或被人告发，定将偷种者处以枪决之罪，主管保甲长亦得受以连坐之处分。

该训令最后强调："本主席言出成法随，决不宽容。除分令外，合亟令仰该县长于此春种时期，巡视全县，切实考查，并剀切晓谕，免使无识愚民故蹈法网，万勿疏忽，致干法办。仰即切实遵照，并转饬所属一体深切注意为要！"[1]

1941年5月，宁夏省政府召开省政会议，为禁绝祸根计，在施政报告中再次指出："本省毒卉虽早已绝迹，但民间多私存罂粟种子，冀图死灰复燃，本府业经通令各县局遵照部令，将户民私存烟籽，一律收缴焚毁，以除祸根。"[2]

为根绝烟毒，1943年11月10日，宁夏省政府制定并颁布的《禁烟禁毒治罪暂行条例》中第三条规定："凡聚众种植烟苗者，即依法处以死刑。"[3]

然而，宁夏种植鸦片仍未能从根本上绝迹。至宁夏解放初期，"当时银川地区虽然没有种鸦片的，可全省其他地区仍有种鸦片烟的。据（宁夏）省人民政府解放初统计，

---

[1]《宁夏省政府公报》，1941年第131期。

[2]《宁夏民国日报》，1941年5月9日。

[3]《宁夏民国日报》，1943年11月11日。

全省尚有 5269 户，种植鸦片烟 7222.93 亩”[1]。

（二）设立戒烟院所与研制戒烟药丸

经 1936 年开展的宁夏全省烟民登记与复查，据不完全统计，当时宁夏全省共有烟民 123564 人[2]。其中，省会（今银川市）21168 人、宁夏县 33080 人、宁朔县 13913 人、平罗县 15608 人、金积县 3751 人、灵武县 10514 人、中卫县 11011 人、中宁县 10878 人、盐池县 675 人、同心县 1053 人、磴口县 1188 人、陶乐设治局（县）451 人、阿拉善旗定远营 274 人。

当时，宁夏全省人口 987933 人，烟民约占八分之一；114542 户，每户至少有烟民 1 人。而银川地区（包括宁夏县、宁朔县、平罗县）的烟民，占全省烟民的一半，占本地人口的五分之一。染上鸦片烟毒后，精神萎靡，身体逐渐衰弱，无力生产，生活日趋困难；有的倾家荡产，家破人亡；有的沦为盗贼，抢劫犯罪，以致社会治安混乱不堪。[3]

根据《宁夏省禁烟办法》第四条规定，对烟民先劝导

[1] 徐廉：《银川烟毒流行历史及解放初期禁烟禁毒运动》，载《银川文史资料》第 9 辑（内部资料），1998。

[2]《申报》，1937 年 4 月 7 日。

[2] 徐廉：《银川烟毒流行历史及解放初期禁烟禁毒运动》，载《银川文史资料》第 9 辑（内部资料），1998。

戒烟，再勒令戒烟和强制戒烟。劝戒以老弱病残为对象，听其自觉自愿戒除；勒戒以青壮年为对象，设立戒烟院所，分批实行强制戒烟，以届期戒绝烟毒。

为扩大戒烟计，省政府决定在各县设立分院，将省戒烟医院予以扩充，以期全省烟民如期戒绝。

1. 省戒烟医院

为适应烟民戒烟需要，早在 1933 年 8 月，宁夏省政府拟由省政府筹拨巨款，计划设立一规模宏大之公共医院，附设戒烟所。据说，当时筹得 2 万元，暂作医院建筑及设备费。并致函南京禁烟委员会委员刘瑞恒，委托其在南京"代购一切器具、药品，并物色男女医士及看护数人，速行赴宁"。

对此，刘瑞恒复函曰："正在物色专科人才。"后来，此事不了了之。[1]

1935 年年初，宁夏省政府决定设立宁夏省戒烟医院，由于当时省库支绌，且无适当地址等因，以致宁夏省戒烟医院未能及时成立，戒烟事宜由宁夏省会公安局在省垣中山市场内附设戒烟所办理，收容烟民，分期戒绝。[2]

1935 年 3 月 2 日，宁夏省会公安局附设戒烟所在《宁夏民国日报》刊登启事：

鸦片之害，人所深知。然其物麻醉性强，故嗜好

[1]《西京日报》，1933 年 9 月 4 日。

[2] 宁夏省临时参议会编《民国宁夏省志》，1941，手稿本。

者仍属甚多。际此新生活运动倡导之下，若不戒除烟瘾，将何能厉行信条。

本所奉命于中山市场内成立戒烟所以来，投所戒烟男女烟民已达百数十名之多。所内一切设备力求完善，如茶水、薪炭、被褥等项，完全由本所供给，并有种种娱乐，以资消遣。

又延请专门名医配制良药，服之不受丝毫痛苦，只须住所数旬，即可戒断烟瘾。

诚恐本市烟民尚未周知，特此公启。[1]

在省垣烟民登记工作办理完竣后，为配合宁夏省垣烟民勒令戒除的需要，1935 年 8 月上旬，宁夏省禁烟委员会在省政府会议厅召开第二次委员会第四次常务委员会议，讨论决定：

（1）觅适宜地点另设省立戒烟医院，以能容 500 人为限度。

（2）由省民政厅审核处乔森荣担任省立戒烟医院经理。

（3）戒烟医院医药、饭费等，富者收费，贫者减半。

（4）推定省民政厅厅长冯延铸、省卫生实验处处长魁文山、省垦殖总办王敏悟、省政府秘书长叶森、（驻宁夏第十五路军军需处）处长赵文府、省道管理处处长魏绍武、省民政厅审核处乔森荣等七人拟定《筹设省立戒烟医院实

[1]《宁夏民国日报》，1935 年 3 月 2 日。

施办法》[1]。

考虑到“设立省戒烟医院，非经多日筹备不能开始戒疗”。为救急计，1936 年 11 月间，宁夏省政府决定将省戒烟医院暂设于省立医院内，“先行开办，一俟戒烟医院院址筹备就绪，再行迁移”[2]。

1938 年冬，宁夏省政府为解除烟民之痛苦，增强抗战力量，在财政窘迫中，特筹备大批款项，办理戒烟医院，并指定省民政厅厅长海涛、省政府秘书长叶森、省地政局局长马继德为委员，负责计划推动戒烟事宜。

为此，在省垣觅就相宜地址，特由省库筹款 15 万元，专备做设立戒烟医院之经费，在省垣设立戒烟医院一所，分期收容省垣烟民，并以中药试戒，以期全省烟民分期戒绝，“省垣各期烟民入院后均能如期戒除，成绩优良”[3]。

为唤醒烟民自动戒除鸦片烟毒，1938 年 11 月 11 日，宁夏省禁烟委员会发布《告全省烟民书》，并派大批人员进行宣传，劝烟民入戒烟医院治疗。

至 1938 年年底，“省戒烟医院已戒绝烟民仅数百人”。因日本飞机轰炸宁夏省城（今银川市），为“疏散人口，该院（省戒烟医院）迁移，重新修筑院址，以致未能按期

[1]《甘肃民国日报》，1935 年 8 月 13 日。

[2]《宁夏禁政之一斑》，《拒毒月刊》1937 年第 112 期。

[3]《宁夏民国日报》，1939 年 5 月 12 日。

收容戒烟”[1]。

据《宁夏民国日报》1939年8月28日报道，新建省戒烟医院定于9月1日开始收容烟民。“省院前两期仅可收容烟民300人，现较前扩充，每期收容增至500人。计全省每月能戒绝烟癖2000人，诚亦本省烟民之曙光。”[2]

此外，省卫生实验处考虑到“过去宁省以种植鸦片，故染有芙蓉癖者甚多，初为疗疾或游戏而食，讵料竟积习成瘾，既可荡产倾家，又复伤身毁誉。站在本省经济及卫生观点，亦早在实施禁吸，以除黑祸。但已成瘾之人麻痹已深，势不得不加戒除，惟戒烟人才甚感缺乏”，于1939年春季，开始训练戒烟人才，“分发各县设立平民戒烟医院，协助医师实行戒烟事宜”[3]。1940年，省卫生实验处在宁朔县丰盈堡训练戒烟人才，第一批20人，以备应用。并“筹划再训练一批，以补以往之不足而供来兹”[4]。

1939年9月，省政府为提高省戒烟医院事权，以专责成，增加戒烟效率起见，特委派省民政厅厅长海涛兼省戒烟医院院长，负责省戒烟之责。海涛奉命后，对于院务整理不遗余力，每日到院亲自指示。

1939年9月1日，省戒烟医院招收第四期戒烟烟民

[1]《宁夏民国日报》，1939年8月28日。

[2] 同上。

[3]《宁夏省临时参议会第一届大会记录》，1940年。

[4]《十年来宁夏省政述要·卫生篇·训练戒烟人才》，1942年。

500 名入院受戒，至 10 月 1 日已满一个月。

10 月 1 日上午 9 时，省戒烟医院举行第四期戒烟烟民出院典礼。由省民政厅厅长海涛发表训话，“晓谕吸烟之害，希出院后，切勿再入黑籍，否则查出即按省府规定惩治办法严予重惩”。

据报道，“此期男女烟民共五百名，除有两名未有戒除，仍留院继续受戒外，余皆戒绝。各烟民于出院时，均精神倍增，对该院无不感激异常”[1]。

1939 年 10 月 1 日，《宁夏民国日报》记者以参观省戒烟医院第四期戒烟烟民出院典礼之便，面晤海涛院长，叩询省戒烟医院近况：

> 院内共分总务、稽核、制药三股。
>
> 稽核股责任重大，担任全院稽核事宜。
>
> 关于制药一项，余已于昨日（9 月 30 日）召集各股人员及每一个烟民室，推代表一人，共同监视，由财政厅领到土药，着卫（中卫）宁（中宁）及朔（宁朔）县每两土药熬成分量各若干，制成林字甲、乙、丙、丁、戊五种药丸，以后制药时，按此做标准。
>
> 至于事务方面，前院内伙食，全系由事务员采购。今后，各院全由军粮局打粮，每旬打粮一次，亦照《制药办法》共同监视。买菜时，亦由各烟民代表会同往购，

[1]《宁夏民国日报》，1939 年 10 月 2 日。

如此既无怨言，弊端根绝。然后视到下月存余若干，由总务股公布，然后归公，移交下月。

其次，关于烟民训练以及其他事宜正在筹划中。烟民入院受戒，能戒绝者，绝不容复吸，不能戒绝者勿容出院，以败坏本院名誉。

今日，第四期烟民出院，第五期烟民入院。烟民均经详为检查，分配各室，按性发给药丸，免发生病症。

想戒烟医院经此改进后，本省戒烟效果定将日臻加强。[1]

自省民政厅厅长海涛兼任省戒烟医院院长后，对于院务力加整顿，管理、教育、医药、伙食、人事等均逐渐改观。

1939年10月上旬，海涛为明了各县戒烟分院办理情形，俾资改进起见，特电召各县戒烟分院院长（即县政府第一科科长）晋省，以便讨论。

1939年10月10日上午9时，海涛在省戒烟医院主持召开了各县戒烟分院院长会议，省戒烟医院监察委员白楠、景伯衡、吴润川及全体职员均参加会议。会上，“各分院院长将办理戒烟经验及个人对将来改善意见做详细报告后，即讨论管理、教育、人事等办法，极为详尽”。

10月11日上午，海涛又召集各县与会人员到省民政

[1]《宁夏民国日报》，1939年10月2日。

厅开会，“对县政详为垂询。关于厅内民政应办事宜加以指示，着令回县后极力推进，并转令各戒烟分院会计即日来省，面示此次讨论各种改进办法”[1]。

1939 年 10 月 1 日，省戒烟医院第五期戒烟烟民 500 余人相继入院受戒。至 10 月 30 日，第五期应出院烟民共 504 人，剩余 3 人因烟瘾未戒清，继续留院戒除。

1939 年 10 月 30 日上午 10 时，省戒烟医院举行第五期戒烟烟民出院典礼，省垣各机关代表、省戒烟医院监察委员及全体职员到场。典礼由海涛主持，并作恳切训话。关于本期（第五期）津贴、伙食及药丸等费用数目，亦对各戒烟烟民详细宣布。[2]

1939 年 12 月 31 日上午 10 时，省戒烟医院举行第七期戒烟烟民 470 余人出院典礼。海涛因整顿户口赴各县视察，特派省民政厅秘书王金铙代表其主持，省戒烟医院监察委员白贡甫、吴涤川、景伯衡及省垣各机关代表与民众 100 余人到场。

典礼由王金铙秘书主持，代表海涛致训词，讲述防止戒后复吸，须切实认识：（1）自觉：应感到吸烟足以戕生荡财，而有坚决心，不想复吸。（2）明了：要晓得吸烟是奇耻大辱，而有羞恶心，不肯复吸。（3）知法：本省戒烟法令森严，而有戒惧心，不敢复吸。

---

[1]《宁夏民国日报》，1939 年 10 月 12 日。

[2]《宁夏民国日报》，1939 年 10 月 31 日。

继之，由省戒烟医院监察委员吴涤川讲述政府设置戒烟医院之意旨，希望出院后劝导家族亲戚、乡党同来戒烟，以期肃清本省烟毒。

接着，由出院烟民代表致答谢词。

随后，由省戒烟医院主任王孝坤宣读本期（第七期）戒烟医院物、款、丸药等项费用支出数目，并发给烟民出院证书。

最后，全体与会人员唱《戒烟歌》，摄影礼毕，各戒烟烟民列队出院，分别返家。

1940 年 1 月 11 日，《宁夏民国日报》以“省政府严惩戒后复吸烟民”为题，报道：“本省戒烟医院自创办至今，已经七期，前后出院烟民三千六百余人。省政府业经规定，对于戒后复吸之烟民，如查有初犯者，处以拘禁六个月，再犯者判处徒刑一年，三犯者是已不堪造就，决处以极刑，不再姑宽。省会警察局查获省城（今银川市）内戒后复吸者张王氏、张陈氏、赵□瑞、任王氏、王淑玉、陈□氏、张月梅等七名，并讯据该等，咸供认戒后复吸不讳，呈请省政府核办。省政府已指令照章各拘禁六个月，以示惩戒。”

1940 年 1 月 23 日《宁夏民国日报》报道：

本省戒烟医院自海涛院长接办以来，大加整顿，对于烟民之待遇力求改善，烟民住院生活极为安适，毫不感觉痛苦，因之凡受戒烟民对于马主席此番恩惠均感念不置。

近来，戒后出院之烟民受良心之谴责及法令之裁判，不但自己觉悟，不再复吸，且劝其家人以及亲戚邻居自动入院受戒。本期（第七期）内，各县戒烟医院由戒后出院之烟民，写信给戒烟医院，介绍其亲戚、朋友自动入院者均不乏人，尤以宁朔县戒烟医院为最多，男男女女达七十余人。

省戒烟医院每期收容烟民定额为五百人，而本期入院者有五百四五十人。此种现象殊堪庆幸，本省禁政定不难如期完成。

1940 年 3 月 22 日，省戒烟医院举行了第九期戒烟烟民出院典礼，省垣各机关代表及出院烟民 500 余人到场。典礼由省民政厅厅长海涛主持，并发表讲话。接着，由各机关代表相继发表讲演，“对各烟民勖勉有加”。出院烟民虽在微雨之中，秩序井然，情绪热烈[1]。

1940 年 4 月 22 日，省戒烟医院举行了第十期戒烟烟民出院典礼，省教育厅、宁夏民国日报社、省政府秘书处、省高等法院、驻宁第十七集团军政治部、省建设厅、省政府审计处、省财政厅、省民政厅、省地政局、省党部等机关代表，以及省戒烟医院全体职员与戒烟出院男女烟民 500 余人和烟民家属等，共 600 余人到场。

---

［1］《宁夏民国日报》，1940 年 3 月 23 日。

典礼由省民政厅秘书王金铙主持，并即席报告举行典礼意义，要求烟民出院后，应做到下列三点：（1）要立决不复吸的志气；（2）养成良好的情趣；（3）鼓起生活的精神。言辞恳切，此训示甚详，烟民非常振奋。

最后，由出院烟民代表致答谢词。

同日，在省戒烟医院第十期戒烟烟民出院之际，驻宁第十七集团军政治部歌剧团应省戒烟医院邀请，赴该院演剧助兴，表演抗战歌剧《送夫从军》《征兵》《觉悟》及《烟毒鉴》等，“剧情活泼、周到，附近民众及烟民 800 余人均甚感动”[1]。

4 月 24 日，省戒烟医院第十一期戒烟烟民 450 余名入院戒烟。

5 月 22 日，驻宁夏第十一军特别党部话剧团、政治部政治队前往省戒烟医院，给即将出院的第十一期戒烟烟民演出《送夫从军》《烟毒鉴》《爱国青年》《无名小卒》等抗战歌剧，“烟民及附近来观民众 900 余人咸受异常之感动”。

5 月 24 日中午 12 时，省戒烟医院在该院门前空场举行第十一期戒烟烟民出院典礼，省垣各机关代表与该院全体职员及戒烟出院烟民 450 余人到场。典礼由省民政厅厅长海涛主持，并即席报告举行典礼之意义，要求烟民出院

[1]《宁夏民国日报》，1940 年 4 月 23 日。

后坚决抱定不复吸之志气，养成健康的体格，为国家为民族效劳。

继之，由省戒烟医院监察委员吴润川及各机关代表相继发表讲演。

最后，由出院烟民代表致答谢词。

总之，省戒烟医院自 1938 年独立开办至 1940 年 5 月，先后共办理烟民入院戒烟 11 期。

1940 年 6 月 8 日前后，省戒烟医院总院在《宁夏民国日报》刊载启事："本院及所属各县医院已奉令于 5 月底一律暂行停办矣。所有各该院请领之经（常）、临（时）各费，业已悉数领发完竣，如本院或各分院办事人员与商民有未还账款或借用什物及其他未清手续者，统限于 6 月 12 日以前，向各该院经手人员直接清理，倘逾期发现有未清还款物情事，本院概不负责，特此登报声明，望各周知。"

此外，1944 年 8 月 16 日至 18 日，宁夏省立医院为铲除烟毒，特在《宁夏民国日报》刊登启事："本院欢迎烟民入院戒烟，予以特别优待。"

2. 各县戒烟院（所）

（1）盐池县戒烟所

1938 年冬季，盐池县人民政府在县城设立了禁烟所，将全县贩毒、吸毒者分期分批收容到禁烟所，进行教育和戒烟。

禁烟所共举办 4 期，每期 3 个月，共收容 300 多人。由于这些人的情况非常复杂，他们当中有小偷、暗娼、巫神、阴阳、赌棍、二流子等，因此，禁烟所配备了较强的干部、公安人员和医务人员。这些人的伙食，家在城内的由家里送饭，接饭时严格检查，防止在食品中夹进大烟；家在乡下的由所内供应饭食。经过一年多的禁烟，95% 的吸毒者断了瘾。[1]

1939 年，宁夏省政府以本省烟民甚多，为完成戒烟计划，令各县加紧筹设戒烟分院，计划每县设一分院，普遍施戒。每院每期收入烟民 200 至 300 人，以期戒烟医院推广至各县。

至 1939 年 5 月，陆续在宁朔、平罗、中卫、中宁四县，各设戒烟分院 1 处（由于宁夏县在省垣附近，故未设戒烟医院，所有该县烟民悉数送省戒烟医院施戒）；在金积、灵武两县，合设戒烟分院 1 处；在盐池县（惠安堡）设戒烟所 1 处，连同省戒烟医院，全省共设戒烟医院（所）7 处，令饬各保甲长将所属保甲内烟民，分期分批送戒烟医院普遍施戒，每处每期施戒烟民 300 至 500 人不等。[2]

“省垣及各县戒烟医院烟民所需伙食、医药概由公家供给，不收分文。在烟民住院期间，一概教以手工，如纺线、织毛衣、编制器物等类工艺，以期养成其劳动习惯，增进其谋生技能，并按时施以相当教育或精神训练，如识字、唱歌、表演抗战戏剧等，以振奋精神，激发其抗战情绪。”[3]

---

[1] 武常新：《陕甘宁边区时期盐池县的治安保卫工作》，载《盐池文史资料》第 3 辑（内部资料），1987。

[2] 宁夏省临时参议会编《民国宁夏省志》，1941，手稿本。

[3]《十年来宁夏省政述要·民政篇·禁烟》，1942 年。

中卫、中宁、平罗、宁朔四县戒烟分院筹备就绪，先后成立，为明了各县戒烟医院设立之实际情形，省政府秘书长叶森除派省戒烟医院主任戴仁赞前往平罗县视察外，1939 年 5 月 10 日，叶森亲赴中卫、中宁、宁朔各县视察戒烟医院。[1]

（2）中卫县戒烟分院

1939 年 4 月，中卫县政府奉令筹办戒烟医院后，即委派县政府第四科科长李英杰为县戒烟分院院长。

李英杰选定中卫县城水陆堂为院址，一切手续均筹备就绪，于 1939 年 5 月 1 日征集烟民 200 余人，入院从事戒烟。“院长每日亲自发药料，不辞劳苦，并检查有病者请医治疗，一般烟民均各称颂不已。”

1939 年 5 月 15 日上午 10 时，中卫县戒烟分院补行开幕典礼。典礼由中卫县县长周勋岑主持，并即席报告开会意义，继而由来中卫县视察戒烟分院的省政府秘书长叶森训话，来宾张院长、洪干事、赵检察官等相继讲演，“词意诚挚，烟民闻之均有喜色”。至中午 12 时，始摄影散会。[2]

1939 年 5 月 31 日，中卫县戒烟分院之受戒烟民 200 余人，均已戒绝烟瘾，举行出院典礼。典礼由县戒烟分院院长李英杰主持并致辞，继由周勋岑县长、邢局长、宋书记长相继讲演，“语均诚挚，各（出院）烟民均各欢欣感戴

[1]《宁夏民国日报》，1939 年 5 月 12 日。

[2]《宁夏民国日报》，1939 年 5 月 21 日。

糜已”。

此外，周勋岑县长还买羊数只，偿慰出院烟民，复令中卫民乐社在该院表演旧剧，以助余兴。各烟民称颂周勋岑县长盛德弗已。[1]

（3）平罗县戒烟分院

平罗县政府奉令筹办戒烟医院后，至1939年10月1日，开始办理第三期入院受戒烟民280人。

1939年10月29日前后，平罗县戒烟分院第三期入院受戒烟民代表罗庆庵、王建章、刘克让、李荣堂、柯怀仁、李福田、马献瑞、乃登科及蒋张氏、任李氏、王英氏、苗李氏、姚石氏等男女烟民280人，在《宁夏民国日报》刊登鸣谢启事：

> ……烟民等于（1939年）10月1日入院受戒，院内对待烟民格外从优，每日勒令勤加工作，免生疾病，教育、唱歌、识字等项，以开民智。又令烟民推举代表实行自治，烟民等在院月余，不但无戒烟之痛苦，且均各戒断净绝，烟民等感激无涯，用登报端，以伸谢悃。[2]

1939年11月30日上午10时，平罗县戒烟分院第四期

[1]《宁夏民国日报》，1939年6月6日。

[2]《宁夏民国日报》，1939年10月29日。

受戒烟民举行出院典礼，特邀省党部生活服务处主任袁金章、平罗县党部书记长郭寿山、县戒烟分院监察委员高耀山等前往训话。

在平罗县戒烟分院刘院长报告办理经过后，袁金章主任讲解鸦片之害，要求烟民出院后应抱决心与恒心，不可再吸。[1]

1939 年 12 月 31 日中午 12 时，平罗县戒烟分院第五期受戒烟民举行出院典礼。典礼由县戒烟分院院长刘鸣岐主持，报告办理经过及烟民出院应有之认识与决心。继由省民政厅孙克廉科长、平罗县县长郭士绶等相继训话，言辞恳切。[2]

（4）吴忠镇（今吴忠市）戒烟委员会与烟民戒烟

1939 年，吴忠镇（今吴忠市）绅民张耀先、周绍文、岳孝、周良佐等，鉴于本省政府以最大决心严禁吸食鸦片，自各县设立戒烟医院以来，分期收容烟民，依限戒吸，功效颇著，爰自发协力倡导，拟就《组织章程》及《戒烟办法》，呈准当地党政机关备案，在吴忠镇红万会附设吴忠镇戒烟委员会，除自劝戒烟外，希望各民众参加戒吸。

报载“该会组织颇为完善，所有戒烟民众均感愉快，自动加入戒烟者，颇形踊跃，现已达数十名之多，将来定获圆满之成绩”[3]。

---

［1］《宁夏民国日报》，1940 年 12 月 15 日。

［2］《宁夏民国日报》，1940 年 1 月 5 日。

［3］《宁夏民国日报》，1940 年 1 月 12 日。

1940 年 3 月，吴忠镇戒烟委员会办理了第一期烟民戒烟工作，“成绩颇佳……继将举办第二期，自动前往戒吸者已有十余名之多”。

1940 年 4 月 1 日，吴忠镇戒烟委员会“召开委员会议，对第二期（烟民戒烟工作）办理一切手续，力求改进，以臻完善”[1]。

（5）中宁县戒烟分院

中宁县政府奉令筹办戒烟医院后，深受入院受戒烟民家属之欢迎与感谢。

1939 年 12 月 17 日前后，中宁县戒烟分院受戒烟民家属代表陈白玉、郭世仪、徐顺合、张万林、李仁义、魏兴隆、王嘉兴、鹏刘氏、毕占熊、许保山、曹康氏、卫岳氏、康王氏、梁陈氏、马兴德等，在《宁夏民国日报》刊登鸣谢启事：

> 身入黑籍，如坠世间地狱；入沾烟癖，形同判定死囚。纵有丰富产业，可逐渐冰消云散；虽具优秀天才，苟不觉身败名裂。其为害之巨烈，不亚洪水猛兽，而好之者犹如水之就下，蚁之赴膻，有不可遏止之势。
>
> 万林等之父母、兄弟或妻子向皆沾染烟瘾，以致产业日减，家声日落，阖家陷落苦海，无挽救之良策。乃蒙我主席轸念烟民个人之苦痛及家庭之生活，发慈航之普度，开救济之法门，于各县成立戒烟医院，招

[1]《宁夏民国日报》，1940 年 4 月 2 日。

收烟民受戒，铺盖、伙食、医药一律由公家供给，烟民不费分文之费，并规定时间，教以识字、技艺、操作设备，极其完善，烟民精神上、物质上均不感受任何之苦恼，一律如期戒绝，身体立先强壮，视前之黑瘦如柴、萎靡颓唐者几若两人，从此家庭漏卮杜塞，生产力量增加……[1]

（6）宁朔县戒烟分院

宁朔县政府奉令筹办戒烟医院后，深受入院受戒烟民之欢迎与感谢。

1940 年 1 月 31 日，宁朔县戒烟分院第五期全体受戒烟民在《宁夏民国日报》刊登鸣谢德政启事：

查鸦片之害甚于毒蛇，祸国殃民，莫用言喻。宁民沉于黑籍者数不胜数，夙知鸦片鸩□，但无法戒除。旋蒙主席马、厅长海（涛）□□群黎，□□巨资，成立戒烟医院，挽救数万颓民，藉以强国富民。

民至戒烟期届，毫无微细痛苦，以苦柴之体，变肥壮之躯，深感鸿德，无以鸣谢。藉登报端，以表微忱。

同日，宁朔县戒烟分院第五期全体受戒烟民在《宁夏民国日报》刊登恭颂德政启事：

[1]《宁夏民国日报》，1940 年 4 月 2 日。

恭祝警长苏公、院长郝公及全体职员，主政□事以来，业已三期，对于成绩□张殊适，待遇优良。培养男女烟民精神，创设技术毛工工□，俾育烟民活动身体，有劳得利前者。

各期烟民均有地方保甲人员拘送，畏避□众。现至四、五等期，本县各区烟民闻风深感钧□之德。至期男女烟民争先恐后，踊跃进院，同登慈航。欢声雷动，特此鸣谢。[1]

（7）灵武县戒烟分院

灵武县戒烟分院奉命成立后，至1940年5月，共办理6期，每期100余人，共800余名烟民入院戒烟治疗。灵武县县长王宪之本肃清烟毒之意旨，竭力经营，苦心劝导，成绩显著。

1940年3月24日，灵武县戒烟分院举行第四期受戒烟民出院典礼，王宪之县长亲自到县戒烟分院，“召集男女戒烟同胞，恳切体贴，申述烟毒之害，望各烟民痛下决心，切勿戒后再吸，以符政府设院施戒之本旨”[2]。

1940年5月5日，灵武县戒烟分院举行第五期受戒烟民出院典礼，各界来宾及出院烟民300余人参加。典礼由县长王宪之主持，并发表讲话，对戒烟烟民寄予三点希望，

[1]《宁夏民国日报》，1940年1月31日。
[2]《宁夏民国日报》，1940年3月25日。

要求烟民出院后：（1）要抱定决心，永远不吸；（2）要立志做现代公民，为国效力；（3）要厉行新生活，养成良好习惯。接着，由各界来宾发表讲演，由出院烟民代表致答谢词。

据载，“一般烟民出院后，均精神焕然，体格健强，较之以前，判若两人，且多在院建有有纪律之生活。”[1]。

除上述各县戒烟医院外，一些地方的慈善机构与贫民救济部门也对贫穷烟民戒除烟毒施以帮助。如1939年8月，灵武县贫民救济院主任解克惠率全院贫民在鸣谢启事中曰:“……乃承各界仁人君子乐善好施,慨解义囊,捐给巨资,俾购置单衣以及禁烟药丸，一般贫民解决烟毒之余，深感鸿恩，无以为报，爰将芳名刊诸报端，聊表寸衷，即希垂鉴。”[2]

对于那些戒烟后出院复行吸食者，宁夏省政府制定了复吸治罪办法和抽查办法，通饬各县警察局和各级警务人员及地方各保甲长认真常时抽查,切实检举,以期根本禁绝,彻底肃清烟毒。

如1939年5月17日，《宁夏民国日报》发表题为《烟民戒绝后再犯杀无赦》的短评：

吾宁被鸦片之毒凡数十年，日迷惑于云雾间者何

---

[1]《宁夏民国日报》，1940年5月6日。

[2]《宁夏民国日报》，1939年8月25日。

止千万人，历年虽有禁令，而阳奉阴违，迄未根绝。自马主席锐意禁烟，至今年一扫毒氛，全宁已无寸苗之存在矣。古人有言："民贫则国困，民弱则国危"，此不世之举，实足炳耀千秋。

去年（1938 年）设立戒烟医院，食宿之，医药之，仅三期脱离黑籍者（烟民）已达千人。感激政府隆恩，从此另做新民自是多数，而容或有无耻之徒，出院后复又沉沦，似应从严调查，令具连保，倘查出再堕苦海，则严刑重典，以儆效尤。陶觉所谓"不杀人不足以爱人"，如此辈之耗乖政令，实应杀无赦。

1939 年 9 月 26 日，宁夏省民政厅厅长海涛签发政禁字第 243 号呈报内政部，除禁吸内容同 9 月 30 日马鸿逵签发民字第 17 号相同外，关于宁夏烟民登记、戒烟医院等情形，呈报中曰："全省烟民前已举办登记，各发给戒烟执照，劝令限期自动戒绝。并于去（1938 年）秋在省垣创设戒烟医院一所，因地方之生活习惯，利用中药古方从事勒戒，住宿、医药各费概由公家供给，不收分文。试办数期，成绩甚佳。今（1939 年）春即推广各县，普遍设立，一切规模均仿照省戒烟医院成例办理。近更将各戒烟医院力加扩充，预备自本年九月至明年（1940 年）二月，半年内开支经费十余万元，全省每月可戒绝烟民二千名。"

1939 年 9 月 30 日，宁夏省政府主席马鸿逵签发民字第 17 号呈报行政院院长孔祥熙，报告宁夏办理禁吸情形以及规定戒后复吸治罪办法，呈请行政院鉴核。呈报中曰：

查本省对于办理禁烟痛下决心，本除恶务尽之宗旨，定周密详尽之计划，认真实施，禁种部分获竟全功，（禁）运、（禁）售两项已收宏效。

惟禁吸工作极为繁难，既不可操之过急，复不能听其自然。尤以本省素称贫困，财政拮据，医术人才更感缺乏，兼之人民知识简陋，烟毒流行，无孔不入，为害之烈，较任何省份为甚。以人力、财力之交困，当此巨大繁难之工作，诚匪易事。然施禁有责，除恶同心，故不惜全力以赴，劝戒、勒戒分头并进，戒烟医院已经推广各县，普遍设立，业将施戒情形暨办法呈报鉴核在案。

现查受戒烟民日益众多，复恐无耻之徒戒后出院复吸，致隳全功，故严厉规定《复吸治罪办法》，初犯者处以监禁六个月，再犯者处以监禁一年，三次戒后仍犯者，是终不堪造就，应即处以极刑，以资儆惕。

仍恐富豪、士绅恃势怙恶，既不肯入院戒除，又不肯自下决心，致碍禁政之推进。故再行明定办法，先期禁止，其在明年（1940 年）二月以后仍旧吸食，以六个月为一期，明年三月至八月为第一期，九月至后年（1941 年）二月为第二期。第一期，每烟灯一付，按月收捐三十元，第二期每烟灯一付，按月收捐三百元。此乃不得已而寓禁于征之办法，以图补救前办法之所不及。迨至第二期后，仍旧吸食者，是诚自暴自弃，不可救药，即行处以枪决或十年以上之监禁，藉昭炯戒。

以上两种治罪办法，业经通饬遵照在案。

总之，推进禁吸工作，不惜以任何手段及方法严厉执行，根本禁绝，以符中枢贯彻禁政之旨意，除督饬办理禁烟机关认真执行外，理合将规定戒后复吸及富豪恃势不戒各种治罪办法，备文呈报钧院鉴核备查，实为公便。

对于马鸿逵上述呈报行政院关于宁夏办理禁吸工作与戒后复吸治罪办法等，1939 年 10 月 23 日，行政院即“交内政部核复”。

经内政部核议，呈报行政院认为：宁夏办理禁吸工作与戒后复吸治罪办法等，“当以非特变更通案，且多与现行法令不符，业经核驳，咨请该省政府查照饬知等情。查该省政府所规定戒后复吸及豪富恃势不戒各种治罪办法，与现行法令未尽符合，应行改正。惟禁吸工作，应照《六年禁烟计划》限于二十九年底一律肃清，以重功令。拟照此指令该省政府暨饬知”。

1939 年 11 月 21 日，行政院院长孔祥熙签发指令（吕 15090 号）：“令宁夏省政府：二十八年九月三十日（民字第 17 号）呈报该省办理禁吸情形暨规定戒后复吸各种治罪办法由，呈悉。查所定各种治罪办法，核与现行法令，未尽符合，应行改正，并应依照《六年禁烟计划》，限于二十九年底一律肃清，以重功令。仰即遵照。此令。”[1]

1940 年 3 月，省会警察第一分局在该管区域省城碴子街南 51 号查获复吸烟民 1 名。经该局局长李树山呈报省民政厅，省民政厅“当经讯究，其供认因病复吸属实。核与《烟民戒后复吸条例》触犯，因已饬令严予管押，并判徒刑六个月，以示警惕”[2]。

3. 配制戒烟药丸

早在 1931 年 5 月，宁夏医士张济人向全国禁烟委员会呈报“为呈铁心革瘾丸请化验，准予专卖由”。

1931 年 6 月 5 日，全国禁烟委员会委员长刘瑞恒对此呈报批示（禁烟委员会批第 1112 号）：“呈悉。查该项戒烟药丸究属何种药物配合而成，是否合于戒烟之用，非经详细查验不足以资证明，仰将原方及其用法、用量等项开明前来。”[3]

当时，宁夏省政当局对于宁夏各商号所售戒烟药品配置是否合法，有无毒质混合，服用有效与否，殊难断定，亟应依法查验，以期有益无害，当饬省会公安局及各县政府对各类“戒烟药品，均须呈送化验，以防毒质”。先后调查呈送戒烟药品 27 种，随即饬令省卫生实验处依法化验，

[1] 相关资料由郑文著先生提供。

[2]《宁夏民国日报》，1940 年 4 月 1 日。

[3]《禁烟委员会公报》，1931 年第 6 期。

详为具复，以凭核办。[1]

考虑到“宁夏烟土所含毒质若干未能彻底明了，致使禁吸制药一层无法着手”，1935 年 5 月间，省政府为明了宁夏所产烟土所含毒质若干，拟在宁夏配制有效之戒烟药丸，特备送宁夏所产烟土 20 两，函请国民政府卫生署转发中央卫生试验所进行化验，以在宁夏配制有效之戒烟药丸。

经该所试验结果，谓合于药用。其化验结果报告曰：“本品经照《中华药典》化验结果，含水分 12.96% 及无水吗啡 9.2%，若以干品计，含无水吗啡 10.57%，尚合药用。”[2]

1936 年 9 月，宁夏省政府“以戒烟药品关系禁烟要政至巨，若不严加化验，一任奸商之配制售卖，则流弊更大”，特训令省会公安局及各县政府，“非经呈请化验特准之（戒烟）药品，一律禁止出售，以杜流弊”。训令曰：

> 查本省境内商营戒烟药品，配制合法者固属不少，而混合毒质者亦恐难免，亟应严加取缔，以免奸商贪图微利，毒害民生。
>
> 前据省会公安局及各县府呈送斯项药品多种，究竟服用是否有效，刻已令饬卫生实验处从详化验。结果如何，再为令知。

---

[1]《宁夏禁政之一斑》，《拒毒月刊》1937 年第 112 期。

[2]《甘肃民国日报》，1935 年 9 月 5 日。

嗣后，凡本省境内各商所售戒烟药品，未经送呈本府化验特详者，一律禁止出卖，以杜流弊。

合行令饬遵照，妥为查禁。勿稍疏忽，是为切要。此令。[1]

（1）“宝中宝”特效戒烟药丸

经省民政厅批准立案，向社会推荐“宝中宝”特效戒烟药丸。

1935 年 3 月 2 日前后，“宝中宝”戒烟特效药丸总分销处（银川柳树巷街泰和医院）在《宁夏民国日报》刊登广告称：

“宝中宝”成绩优良，成效显著，药性和平，最为王道。

“宝中宝”诚为烟胞无上之救星，亦属政治唯一臂助。决心戒烟者，唯有“宝中宝”可助你成功，除“宝中宝”外，恐无十拿九稳之戒烟药。

“宝中宝”在最短期内，能使深而且长之鸦片老瘾完全戒绝，更使虚而多病之软弱体质恢复强壮，是戒烟戒瘾消毒的，是补气补血健神的，请试服之，便知价值。

[1]《西北文化日报》，1936 年 9 月 7 日。

警告：吸食鸦片，耗财损神。志气消磨，不图上进。黑籍同胞，应早速醒。一日戒绝，一日安心。

特效：支配活动细胞，增强消毒机能。促进新陈代谢，烟瘾立刻肃清。[1]

1939 年 6 月 9 日前后，省垣宁夏泰和医院在《宁夏民国日报》刊登声明："戒烟特效'宝中宝'，真正老牌宝珠商标。'宝中宝'内含药力强，加三倍量，其功效较任何烟药所不及。外埠只有特袋一种，绝不拆袋零售，仿单上印有本院的真迹缩影，务请留意。庶几售者与购者双方均得利赖焉。特此声明。"[2]

（2）"林字戒烟药丸"

1938 年，宁夏省戒烟医院以中药试戒，研制有效戒烟药丸，"所配之药，计分甲、乙、丙、丁、戊、己、庚七等，每等成分不一，服至七等，瘾已戒除，人复精神，不感丝毫痛苦"[3]。

这种"林字戒烟药丸"，由省垣西大街德泰永号药店受省政府批准、省民政厅委托代售经销。

据说，这种戒烟药丸是中药"林公补正"的成方，加

---

[1]《宁夏民国日报》，1935 年 3 月 2 日。

[2]《宁夏民国日报》，1939 年 6 月 9 日。

[3] 宁夏省临时参议会编《民国宁夏省志》，1941，手稿本。

上大烟，配成丸药内服[1]，成效甚佳，遂于1939年5月，推广至宁夏全省各县戒烟院（所）使用。

1939年5月16日前后，宁夏省戒烟医院在《宁夏民国日报》刊登售药启事：

查本院前奉主席令，限于本年（1939年）七月以前，将全省烟民一律肃清。惟本院及各县分院以房屋有限，不能普遍收容，恐有向隅之感。

再查现时烟价高昂，吸食鸦片者贫民居多。本院兹为减少各烟民痛苦，及早戒除烟毒起见，精制林（林字牌）、六（六字牌）各类戒烟丸药，按本出售，不取分文。而此类丸药前曾出售，深蒙各界纷纷购服，实验极效，较之他种戒烟丸药胜于数倍。

至配制原料，系捡购上等药材，力加研究，不使服者感受痛苦。所有上项戒烟丸药，业经配制齐全，零整出售。恐未周知，用特登报。即希黑籍（烟民）同胞从速购服，早脱苦海为盼。此启。

价目附后：

一、林字戒烟丸药，每料（甲、乙、丙、丁、戊、己、庚）定价三元九角。甲种每两定价一元七角，乙种每两定价一元四角五分，丙种每两定价一元二角五分，丁种

[1]赵晋熙：《马鸿逵的“禁烟”》，载《宁夏文史资料》第8辑（内部资料），1981。

每两定价一元，戊种每两定价八角，己种每两定价七角，庚种每两定价二角。

二、六字戒烟丸药，每料（甲、乙、丙、丁、戊、己、庚）定价三元六角五分。甲种每两定价一元四角五分，乙种每两定价一元二角五分，丙种每两定价一元一角五分，丁种每两定价一元，戊种每两定价八角，己种每两定价七角，庚种每两定价二角。

总售处：宁夏省戒烟医院。

代销处：德泰永、协同泰、益寿长、协力厚、兴盛岐。[1]

据《宁夏民国日报》1939 年 6 月 7 日报道："省政府在各县设立戒烟医院多处，拟于最短时间内将全省烟民烟瘾完全戒绝，以清毒害。因未能尽量收容，为谋各烟民戒烟便利，曾由戒烟医院在省垣广设立代销戒烟药丸处，以资各烟民购服。该院以前次规定所售之戒烟药丸，系各种烟丸集一大包，价目较多，一般穷苦烟民多无力购买，特将药丸分种出售，每种一包，俾使各烟民选择购用。"[2]

1940 年 6 月 13 日前后，宁夏省垣德泰永号药店在《宁夏民国日报》上刊登《经售林字戒烟丸药启事》："本号奉宁夏省民政厅委托，将戒烟医院各种林字戒烟药丸代为

[1]《宁夏民国日报》，1939 年 5 月 16 日。
[2]《宁夏民国日报》，1939 年 6 月 7 日。

销售，以应未从受戒同胞服用。兹值禁政申严之际，凡我同胞染有烟癖者，希速来本号购用，俾使个人早脱苦海而利国家禁政，莫致良机错过为荷。”

后来，德泰永号药店扩大销售林字戒烟药丸，除在宁夏省城总发行外，又在宁夏省城西大街兴盛岐药店、中卫县城鼓楼西大街德泰永药店设立分销处，在平罗县城德源药店、绥西陕坝镇广和义药店设立代销处。

1940 年 7 月 14 日前后，德泰永号药店林字戒烟药丸总发行处及上述分销处、代销处在《宁夏民国日报》上刊登启事：“值此抗战建国时期，政府禁烟逐渐申严，凡我烟籍同胞自应从速戒除。本号有鉴于此，承制各种林字戒烟丸药，以供同胞之需。曾蒙宁夏省府批准、民政厅备案，特许专售。现已将该药分别装置就绪，希有志戒烟同胞早悟烟毒之害，企望购服，早日戒绝，俾使脱离苦海而利禁政。本号为便利远方同胞购服起见，特在各县、市、镇筹设代销处，如愿代销者，请来本号接洽，必予相当利益。”

1944 年，为铲除鸦片毒害，戒除省垣少数贫苦烟民之烟瘾起见，宁夏特自行大量配制林公戒烟药丸，省政府交由社会服务处负责施舍省会各区贫苦烟民服用。

社会服务处奉令后，于 1944 年 3 月 2 日开始施舍，按日分发，凡省垣染有鸦片嗜好的贫苦烟民，均可到社会服务处登记，免费按日领药。报载，当时“领药烟民情形踊跃，谅于最短期内，对一般沉溺烟毒的贫苦同胞，不难将恶劣嗜好戒除净尽"[1]。

此外，1941 年 2 月下旬，省财政厅亦"赶制各种戒烟良药，以备烟民之用"[2]。

省垣其他一些医院、诊所也纷纷研制并使用戒烟新法，也取得了一定的疗效。

1943 年 4 月，省垣贺兰医院创制并使用"泡液戒烟法，既少痛苦，又省费用，半月断净"[3]。

1943 年 5 月 21 日前后，省垣慈善诊疗所以新法戒烟，受到一些烟民的赞誉。家住省垣复兴街 38 号的孙殿魁在《宁夏民国日报》上刊登《鸣谢慈善诊疗所新法戒烟启事》："内人嗜好芙蓉（鸦片）癖十载有余，多方设法戒除，均告失败。嗣经友人介绍，住本市慈善诊疗所，未经半月，瘾疾全除，既无痛苦，又省金钱，无以为谢，特登报端，聊表微忱。"

上述省戒烟医院及各县戒烟分院（所）施戒烟民所需伙食、住宿、医药，概由政府供给，不收分文，全省每月共支出经费 16658 元。烟民住院戒烟期间，一些戒烟院（所）还教以手工，如纺线、织毛衣、编制器物等，以期养成烟民劳作习惯，增进烟民谋生技能。并按时对烟民施以相当教育或精神训练，如识字、唱歌、表演抗战戏剧等，以振奋其精神，激发其抗战情绪。因此，宁夏未按照国民政府

[1]《宁夏民国日报》，1944 年 3 月 3 日。

[2]《宁夏民国日报》，1941 年 2 月 25 日。

[3]《宁夏民国日报》，1943 年 4 月 21 日。

中央规定，再设强民工厂。[1]

例如，灵武县戒烟所（院），设所长、会计、事务员和警卫。县政府下令各区、乡保先行登记烟民，并造册备案，然后分批分期将烟民送往戒烟所施戒，每批 300 名，每期 1 个月。烟民入所后，铺盖被褥、伙食等均由戒烟所供给，每日发给烟民一粒戒烟药丸。烟民不许接受家属所送饭食，警卫人员检查得非常严格。戒烟期满回家时，每人要写出“今后绝不再吸烟，如有所犯，定受重罚”的保证书。

当然，戒烟所内也没有采取什么其他活动来配合药物进行戒烟，仅仅是将烟民隔离起来，在监督下让他们吸不上烟，不管多大烟瘾也得忍耐。这样强制性地看管治疗一个月，也基本上能起到戒烟的作用，不少吸食大烟成瘾的人，在戒烟所内被这种办法治好了。[2]

据 1939 年春，省民政厅调查所得，宁夏全省烟民总计 14286 人，其中男 9166 人、女 5120 人。分别为：宁夏县 3003 人，男 1920 人、女 1083 人；宁朔县 1302 人，男 920 人、女 382 人；平罗县 1099 人，男 789 人、女 310 人；金积县 456 人，男 359 人、女 97 人；灵武县 1737 人，男 1218 人、女 519 人；中卫县 1400 人，男 869 人、女 531 人；中宁县 1252 人，男 854 人、女 398 人；盐池县 287 人，男 173 人、

[1]《十年来宁夏省政述要·民政篇·禁烟》，1942 年。

[2] 陆必亚、贺瑛：《对灵武县鸦片烟禁种、禁吸的回忆》，载《灵武文史资料》第 1 辑（内部资料），1989。

女 114 人；同心县 383 人，男 231 人、女 152 人；磴口县 378 人，男 243 人、女 135 人；陶乐设治局（县）262 人，男 158 人、女 104 人；阿拉善旗定远营 199 人，男 113 人、女 86 人；宁夏省会 2528 人，男 1319 人、女 1209 人。[1]

至 1939 年年底进行烟民登记，全省已戒烟民 99278 人，尚有未戒烟民 24286 人。其中，省会（今银川市）4528 人、宁夏县 5003 人、宁朔县 2802 人、平罗县 2599 人、金积县 956 人、灵武县 2237 人、中卫县 2400 人、中宁县 2252 人、盐池县 287 人、同心县 383 人、磴口县 378 人、陶乐县 262 人、阿拉善旗定远营 199 人。

在这种情况下，复经 1939 年、1940 年两年的勒戒，至 1940 年年底统计，宁夏历年共戒除烟民 118234 人。其中，省会（今银川市）19717 人、宁夏县 32085 人、宁朔县 13522 人、平罗县 15113 人、金积县 3495 人、灵武县 10052 人、中卫县 10749 人、中宁县 10530 人、盐池县 572 人、同心县 870 人、磴口县 1025 人、陶乐县 339 人、阿拉善旗定远营 165 人。[2]

1940 年，省政府主席马鸿逵在《元旦告全省同胞书》中指出：

宁夏自民国十六年（1927 年）以来，产烟甚多，

[1]《宁夏省临时参议会第一届大会记录》，1940 年。

[2]《十年来宁夏省政述要·民政篇·禁烟》，1942 年。

吸者甚众，蒙祸最惨，此固尽人皆知之事实，政府早具禁绝决心，本主席于《西北之两大问题》讲演中已明白揭示，并详告办法与步骤。以吸者过多，为因地制宜计，故先行禁种，期能杜绝来源，则吸者自少。

现中央六年禁绝之期，已于二十九年（1940年）12月31日届满，既经迭颁明令，雷厉风行，本省府亦自奉行惟谨，不稍敷衍。查本省烟民，迭经多次调查，似逐次均有大量减少，但为数仍多。

夫烟毒有万害而无一益，一榻横陈，情同僵尸，健康、事业悉丧失于烟雾弥漫之中。……吾同胞应切自警惕，且烟毒之癖非决心不能戒除，若能自下决心，恢复健康，易如反掌，何苦沉溺不悟，至自斲伤身体，耗费资财。

我绅耆父老应协助政府广事宣传，对乡□之不幸而染有烟癖者严加督促，则必能收效于无形之中。[1]

在1940年1月召开的宁夏省临时参议会成立及第一届大会上，省民政厅在工作报告《关于推进禁政情形》中云：

对人的方面，则积极推进禁吸工作，以减少消耗分子，增加生产力量。惟禁吸一项，较为繁难，既不可操之过急，复不能听其自然。

---

[1]《十年来宁夏省政述要·杂项·省政文告》，1942年。

去冬（1938 年），先于省垣设立禁烟医院一所，将省垣烟民分期传戒，办理数期，成效甚佳。今（1939 年）春即推动各县，每县设一分院，普遍实施。计平罗一处、朔县一处、中卫一处、中宁一处，金积、灵武并设一处，盐池设一戒烟所。（宁）夏县因在省城附近，故未另设，该县烟民送省垣戒烟医院施戒。省垣戒烟医院因敌机不时轰炸，于（1939 年）三月间迁于新城，近复扩充内部，增加烟民数量。

现省垣已办至第六期，各县分院已办至第四期。全省各戒烟医院每期一月，共可戒绝烟民二千一百人。烟民之伙食、医药概由公家供给，不取分文，每月共开支经费一万五千余元，由省库筹拨十五万元指定为戒烟专款。

至同心、磴口两县，因回民居多，吸烟者寥寥无几，故未设所传戒，责成保甲长的督促自动戒除。

全省烟民预定于明年（1940 年）二月底完全戒绝。过二月以后，如仍有少数顽疲烟民不能戒绝，或戒后复吸者，决即严行处治，不稍宽纵。中央限定本省二九年（1940 年）年底禁绝，必能遵限完成也。[1]

在《宁夏省政府二十九年度行政报告》中，关于鸦片“禁

[1]《宁夏省临时参议会第一届大会记录》，1940 年。

吸部分”称：“依照二十九年度禁烟计划……普设戒烟医院，以中药试戒……除平罗、宁夏、宁朔、中卫、中宁、金积、灵武、盐池等七县，共设戒烟医院（所）七处外，并为扩大施戒区域，遂令未设戒烟医院县份烟民，勒令向就近县份之戒烟医院戒除烟瘾。截至二十九年（1940 年），全省烟民大部肃清，惟尚有少数偷吸烟民，已在严厉查禁之中。”[1]

当时，宁夏全省尚有未戒烟民 5330 人。其中，省会 1451 人、宁夏县 995 人、宁朔县 391 人、平罗县 495 人、金积县 256 人、灵武县 462 人、中卫县 262 人、中宁县 348 人、盐池县 103 人、同心县 183 人、磴口县 163 人、陶乐设治局（县）112 人、阿拉善旗定远营 109 人。[2]

（三）行政机关公务人员与学校教职员戒烟

“公务人员为民众之表率”，对于那些染有烟毒嗜好之行政公务人员，宁夏省政府规定一律不准任用。在任职之初，即令出具不吸烟承诺书，事后则明密考查，以痛除恶习而肃官箴。

早在 1933 年 3 月马鸿逵任宁夏省政府主席，即勒令省政府各机关工作人员限 3 个月完全戒绝吸食大烟，并规定

[1]《宁夏省政府二十九年度行政报告·禁烟》，1940 年。

[2]《十年来宁夏省政述要·民政篇·禁烟》，1942 年。

了《禁吸办法》[1]：

（1）奉令十日内，将本机关所有职员取具不吸食鸦片甘结，须有三人保证，署名盖章，由本机关依限汇送省府查核。

（2）本机关有素食鸦片者，限令一月内自行戒除，呈请鉴定，可证明其是否戒除，如确系戒净，应给予证明书，否则撤职，仍送戒烟所严行戒除，以实行戒断为限。

（3）如系形迹可疑，实行调验，倘有烟癖，送戒烟所勒令戒除，但已出有不吸鸦片甘结者，系证人连带负责，应受同等处分。

对无烟毒嗜好之公务员，在任用之初，即令出具不吸烟切结，且按照具结保证办法，通饬所属机构一体遵照办理，并令饬秘密检举。

自宁夏省政府针对公务人员制定《禁吸办法》，令饬各级机关遵照后，宁夏各级机关公务人员“大为振作，纷纷各具甘结，以示坚决”，至1933年7月，宁夏“各机关公务人员依照第一条（规定）办法所具甘结均已齐备，即汇呈省府”[2]。但是，仍有一些机关公务人员暗中吸食大烟。

为此，1934年6月，宁夏省政府发布严令公务员戒烟《通令》，重申禁令，限各级机关公务人员有烟癖者，以一月为限一律戒绝。否则，以各级机关主管是问。《通令》中曰：

[1]《宁夏近况》，《开发西北》1934年第2卷第4期。

[2]《西北文化日报》，1933年8月7日。

前以本省烟政应从禁吸入手，禁吸办法应从官厅首倡，以身作则，推之民间，自必风行草偃，业将禁吸步骤令饬所属各机关遵办，并取具切结在案。嗣因战事（孙马战争）发生，政务多半停顿，而禁吸调验未遑顾及。

现值减政裁员，从事整顿之际，尤应赓续进行。无论任何机关，务期注重精神，用一人得一人之用，不得仍前泄沓，相习成风。

为此重申前令，本省各机关对于职员确实检查，有烟癖者勒令戒断，有嫌疑者严行调验，限一月内肃清，出具切结，报由本府查核。倘禁办不力或玩视功令，一经发觉，定以主管是问。须知本省府已具有决心，绝不使所属机关有吸食鸦片者存在。仰各共体斯旨，切实奉行，勿忽为要。切切此令。[1]

1934 年 7 月，马鸿逵撰文并在省政府纪念周发表讲演《西北之两大问题》，其中就行政公务人员“禁烟问题”指出：

在西北还有一个重大问题，就是禁烟问题。

这件事在去年曾令各机关切实办理，已经吸食的人限期令他们戒绝，未曾吸食的人，令他们取保具结，

[1]《西京日报》，1934 年 6 月 17 日。

准备随时调验。这是各机关已经遵办呈覆过的事，中因战事关系，未经详查，有的人对此好像有些松懈。

各位知道，这种关系非常重大，要使宁夏社会进步，要使宁夏政治事业进步，非从这里入手不可。我们可以说，如果公务人员不能禁绝烟癖，整个的禁烟计划就无法实行，禁烟的计划无法实行，宁夏的一切建设，即永远没有成功的希望。

我常说，行政机关好比发电机一样，必须先使本身健全，然后才能使其他受电的小机器完全发动。古人说得好："其身正，不令而行；其身不正，虽令不从。"公务员如果没有精神，没有健康身心，如何能够表率一般民众呢？所以，我们要抱定决心，无论办理如何困难，对这种不良嗜好，须要彻底肃清。

有人说，某人虽有嗜好，可是他很有能力，那个地位离了他不行。我们哪怕找不到相当的人，把那个缺暂时空下，有嗜好的人决然一个不能通融。

各位有的从事政治，有的服务教育，须知政治关系人心，教育关系文化，若对此事办不好，所有一切政治、教育绝对办不好的。

……但是民间积痼已深，尤要公务人员抱定决心，用斩钢截铁精神去切实奉行，并倡导民众，使一般的人都有奉行的决心，都有奉行的精神，然后才能用上下一体的力量，消灭种烟的祸根。[1]

1935年4月8日，国民政府军事委员会委员长兼禁烟总监蒋介石发布禁政字第776号令："党政军服务人员为齐民之表率，吸食烟毒，早所不许。值此厉行禁政之际，凡向染嗜好者，应如何痛自警省，及早戒除。但恐暗中吸食烟毒者仍或不免，亟应严行检举，以肃禁政。"并附《检举党政军服务人员吸食鸦片烟及毒品施行办法》及《切结总表式样》各一份。

据此，1935年5月1日，宁夏省政府发布秘三字第6052号训令，转发该令与附件，"饬属一体遵照"[2]。

在严令行政机关工作人员戒烟的同时，1933年8月，宁夏省教育厅"以当地人民患有烟癖者比比皆是，即身居领导青年学生之教师亦有少数分子，因积癖难除，相沿沾染，不从事戒除者，贻害青年学生莫此为甚"，特拟订《宁夏省教育界禁烟暂行条例》。

一、本条例根据省政府训令第805号订定之。

二、如在宁夏教育界服务人员之有烟瘾者，统限于本条例公布后，三个月内戒绝。

[1] 马鸿逵：《西北两大问题》，《西北问题》1934年第1卷第1期。

[2] 宁夏省财政厅编《民国二十四年(1935年)度宁夏财政年刊》，1935年。

三、凡有烟瘾者，自本条例颁布后半月内，即向各地教育主管机关自首，出具《志愿戒绝书》，由各主管机关汇报教育厅。

四、各县教育局长及各级学校校长于奉到此项条例后，即须严饬所属之有烟瘾者，速行遵照第二条办理，并将所属之有烟瘾者详为调查，造具名册，呈报教育厅备案。

五、县教育局及省立中学校长如对于所属查考烟瘾者有瞻徇情面，不具实呈报或逾期不报者，即依照《禁烟考绩条例》第七条第二款第五条三、四、五款严行处罚。（《禁烟考绩条例》第七条，禁烟机关人员应行惩戒之事如下：第三款，查禁不力，办理戒烟，因循敷衍，境内仍有吸食鸦片或其他代用品者。第五条，禁烟机关人员应行惩戒之办法，三停职，四降级，五褫职。）

六、所有各教育机关及各级学校服务人员均须取具不吸食鸦片甘结，并取得同级三人以上之保证，由各主管机关依限汇报教育厅，转报省政府备查。因凡已具不吸食鸦片甘结而仍发现其有嫌疑者，除依照《公务员调验规则》第三、四条调验外，并将保证人依法加重处分。（《公务员调验规则》第三条，公务员有吸食鸦片嫌疑，即予调验。其有吸食代用品，如金丹、百丸，或施打吗啡以及其他麻醉品者亦同。第四条，公务员被检举或告发有前条嫌疑时，经通知后，应即听候调验。抗拒不遵验者，应即停职并强制执行调验之。）

七、（缺载）

八、经调验认有确证者，即送法院，依照《刑法》各条加重处分。（《刑法》第275条，吸食鸦片，或施打吗啡，或使用高根、安洛因及其他合烟料者，处一千元以下之罚金。）

九、本条例公布三月后，在教育界服务人员凡有吸食鸦片者，无论新、旧瘾，一律送法院，依照《刑法》第二百七十五条及《禁烟法》第十一条治罪。（《禁烟法》第十一条，吸食鸦片、施打吗啡及使用代用品者，处以六个月以下有期徒刑、拘役或三百元以下之罚金。有瘾者，并应限期令其戒绝。）

十、凡在教育机关服务人员，无论何人，在本条例颁布三月后，被人检举有吸食鸦片嫌疑者，依照《公务人员调验规则》第三、四两条调验之。经证实后，即依照本条例第九条及《禁烟法》第二条下半段严惩之。（《禁烟法》第二条，凡在中华民国十八年三月一日以后吸食鸦片者，依《刑法》第二百七十五条治罪。）

十一、凡未遵限戒绝烟瘾者，除将本人依照本条例第七、八、九、十条办理外，并将该主管机关负责人依照《公务人员调验规则》第七条处分之。

十二、凡调验无确证者，即依照《公务人员调验规则》第十一条（公务人员调验无确证者，应做成证明书，选登政府公报。亦曾经停职，应立予复职。告发人或检举人如系故意诬陷者，应送法院依《刑法》及本条例从严处罚，并负担前项登报之费用）办理，除将本人复职外，并将告发人送法院，依照《刑法》及本条例加重惩处。

十三、凡受调验者，应由教育厅指定医院行之。

十四、本条例如有未尽事宜，得由教育厅提出，省府会议修改之。

十五、本条例自省委会通过后公布日施行。[1]

1936年，奉国民政府军事委员会委员长兼禁烟总监蒋介石令，宁夏办理全省行政人员检举吸食鸦片及毒品之事，并颁发实施办法，饬令依法检举，汇案呈报。

宁夏省政府奉令后，分别函令全省各行政机关查照办理，连同所具切结总表，一并汇呈军事委员会委员长兼禁烟总监备查在案。据1936年行政院秘书处编印《二十五年行政总报告》中记载："本省省垣行政人员业经出具切结508张，连同总表，一并汇呈军事委员会委员长兼禁烟总监备查。"[2]

同时，1936年宁夏省政府严令各县检举行政人员吸食烟毒。考虑到各县行政人员之检举尚在检举中，多未办竣，

[1]《西京日报》，1933年8月16—18日。

[2] 行政院秘书处编印《二十五年行政总报告·宁夏·禁烟》，1936年。

“特严令未办竣县份赶快办齐，统限1936年终呈送到省（政府），以凭汇转”[1]。

为彻底推行行政公务人员禁政起见，1940年12月间，经宁夏省政府委员会第112次会议议决，由省民政厅卫生实验处会同办理全省染有烟毒之公务员调验事宜。[2]

为厉行对行政公务人员染有烟癖考查计，1941年2月，宁夏省政府复经厘定了《宁夏省公务人员吸食烟毒调验暂行办法》，规定：

（1）验收人员宿舍由卫生实验处负责办理，衣、食设备由省财政厅派员办理，送验管理由省民政厅负责办理。

（2）被调验人员以下列为限：①主席检举认为有调验之必要者。②各机关主管送验者。③被他人检举者。

（3）凡被调验者，自调验之日起，其原服务机关暂行停职。经调验后，认为无烟毒嗜好者，即发给证明文件，始准其复职。被调验间，不得任何机关录用。

（4）调验为有毒品嗜好者，准其具结，一月内自行戒除，由各机关主管再送实验处复验，如仍未戒绝，处以六月以上、二年以下之有期徒刑，并令各机关永不录用。

（5）被调验者，在调验期间，无论亲友，概不准接见，亦不准馈送任何礼物，如经查出，有传送礼物含有毒品者，

[1]《宁夏禁政之一斑》，载《拒毒月刊》1937年第112期。

[2]《十年来宁夏省政述要·民政篇·禁烟》，1942年。

处送物人五年徒刑，处管理人十年徒刑。

（6）凡被调验者确无嗜好，而检验者故意认以有嗜好；或确有嗜好，而通情发给无嗜好证明文件者，处检验人五年徒刑。

从 1941 年 2 月 1 日开始，在省政府侍卫队所在地，设立了宁夏省公务员禁烟调验处，对有吸食烟毒嫌疑者，认真调验，一经检查确实，即从严惩处。

此次宁夏行政公务人员禁烟调验推行颇为顺利，“办理数月，即将全省各机关染有烟毒之公务员彻底肃清”[1]。

1941 年 5 月，宁夏省政府召开省政会议，为严禁公务人员吸食烟毒，以除害根，在施政报告中特别指出：“本省公务人员在任用之初，即令出具不吸烟切结。本年度（1941 年度）为厉行查考计，复经厘定吸食烟毒调验办法，先行调验公务人员，其有吸食毒品嫌疑者，一经检查确实，即从严惩办。”[2]

为此，1941 年秋，宁夏还专门设立了省垣公务人员禁烟调验所，“自创办以来，对（省垣）各级公务员之调验事宜推行颇为顺利，成绩亦极优良”。

1942 年 4 月，宁夏省政当局依照《肃清烟毒调验规则》与内政部咨文，“以肃清烟毒调验规定，各县市政府应设置调验所，专办调验事宜。其尚未设有调验所者，暂由县

[1]《十年来宁夏省政述要·民政篇·禁烟》，1942 年。

[2]《宁夏民国日报》，1941 年 5 月 9 日。

市政府指定县市立医院或县市境内卫生机关或私立医院办理调验事宜”[1]。要求全省各县设立公务人员禁烟调验所，以不断肃清各级公务人员之烟毒。

（四）禁售鸦片烟膏私货

在禁吸的同时，宁夏还通过严厉禁止私售、限制烟膏店售烟等办法实施烟土统制专卖。

宁夏自 1937 年实行烟土统制专卖政策后，一般小商仍多设肆私售烟土，供给烟民吸食，以图牟利。致使许多烟民表面上虽系凭“戒烟执照”购吸，实则仍向私设烟肆偷买烟膏，以饱烟瘾，从而影响禁吸工作的顺利进行。

为此，宁夏省政府一方面令饬各县禁烟委员会严密查禁，使禁吸要政顺利进行；一方面对各县零星烟膏店加以整顿。

由于各烟膏店所售烟土系向产烟农户采购，自由售卖，无从限制，宁夏省政府故于 1937 年冬，令饬各县限定地点设立烟膏店，烟民必须凭“戒烟执照”购吸，若查有私售或不凭“戒烟执照”售烟，即予以严厉之处分，使禁政前途期收宏效。[2]

其实，当时宁夏的大小烟馆、烟店只要出售“官烟”，按时纳税，就可以公开营业，成为官烟销售点。如在灵武

---

[1]《宁夏民国日报》，1942 年 4 月 6 日。

[2]《十年来宁夏省政述要 · 民政篇 · 禁烟》，1942 年。

县城，当时就有数十家这种烟馆、烟店，大者每天出售 30 两至 40 两之多，小者每天出售 3 两至 5 两不等。

此外，还有一些在集市、街巷设摊卖烟膏的。这些设烟馆、开烟店、摆烟摊的烟贩都在当地善后局或烟膏局进行了登记，只要按时交税，就可以公开销售大烟。[1]

同时，宁夏还制定了“烟灯捐”，又称“烟灯税”，由各地公安局负责征收，通过保甲人员，将烟民登记造册，按烟灯征收捐税，每灯每月多者 1 元，少者 5 角，视其家中吸烟人数多寡或家庭状况而定。并发给购烟折子，每天在官烟铺店购买，按日登记，如有短缺，则视为偷买私烟，必予处罚。[2]

当时，宁夏流传着这样一首民谣：“禁烟不禁卖，烟灯还收税。什么都要捐，唯有屁无税。”

据载，仅 1934 年，宁夏省城内就征收烟灯捐税 4 万余元。[3]

1940 年 11 月 20 日，《宁夏民国日报》发表题为《政府严厉禁烟》的短评：“政府六年禁烟计划分期禁绝，近中满期，现在除了加紧肃清国内烟毒外，并规定办法禁绝

[1] 陆必亚、贺英：《对灵武县鸦片烟禁种、禁吸的回忆》，载《灵武文史资料》第 1 辑（内部资料），1989。

[2] 康瑞天：《民国时期中卫禁种鸦片烟史话》，载《中卫文史资料》第 6 辑（内部资料），1995。

[3] 陈赓雅：《西北视察记》，载《近代中国史料丛刊续编》第 16 辑，1934。

海外侨胞的吸食。本省过去烟祸最烈，经政府数年来的努力，已经收到很大成效。不过，我想仍然会有人暗中吸食，现在再郑重地来说，六年禁烟期限快满了，到期再吸，再卖，是要处死刑的。”[1]

在《宁夏省政府二十九年度行政报告》中，关于鸦片“禁售部分”称：“在二十九年，为杜绝烟民食烟来源起见，所有各县普设之土膏公卖局，自元月份起一律撤销，并同时令饬各县警察局及保甲人员严密查禁私设之烟馆，以期如限完成计划。”[2]

（五）禁运烟土与各类毒品

1. 实行禁运与查缉私货

据 1935 年 12 月 17 日《甘肃民国日报》报道，（宁夏）省府为严防私烟偷运，曾在要隘设关卡，拨省保安处骑兵数十名，分驻各处缉拿私贩，防止偷漏。

因该保安骑兵归部训练，各要隘便空虚无人，省府又特训令（禁烟）善后总局并金积、灵武及盐池、预旺各分局重新由该分局辖境内招募缉私骑兵，组织巡队，以便防守。

各分局奉令后，即积极从事招募组织。

当时，宁夏烟土贩运十分猖獗，据《拒毒月刊》1935 年第 95 期文章《北平市西郊查获烟土一批——五人赴宁夏

---

[1]《甘肃民国日报》，1940 年 11 月 20 日。

[2]《宁夏省政府二十九年度行政报告·禁烟》，1940 年。

贩卖绒线，归途偷运烟土》云：

北平讯，前日下午2时许，（北平）侦缉四分队队长李长林及八小队队长马嵩，带领探目吴世斌、金锡年等，正在西郊香山小屯村一带侦查案件之际，见有卖绒线人五名，各携绒线大木箱两个，由远处走来，箱内似甚沉重，认为可疑，当即上前询问从何处来。

该五人声称：系自南口返平。该队长等当令一齐站住，施行检查。检查箱内上层，均系绦带（用丝线编织成的花边或扁平的带子）、化妆品等物。检查至下层，见有白纸包甚多，打开验视，全以烟土。

于是，将五人带队详细讯问。据五人供称：一名卢士俊，河北献县人，现年四十一岁；一名卢宝楼，河北交河人，现年四十九岁；一名张占山，河北献县人，现年三十五岁；一名张景全，河北献县人，现年三十七岁；一名王秀春，河北阜城县人，现年四十五岁。

该五人均系卖绒线小贩，春间曾赴甘肃、宁夏一带做买卖，所赚钱财，伊等均在宁夏一带购买烟土，拟带回河北河间、河南浚县等地贩卖，此系实情等语。并称所带之烟土共重五十余斤，计八百余两。数千里长途，重要关卡均经闯过，不意至此，竟被捕获。李长林、马嵩两队长讯明后，定于昨日即将人犯五名连同烟土五箱，一并解送总队转解公安局究办。

为严防私烟贩运，宁夏自 1937 年开始实行烟土统制售卖政策时，即于省禁烟委员会及各县禁烟委员会分会设有缉私马巡队和缉私步巡队，分头巡逻，以防止私货之输出和毒品之输入。省垣 6 个城门（包括小南门和小北门）均设置检查站，省内各关隘、路口、渡口都设有专人稽查，严禁私人和商号无证私购、私运和私藏大烟，并明榜告诫："一经查出，烟土没收，人必法办，言出法随，决不姑宽。"[1]

如 1938 年，省军法处接到密报，说灵武发盛永商号私藏和私售烟土。军法处长程福刚立即派军队包围了这家商号，查获烟土 800 余斤，并将商号经理与查获的烟土（分装在 2 缸、4 罐子、4 老盆内），用两辆轿子车押送省军法处，将经理关进监狱，烟土没收。

此事件后，灵武善后局又在烟户张明家中查出藏在牛头罐内的烟土数十斤，全部予以没收。[2]

后来，省及各县禁烟委员会裁撤，此项查缉私货任务，则由各地方税局负责兼办。

在《宁夏省政府二十九年度行政报告》中，关于鸦片"禁运部分"称："依照二十九年禁烟计划，为杜绝烟土来源起见，在已购归公有者外，其在民间存烟土，不准运外销售，

[1] 牛星奎：《宁夏禁烟宣传队与所谓"厉行禁烟"》，载《银川文史资料》第 5 辑（内部资料），1990。

[2] 陆必亚、贺英：《对灵武县鸦片烟禁种、禁吸的回忆》，载《灵武文史资料》第 1 辑（内部资料），1989。

外省烟土亦不准偷运入境，所有稽查私运任务，严令各县地方税局负责。实施以来，烟土来源即告绝迹。”[1]

1941年5月，宁夏省政府召开省政会议，为禁绝祸根计，在施政报告中特别指出：“本省烟土已告肃清，但外省烟土运入本省销售，希图渔利。嗣后，无论任何人查获烟土，一律充公，人犯予以枪决，所经之局、卡及县、乡、保、甲等人员连坐处分。”[2]

2. 制颁《查禁外省土药贩运入境给奖办法》

1938年宁夏禁种大烟工作完成后，省内外烟价时有涨跌，一些贪利奸商不顾禁令，有将外省烟土偷运到宁夏境内出售，或有将宁夏烟土偷运到外省销售，贻害民众。

为禁绝偷运烟毒，并鼓励本省党政军各界人员以及各县、局、卡、乡、保、甲和民众积极查获私货起见，1940年12月初，宁夏省党部、宁夏省政府、驻宁第十七集团军总司令部会衔制定并颁布了《查禁外省土药贩运入境给奖办法》，规定：“如查获有外来（烟土）运入本省境内，或本省烟土偷运外省者，即将私货充公，人犯严办，并依法给奖，以示鼓励，而完禁政。”该办法中云：

> 查烟毒之为害，有如洪水猛兽，残身荡产，莫甚于此，以故中央对于禁烟一项早具最大决心，并分期

---

[1]《宁夏省政府二十九年度行政报告·禁烟》，1940年。

[2]《宁夏民国日报》，1941年5月9日。

禁绝步骤通饬遵照各在案。

本省秉承中央意旨，前于二十七年（1938年）已将禁种一步业经做到。至于禁吸、禁运各步骤，均在积极次第实施中，所有外来烟土，运入本省境内销售者，亟应严加查禁，以绝祸根。

近获密报，仍有贪利奸商及不肖之徒，仍然利令智昏，不顾政令，致将外省烟土运入本省境内销售，贻害宁民者。特规定《查禁外省土药贩运入境给奖办法》：

一、本省为贯彻禁烟政策起见，凡属外省土药，绝对禁止运入本省，倘敢违令贩运，一经查获，除将人犯枪决正法外，土药及附物、牲畜等悉数没收充公。

二、凡私运外省土药奸商，经过入境第一道地方税局卡或驻有督察处地点及县政府、警察局、区乡保甲长未经查觉，而被第二道各地方税局卡或驻有督察处地点及县政府、警察局、区乡保甲长查获者，即将漏查第一卡局或军警督察处人员严予重惩，并将该管县长、警察局长、区乡保甲长连坐治罪，以昭炯诫。

三、各县地方税局所属各分卡及当地驻在党政军各级公务人员、各级官佐与各县、区、乡、保甲人员，倘能查获外省土药运入本省境内，准予提支土药变价之三成作奖。

四、凡属各界人民秘密报告隐瞒偷运外省土药，因而缉获者，准予立时提给土药变价之三成作奖。

五、各县民众如有藏匿不报私运外省土药之商人时，查出依法重惩。[1]

1941年2月21日，宁夏省党部、省政府、驻宁第十七集团军总司令部以“本省数年以来，对禁烟等政大见成功，计禁种一层，早经彻底完成。禁吸一层，亦已完成大半。禁运一层，省内另有严厉办法，而省外土商难免不多方偷避运入，当局为设防上项弊窦计，再次会衔颁布布告，重申上述规定，并重申严禁外土入境……如经查觉，即按连坐办法，从重治罪”[2]。

1941年5月初，召开的宁夏省临时参议会第一届第三次大会上，省政府主席马鸿逵向大会提交《宁夏省政府施政报告》，在关于“民政部分”中指出：

严禁烟毒，以除害根。烟毒为害，由来已久，吸食之人匪特倾家荡产，且可戕身灭种，中央既严令禁绝，本省已厉行禁止携毒苗。然积重难返，亟应严厉执行，以期根本廓清。

本省公务人员在任职之初，即令出具不吸烟切结。本年度为厉行查考计，复经厘定吸食烟毒调验办法，先行调验公务人员，其有吸食毒品嫌疑者，一经检验确实，即从严惩办。并曾研制有效药丸，在省垣及各

[1]《宁夏民国日报》，1940年12月16日。
[2]《宁夏民国日报》，1941年2月22日。

县设立戒烟医院共七处，分期施戒，俾资引渡，深恐出院后复行吸食，当经饬由各县警察局暨各该管保、甲长当时检查，彻底肃清。

现为禁绝祸根，特规定下列办法：

一、禁运：本省烟土已告肃清，但外省烟土运入本省销售，希图渔利，嗣后对于任何人查获之烟土一律充公，人犯予以枪决，所经之局、卡及县、乡、保、甲等人员连坐处分。

二、收毁罂粟种子：本省毒卉虽早告绝迹，但民间多私存罂粟种子，冀图死灰复燃，决于本年通令各县、局遵照部令，将户民私存种子一律收缴焚毁，以除祸根。

1941 年 11 月，国民政府行政院审核宁夏省政府呈报的《宁夏省三十年度政绩比较表》后，综合各部意见，并经国防最高委员会党政工作考核委员会复核，在审核意见清单中，就宁夏禁烟部分指出："该省对于收毁罂粟种子，已照原定计划将民间私种烟土一律收缴焚毁。对于已戒烟民亦尚能切实……而该省份与陕西省协同联络查缉省份，对于私运应注意"[1]。

3. 制颁《惩罚条例及检查办法》

1941 年 12 月，宁夏省政府为严禁烟毒起见，制定并颁布了《惩罚条例及检查办法》。

[1]《宁夏省政府公报》，1942 年第 150—151 期合刊。

查烟毒之为害，有如洪水猛兽，残身荡产，莫此为甚，政府早具禁绝决心，以铲除此祸国殃民之大害。

本省遵照中央政令，于二十七年春，即经分别令饬查禁，并于二十九年十一月，以财总第299号训令及37号布告晓谕各界，严禁商人贩运烟土入境，违者执行枪决各在案。屡曾告诫，意重词严，原期上符中央爱民之至意，下拯我宁方民众于水火。

奈近密报，现有不肖之徒，由绥境包头各地偷运大宗烟土，运来本省各县及吴忠堡等地行销。似此丧心病狂，只关私人渔利，置国家、民族于不顾，祸国殃民，罪恶已极，若不严于查禁，贻害地方，殊非浅鲜，用在重申前令，详于规定惩罚条例及检查办法如下。

甲、惩罚条例。

第一条，凡商民旅客无论偷运或贩卖外省烟土，一经查获，定将人犯执行枪决，不稍姑宽，其附属物品及驼、驴、货物等，悉予充公，并没收其在籍之家产。

第二条，凡偷运外省烟土入境者，无论在鞍具内或在货物内查出，其货主及驼夫，均一律按照第一条之规定惩办，以免货主与驼夫互相推诿。

第三条，凡在本省境内持有包绥及外省私烟而能自行呈报者，再能指出原售主，经查获后，则持货人可予从轻议处，否则仍须依照第一条办理。

乙、检查办法。

第一条，凡各县政府、各警察局、各驻军部队、各稽查分处所、各地方税局卡，对于入境之商民旅客，须严格检查其行李及身上，以及秘密不易查视之货包、鞍具内，均应详细剖查，不必顾及时间与手续，以期检查周密。

第二条，凡查获外来烟土之人员，而能人、烟并获者，即照章以原所值十分之三给奖，倘能查获大量烟毒而在一千两以上者，得特别从优给奖。

第三条，凡第一条所指定之各机关、部队，均负有检查责任，应依照规定详慎执行，设烟贩由第一线进入，而被第二线机关或部队查获者，则第一线所在之机关、部队，以怠职或卖放论处，设由第三线或第四线查获者，则其经过之以前各线所有机关、部队，均按上述分别议处，余以类推。

第四条，地方乡、保、甲长负有安定地方之责任，对于本管境内应临时考查，设查出户民有和藏外省烟土者，可援照本办法第二条之规定给奖，如被其他人员在该管境内户民家中查出者，则该管乡、保、甲长等均以包庇论处。

以上各条文，除分行外，合亟布告周知，务期各商民等善体政府禁烟之至意，勿再轻于尝试，致于法纪。切切！[1]

[1]《宁夏民国日报》，1941年12月19日。

4. 发布《根绝烟祸，肃清来源》，布告社会各界遵令严缉

5. 严行查禁其他毒品之贩运

海洛因、高根、吗啡以及化合物之红丸、白面等烈性毒品，一般毒民以其便于吸食、刺激力强，无不秘密吸用。迨其既染之后，殊难痛自振救，必至血液枯竭，自速其死，其为害之烈，毒化之惨，较之鸦片有加无已，

宁夏向为烟氛弥漫，交通不便之区，海洛因、高根、吗啡以及化合物之红丸、白面等烈性毒品，虽因交通不便，在宁夏流毒祸害较浅，但考虑到“空中交通及公路交通日益进展，贪利毒商难免不来本省私行贩售，藉获厚利，毒化边民”，宁夏省政府“为严密防范计，即通饬省会警察局及各县政府、警察局遵照《严禁烈性毒品暂行条例》各项规定，严密查缉，以杜毒源，而利禁政”[1]。

此外，1942 年 7 月，内政部咨（渝二字 8652 号）宁夏省政府曰：“查过去各地市售戒烟抵瘾药品，每多掺和毒质，最易流为烟毒之代用品。前在渐禁期内，曾由卫生署制定戒烟药方，分行各省市按方制造，分发各地烟民服用，颇显成效。是以对于市售之戒烟抵瘾药品早经咨请查禁在案。在此厉行断禁期间，不论已否核准，尤应一律严加查禁，以免流毒。除分咨并令饬各烟毒检查团切实注意外，相应

[1]《十年来宁夏省政述要·民政篇·禁烟》，1942 年。

咨达，即希贵省政府查照，转饬所属继续切实查禁，并将办理情形见复为荷。”

宁夏省政府奉内政部咨文，于 1942 年 7 月 12 日，由省政府主席马鸿逵、省民政厅厅长海涛签署发布宁夏省政府训令民祥字第 0070 号，令各县政府、各级警察局：“合行令仰该县、局长遵照，转饬所属切实查禁，并将办理情形随时具报为要。”[1]

6. 公布《禁烟禁毒治罪暂行条例》

鉴于鸦片为害社会，有如洪水猛兽，1943 年 11 月 10 日，宁夏省政府为彻底根绝烟毒，根据国民政府有关法令，公布了国民政府 1941 年 2 月颁布的《禁烟禁毒治罪暂行条例》。[2]

为贯彻执行《禁烟禁毒治罪暂行条例》，厉行禁政，1943 年 11 月 14 日，省民政厅厅长海涛召集省会警察总局各科长、分局局长进行训话，“指示彻底施禁要义。决定自今月（11 月）14 日起，进一步严禁烟土买卖，不论官土、私土，一经查觉，即将烟土充公，对买卖人依法予以严办。同时，准许人员随时告发，藉以灵通查缉”。

同日，省垣各区亦分别召集保、甲长及民众训话，以贯彻执行《禁烟禁毒治罪暂行条例》，彻底实施禁烟，

[1]《饬切实查禁市售戒烟抵瘾药品以免流毒》，载《宁夏省政府公报》，1942 年第 146、147 期合刊。

[2]《宁夏民国日报》，1943 年 11 月 11 日。

“训示政府施禁意义及决心，令一致进行，期得禁绝毒祸之效”[1]。

四、鸦片走私贩运绵延不绝

（一）遏制烟土走私贩运的蔓延

宁夏实行烟土统制垄断专卖后，市场烟土价格不断上涨，而近邻的包头烟价较低（尤其日军侵占包头后，通过商行低价倾销大烟，市场上把包绥的烟土称“北路货”），吴忠、金积、灵武等地的一些富商见贩运烟土有利可图，便与一些权贵勾结，雇人出马，成群结队地跑北路，从包头、绥远一带把烟土偷运到宁夏销售，而且走私的人员越来越多、数量越来越大，甚至发展到雇用人员，配备枪支，组织马帮，搭帮结伙地来往于包绥一带，武装走私贩运大烟，当地不少农民也先后卷入走私贩毒的马帮中来。

由此，跑包绥贩烟的“土客”（泛指武装贩运大烟的马帮）应运而生，一时蔓延开来，烟土走私之势愈来愈烈。[2]

为遏制烟土走私贩运的严重情况，1941 年，宁夏省政府召开省政会议，为根绝祸根计，特在施政报告中指出：“本省烟土已告肃清，但外省烟土运入本省销售，希图渔

---

[1]《宁夏民国日报》，1943 年 11 月 15 日。

[2] 吴克勤：《抗战时期吴灵地区武装走私鸦片概述》，载《吴忠文史资料》第 2 辑（内部资料），1989。

利。嗣后，无论任何人，查获烟土一律充公，人犯予以枪决，所经之局、卡及县、乡、保、甲等人员连坐处分。”[1]

同时，马鸿逵政府加派军队严加巡查缉获，派骑兵第二旅，由磴口黄河东岸，经鄂托克旗、宝塔、灵武一线，设置千里封锁线，严密巡查堵截。还通过驻金积、灵武一带的驻军和当地县政府，向烟贩家中指名要人、要马、要烟土。[2]抓到的走私烟犯，大烟一律没收，人犯重则枪毙，轻则坐牢或罚款。

如在青铜峡和石嘴山一带缉获的烟土走私者，烟土被没收，人犯分别在吴忠、平罗、省城等地执行枪决。[3]

1942 年 5 月，宁夏省政府为严禁贩运烟毒，“以施禁期间，肃清烟毒端赖查缉，而查缉者尤须密切联络，方能发挥效能”，而“各地偷运（烟土）情事仍不时发生，而武装贩运者亦恐未绝”，转饬鸦片所属运路所在地方政府及军警、机关、团体一体协助，“对各边境冲要地区，应严密注意，如一经发现贩运人犯，其住邻近省市应不分畛域，跟踪缉捕，务期拿获”。[4]

---

[1]《十年来宁夏省政述要·总类·其他》，1942 年。

[2]赵晋熙:《马鸿逵的“禁烟”》，载《宁夏文史资料》第 8 辑（内部资料），1981。

[3]牛星奎：《宁夏禁烟宣传队与所谓“厉行禁烟”》，载《银川文史资料》第 5 辑（内部资料），1990。

[4]《宁夏民国日报》，1942 年 5 月 23 日。

6 月，宁夏省政府、驻宁第十七集团军总司令部会衔通饬各机关及军警部队严查运毒，切实遵办，“嗣后遇有查获运输贩卖烟毒案件者，应将人犯及烟毒一并解送审判机关，依法处理”[1]。

1942 年 12 月，宁夏军政当局严厉执行禁政，将各缉毒机关拿获的烟犯李贵、马福元、关云齐、丁凤翔等 11 名，严加审讯，判以徒刑十二年。

1944 年 10 月，省财政厅厅长赵文府在吴忠等地查禁烟贩时，抓获了以查克连（灵武人）为首的一帮贩烟“土客”，后将查克连的人头砍下来，悬挂在吴忠西湖街中的木杆上示众，以震慑贩烟“土客”[2]。

1945 年 9 月 22 日，驻防灵武县的暂编第九师骑兵连在灵武朱墙地方缉获武装烟犯查保显、杨生泰、吴生祯等，携带的长枪 1 支、马 7 匹、烟土 3600 余两，系由包头以黄金换购而来。据报马鸿逵极为震怒，以该犯等武装贩运鸦片，荼毒同胞，违犯禁令，实属罪大恶极，着令将该犯等判处死刑，于 10 月 4 日押赴吴忠镇执行枪决，以昭炯戒，并将所获烟土 3651 两悉数就地焚毁，并予拍照摄影。[3]

同时，宁夏省保安司令部张贴（法字第 23 号）布告：

---

[1]《宁夏民国日报》，1942 年 6 月 5 日。

[2] 陆必亚、贺英：《对灵武县鸦片烟禁种、禁吸的回忆》，载《灵武文史资料》第 1 辑（内部资料），1989。

[3]《宁夏民国日报》，1945 年 10 月 8 日。

案据暂编第九师呈解缉获烟犯查保显、杨生泰、吴生祯等三名、马七匹、大烟三千六百五十一两、长枪一支到部。

经讯，据查保显供称：“于本年（1945 年）六月二十七日，同杨生泰、吴生祯、查保连、杨占魁、吴近泰、张玉麟、杨子玉、杨佩林等九人，携带长枪两支、手枪四支，各带金子二三十两，分别乘马去包头出售，售获价款，共购大烟六千余两。于八月十五日，我们九人，一同由包头动身，并约同烟犯吴万德、吴万盛、杨清保等三人，于（八月）二十二日行至灵武县朱墙地方，被暂九师骑兵连堵缉。我和杨生泰、吴生祯三人均先后被捕，其余吴近泰等九人，或将马匹、大烟抛弃逃走，或乘马跑脱”等语。

又讯，据杨生泰、吴生祯二人供同前情。

查禁烟期限业已届满，本省为贯彻禁令，根绝毒品，迭将缉获烟犯予以惩办，并周知人民不得再行贩卖，致蹈法网在案。

乃该查保显、杨生泰、吴生祯等三人，竟敢携带武器、黄金贩卖烟土，毒害民人。其违背法令，贻害地方，虽死不足以蔽其事。着依《禁烟禁毒治罪暂行条例》第四条第二项上半段之规定，一律判处死刑。除将该犯等派员押赴吴忠镇执行枪决，将缉获大烟三千六百五十一两就地焚毁，以昭炯戒，并通缉逸犯吴近泰九名归案法办外，合行布告各界人等一体周知，勿再贪图厚利，贩运毒品，干犯刑章为要。此布。

计开：查保显，年三十二岁，宁夏省灵武县人；杨生泰，年四十五岁，宁夏省灵武县人；吴生泰，年二十八岁，宁夏省灵武县人；吴生祯，年二十八岁，宁夏省灵武县人。

中华民国三十四年十月四日。主席兼保安司令马鸿逵。

为此，《宁夏民国日报》特发表题为“贯彻禁令，根绝烟毒”的时评：

暂编第九师于上月（九月）二十二日……当局将该犯于十月四日押赴吴忠镇执行枪决，并将缉获大烟（三千五百余两）当众焚毁。

禁烟的期限本来早已届满，竟然有这些不肖分子敢违法贩卖烟土，并且他们还携带武器，像这种武装大批贩卖烟土、毒害人民的人目无法令，心无国家、民族，只知贪图厚利，着实可恨，当局的处治实在大快人心。

“罪恶者死”，才能显示法令的尊严，才能杜绝罪恶的来源，“有毒的东西消灭”，才能根绝人民的毒害。当局此次枪毙了烟犯，又焚毁了烟土，可说是贯彻禁令、根绝烟毒的决心表现。

枪毙了烟犯，就等于枪毙了许多打算贩卖烟土、贪图非分的人心。焚毁了烟土，就等于焚毁了许多人的烟瘾。大家都看见了，都听说了，大家的心理上应该都把烟幕拆除了。

1945 年 10 月 3 日，宁夏省保安处骑兵团一营二连在红崖子地方缉获从包头贩运烟土的烟犯王富贵、李生林二名，搜获烟土 96 两。经审讯后，于 10 月 18 日押赴吴忠镇执行枪决，缉获烟土 96 两悉于焚毁。

同时，宁夏省保安司令部张贴布告。

案据宁夏省保安处呈报缉获烟犯王富贵、李生林二名，烟土九十六两，毛驴两头等情到部。

经讯，据王富贵供称："本年九月四日，同李生林二人携带法币十五万余元，乘船赴包头，以每两一千五百元，买得烟土九十六两。又购毛驴两头，将烟土放在驴鞍子内，拟运回吴忠镇出售。于本月（十月）三日，行至红崖子东七十里补拉庙北处，被骑兵团一营二连连长张振荣查获，解送前来"等语。

又据李生林供同前情。

查鸦片之为害，可以倾家荡产，弱国病民，中央有鉴于是，对于禁烟禁毒早下最大决心。

本省数年以来，执行此项禁令，从未稍事松懈，所有屡次缉获烟犯均经依法严惩。本年十月四日，曾将烟犯查保显等三名押赴吴忠镇执行枪决，缉获烟土当众监视焚毁，以示本省根绝烟毒之决心。一般贪利之辈自当知所警惕，各自敛迹。

乃以王富贵、李生林等二人，竟于（抗战）胜利之后，又复携带大宗法币，前往包头贩运毒品，足征唯利是图，瞀不畏死。着依《禁烟禁毒治罪暂行条例》第四条第二项上半段之规定，一律判处死刑，派员押赴吴忠镇执行枪决，缉获烟土九十六两悉于焚毁，以昭炯戒。除呈报外，合行布告各界人等一体周知。

此布。保安司令马鸿逵。[1]

1945 年 10 月 23 日，宁夏省保安司令部据贺兰县县长李敬荣举报，自绥西开来第十二战区某军汽车 15 辆，于该汽车队队长高振起车上查获烟土两包、熟膏一瓶，当经解送宁夏省保安司令部法办。除将人犯高振起发还该军驻宁夏办事处处理外，将所有查获烟土悉数焚毁。[2]

（二）鸦片走私贩运绵延不绝

抗战胜利后，1945 年 10 月中旬，宁夏省政当局鉴于包绥等地光复，来往商旅频繁，唯包绥陷敌数年，鸦片流毒甚深，唯恐一般不肖之徒借机贩运入省，或本省商贾赴包头贩运，关系禁政前途实大，特令党政军及保甲人员切

[1]《宁夏民国日报》，1945 年 10 月 20 日。
[2]《宁夏民国日报》，1945 年 10 月 24 日。

实注意，严密检查包宁旅客，如有发现携带烟土者，人犯处死，烟土焚毁。倘各级主管人员及所属有勾结运毒，或包庇者一律连坐治罪。[1]

在 1946 年上半年召开的宁夏省政府委员会议上，通过了省民政厅厅长海涛关于宁夏禁政的提议：

> （1）禁烟为战后地方施政中心（工作），按照中枢颁布设置各级禁烟机构之规定，于省会组设禁烟协会，于各县成立禁烟支会等禁烟机构，以期推广宣传，避免鸦片流入。
>
> （2）本省各地人民尚有少数偷吸鸦片者，于省会及各县设立烟民调验所，实施登记、调验各地烟民，勒令限期戒绝，以恢复人民健康。
>
> （3）本省对于鸦片禁种虽早已禁绝，但一般奸商仍不免有偷运贩卖情事。兹为实施禁运，拟于各边境县份重要隘口，增设稽查所，查缉烟毒输入，以期禁绝运销。[2]

在 1947 年 3 月 25 日召开的第 151 次宁夏省政府委员会议上，通过省民政厅的提议："于各县、市成立戒烟机构，

[1]《宁夏民国日报》，1945 年 10 月 21 日。

[2]《宁夏省政府工作报告·民政》，1946 年 1—6 月。

调验各公教人员，以禁绝吸食（鸦片）。”[1]

1947 年，宁夏省民政厅在上半年工作报告中，关于禁烟工作指出：

（1）本省禁烟工作，年来遵照内政部颁《肃清烟毒善后办法》之规定，对禁运、禁售、禁吸工作逐步实施。本年（1947 年）为加紧完成禁政，曾拟具提前肃清烟毒计划，报内政部核定，依照本年原定计划，已于上半年一月至六月各月中，除责令各县、局、处督饬保甲人员会同各关卡稽查机关……对于境内偷吸者，曾通饬各县局处严厉查拿。计查获生、熟烟及假烟膏共四十余两、烟具三十五件，均于本年（1947 年）“六三”禁烟纪念大会，在省政府门前，会同省参议会及保甲人员当众焚毁。所有查获吸烟人犯 38 人，已饬各县就近送由当地法院依法惩处矣。所有偷运、偷售、偷吸者逐渐肃清。

（2）查禁烟毒。①设立各级禁烟机关，于省垣由民政厅会同有关机关成立省禁烟协会，于各县成立分会，必要时于乡镇公所成立支会。②于各边县扼要地带，增设稽查处、所及保甲稽查岗位，严密考查入境客商行旅，实施禁运。③将 1946 年 8 月 2 日国民政府修正

[1]《宁夏省政府工作报告·民政》，1947 年 1—6 月。

公布的《禁烟禁毒治罪条例》公布各县乡镇，使人民皆知法令之严。并责成各县将民间私藏烟土尽行收回焚毁，如不缴出，一经查获，即依法治罪，同时严禁偷售，违者依法处治。

在 1947 年 5 月 4 日召开的第 154 次宁夏省政府委员会议上，通过省民政厅的提议："本省对于查禁烟毒迭奉内政部令限期完成。兹为贯彻政令，拟于本年四、五两月责令各县警察局严行查拿烟毒烟犯，以资肃清，而符法令。"[1]

1947 年 8 月 8 日，上海《申报》以《大新旅馆内破获著名"西北帮"毒贩五犯就逮，抄获"白面"十八两》为题报道：

1947 年 7 月底，时任陆军参谋总长陈诚密电上海市警备司令宣铁吾，以上海市有大规模之以宁夏灵武县人为主要成员的"西北帮"贩毒团伙，散居于上海各旅社中，并开列密缉之"西北帮"贩毒团伙成员名单，谕令宣铁吾从速破案。

陈诚开列的密缉"西北帮"贩毒团伙成员名单为：陈英，21 岁，山东济南人；马永山，宁夏贺兰人；杨学人，宁夏灵武人；马俊青，27 岁，宁夏贺兰人；张凤轩，47 岁，甘

[1]《宁夏省政府工作报告·民政》，1947 年 1—6 月。

肃（今宁夏）海原人；马兴德，19 岁，宁夏灵武人；王生山，21 岁，宁夏灵武人；马云，23 岁，甘肃（今宁夏）海原人；杨天贵，37 岁，甘肃（今宁夏）海原人；王自明，33 岁，宁夏灵武人；丹洪堂，27 岁，宁夏灵武人；李生玉，43 岁，宁夏灵武人；马学栋，37 岁，宁夏灵武人；以及王国波（27 岁）、陈健新等，共 15 人。

宣铁吾接电后，即令稽查处处长陶一珊负责侦案。陶一珊奉命后，遂饬稽查处第一大队严密彻查。

据此名单，稽查处第一大队对市中心大小各旅馆进行密查。经数日之严密布置，于 8 月 2 日深夜，探得上海四马路大新旅馆内，有宁夏人王金石（马兴德）等 5 名，形迹可疑，且系宁夏人，较有可能。当即加以侦查，却一无所获。

不意，正在无计可施时，突然在大新旅馆走廊上拾得一本防疫证，证书上所填之姓名、籍贯为马兴德，19 岁，宁夏人，并附有照片，核与陈诚参谋总长所开列之密缉名单中第六名相符。

经此发现，稽查处第一大队惊喜万状，当即不露声色，派遣干员匿于该旅馆进出口要道处，暗中核对防疫证上之旅客照片，果然与居住在大新旅馆 28 号房间内之王金石面貌相似，遂确定王金石系马兴德之化名无讹。

唯恐打草惊蛇，稽查处第一大队乃不动声色，秘密进行布置，待一切证据搜集完全后，即于 8 月 3 日上午，以迅雷不及掩耳之手段，进入大新旅馆 28 号房间内，搜获马兴德（化名王金石）、马忠德（化名马明）、马鸣五、田智源（化名田兴魁）、杨守仁等 5 犯，并在其特制皮箱夹层内，搜出“白面”4 包，共计 18 两，遂将人、赃一并押解稽查处第一大队部进行严讯。

当时，马兴德等企图狡赖，经出示证据，始点头默认。

据马兴德供称，他们确系著名之西北帮毒贩，首领为陈英（陈兆魁）、丁占林及郭生禄等 3 名。其成员共有 15 人，除陈英、丁占林、郭生禄 3 人外，其余 12 人悉系伙计。贩毒地点，系在北平秘密购得毒品后，设法带至西北各地出售。

他们于 7 月 19 日奉主犯陈英之命，在北平购买并携带“白面”4 大包，密藏于特制之手提箱内，偕杨守仁、马义方、田智元、马忠德、李生王、王生山、马芳、丁占林（主犯）、郭生禄（主犯）、马天国等来沪（上海），分住于中南饭店、大新旅馆及东方旅馆。当时，各犯均携带有大量毒品。至另一主犯陈英及杨学人、张凤轩、马永之、马学栋、王义和、杨文贵、海子珍、马俊青等，则仍在北平担任收货工作，丁占林、郭生禄等数人，则于 7 月 25 日抵沪后，隔日即离沪，转赴西北，仅留他们 5 人在沪，至案发被捕。

稽查处第一大队以西北帮贩毒团伙主、从各犯业已相继离沪，除分电各地治安机关协稽外，乃将马兴德等 5 人移送上海市地方法院严办。

1947 年 8 月 12 日，上海《申报》以“边陲烟毒未根绝，蓉（成都）当局派员密查”为题报道：“本报成都 4 日电：九省禁烟会议决定在川（四川）举行……西北蒙番杂处之特殊区域，如宁夏边区等地，毒卉迄今亦未根绝，且有武装护割、护运之怪现象不断发生。禁政当局正派员驰赴上述地区密查，并搜集材料，以便在此次会议中，提出有力证据，彻底检讨完成禁政之办法。”[1]

1948年，宁夏省民政厅在上半年工作报告中，就禁烟工作指出：

> （1）设立各级禁烟协办机构：本省禁烟协办机构以往尚未成立，为推行禁政便利起见，于本年（1948年）上半年遵照内政部令，在银川市成立宁夏省禁烟协会，在各县成立县禁烟协会分会十三处，协助推行禁政，颇收宏效。
>
> （2）设立烟民调验所：本省烟民调验工作因经费关系，虽未设专办机关，但不能因噎废食，于省垣银川市指定省立医院、中卫县指定济亚诊疗所、中宁县指定益世诊疗所、灵武县指定天主堂诊所、吴忠镇指定光华诊疗所、平罗县指定生活诊疗所兼办烟民调验工作，其余县份之烟民分别送于附近之卫生诊疗所调验，或饬由省卫生处派员组队巡回办理。烟民经调验未戒除者，即送当地法院办理。
>
> （3）严密查缉贩运烟毒与偷售偷种：在边远县份

[1]《申报》，1947年8月12日。

设立稽查所及保甲稽查岗位，严密检查入境客商等，以杜绝毒品来源。同时，普遍查缉偷售与偷种鸦片者，于1948年上半年内，全省查获偷售熟烟膏者共计四十七名，内有男子二十八名、妇女十九名，均送交法院依法处理。在金积县查获偷种烟苗者陈和一名及烟苗四株，在灵武县查获偷种烟苗者谭春□等四名及烟苗一千九百五十株，已将人犯、烟苗送交贺兰地方法院依法处理。[1]

1948年2月，宁夏省保安司令部同心县稽查所缉获贩运“白面”等毒品的胡桂堂，并予以枪决。

胡桂堂系河南南阳人，时年40岁。其供称：“三十五年（1946年），全家逃往北平，以开棉花铺为生。去年（1947年）农历六月间，堂弟胡全堂由宝鸡来信谓：西安、宝鸡一带‘白面’每两能卖一千三百万元。我于本年（1948年）元月初，每两以六百万元之价，在北平购得‘白面’十两，缝藏于棉裤内，与同伙何生贵、刘存喜、韩天宝等三人，意欲带往宝鸡销售，行至（宁夏）同心，被稽查所查获。其他何（生贵）、刘（存喜）、韩（天宝）三人闻风远逃，我被解送来宁夏。”

省保安司令部以“中央迭次严令所属，对于贩运、售

---

[1]《宁夏省政府工作报告·民政》，1948年1—6月

吸毒犯，一经查获，必予严法惩治。而本省地处边陲，交通不便，‘海洛因’‘白面’等毒品尚属罕见。……该犯胡桂堂竟敢贪利贩毒，不顾国家法令，胆大妄为，罪无可逭，亟应严予惩办，以儆效尤……依照《禁烟禁毒治罪条例》第四条之规定，判处（胡桂堂）死刑”。

1948 年 2 月 21 日，胡桂堂被押赴吴忠镇执行枪决，其所带“白面”10 两，当众焚毁。同时，对在逃的何生贵、刘存喜、韩天宝等 3 人严行缉拿。[1]

上述这些严厉措施，虽起到了一定的威慑作用，但仍未能禁绝贩运走私烟土与毒品的现象。在利益的驱动下，走私贩卖烟土与毒品活动从未中断过，而且技巧越来越高，花样越来越多。

为掩人耳目，蒙混检查，有的烟贩将烟土藏在胶轮车胎和自行车架筒内；有的烟贩将烟土藏在骆驼鞍的草垫里；有的烟贩将牲畜驮的碱块凿个腹大口小的洞，把烟土藏在洞内，然后用碱泥密封；有的烟贩将烟土藏在孕妇或病人的怀中；还有的烟贩将死婴剖腹，把烟土藏在腹中，然后用绸褥裹之……[2]可谓走私技巧花样繁多，举不胜举，以致宁夏烟毒绵延不绝。

[1]《宁夏民国日报》，1948 年 2 月 25 日。

[2] 李英夫：《鸦片烟流毒固原始末》，载《固原文史资料》第 2 辑（内部资料），1988。

第八章 内政部视察宁夏禁政与烟毒检查团检查宁夏烟毒

1940 年 2 月至 4 月，内政部视察员景佐纲奉命来宁夏视察禁政工作和戒烟医院。1942 年 7 月，内政部组成以路锡社任团长、廖华崐（焜）任宁夏组组长的烟毒检查团一行来宁夏进行烟毒检查。1943 年 8 月至 11 月，国民政府内政部派廖华崐（焜）为检查宁夏烟毒专员，再次来宁夏进行烟毒检查工作。

一、内政部视察员景佐纲视察宁夏禁政与禁烟医院

1939 年 9 月 30 日，宁夏省政府（民字第 17 号）呈报行政院办理禁吸情形，呈请鉴核。该报告内有宁夏“禁种部分，获竟全功”之语。

对此，11 月 27 日，行政院训令内政部："究竟该省（宁夏）禁种情形如何，是否确已获竟全功，应由该部派员前往实地考察，以明真相。"内政部遂派视察员景佐纲前往宁夏实地考察禁政工作。

1940 年 2 月 24 日，景佐纲抵达宁夏省城，在会晤了宁夏省政府主席马鸿逵后，即先后视察了宁夏省垣、宁夏县、平罗县、灵武县、金积县等地的禁烟工作和戒烟医院等。

3 月 7 日，景佐纲在省民政厅厅长海涛陪同下，视察了省垣戒烟医院。[1]

3 月 22 日，景佐纲在视察了宁夏县、平罗县戒烟分院后，认为：（宁夏）各县（戒烟）分院成绩甚佳。尤其六七十岁之老翁亦多请求入戒烟医院，殊为难能可贵。当时分别摄影，以志纪念。[2]

1940 年 4 月 8 日，景佐纲在金积县视察禁政工作时，出席了金积县各机关、各学校、保甲长、民众代表在县政府西花园举行的联合纪念周活动，并发表讲话。

景佐纲谓："自外人输入鸦片，我民族受其摧残，迄已百年之久，国家元气大伤，民族日益衰弱。长此以往，国家、民族之前途概有自亡灭，故要痛下决心，肃清烟毒。数年来之成绩非常显著，无论如何，要在二十九年（1940 年）底，吸食、贩卖、种植必须根绝，望各

---

［1］《宁夏民国日报》，1940 年 3 月 8 日。

［2］《宁夏民国日报》，1940 年 3 月 23 日。

位同志共勉之。”[1]

总之，景佐纲对宁夏的禁政工作和禁烟医院进行视察后，“与其视察经过各省相较，宁（夏）省禁政最为彻底”[2]。

景佐纲在完成对宁夏禁政工作的视察后，撰写了《视察宁夏禁烟报告》，分宁夏禁烟环境，视察之行程及方式，禁种、禁吸之实况，禁运、禁售之实况，禁毒之情形，视察上之意见等六个方面进行了记述，并附件有 20 余份原始卷宗、文件与调查、考察记录等。

（一）宁夏禁烟环境

关于宁夏禁烟环境，景佐纲陈述道：

> 宁夏一般政令之推行比较简单、容易，盖以实际上党政军集权于一人之身，复有历史及宗教关系，相沿统治已久，一令颁布，人民率能慎惧奉行，无敢违抗。
>
> 全省人口仅止 65 万，分设 10 县、两警察局，政治机构紧密而不繁复。现时，地方电话各县普遍安设，消息灵便，行政效能尤易推进。
>
> 惟其地域南、北、东三面均系沙漠，西达兰州，山岭重叠，与他省显然隔绝，遂形成特殊区域。政治

[1]《宁夏民国日报》，1940 年 4 月 12 日。

[2]《宁夏民国日报》，1940 年 3 月 8 日。

思想亦与其他省份不同，外来政治人员必须深切了解此点，方能进行工作，不致发生阻碍。

（二）宁夏视察之行程及方式

关于宁夏视察之行程及方式，景佐纲陈述道：

1940年2月24日，行抵宁夏省城，正值五原、临河失守之后，宁垣完全入于军事状态，交通阻碍，工作困难，且春耕已届，应早日出发外县，方免误时。惟在未会晤省当局前未便进行工作，至3月4日会见马（鸿逵）主席后，始将行程决定。

遵照令开，宁夏产烟各县，按该省交通情形，当时假定三个地区，以省北平罗县、宁夏县及省城为第一区，以省东南宁朔县、灵武县、金积县三处为第二区，以省西南中宁县、中卫县为第三区。

复以省北军事紧急，故于3月10日先往平罗县，3月17日到宁夏县，于3月18日返省城，继续视察省垣附近，至3月29日完成第一区工作。

3月30日离开省城前往宁朔县，4月3日到达灵武县，4月7日到达金积县，至4月10日完成第二区工作。

4月11日前往中宁县，4月13日到达中宁县城，4月19日由中宁永兴堡到达中卫县城，4月25日完成第三区工作。返回中宁县城，4月27日前往同心县，并沿途视察，1940 年 4 月 28 日由同心县城出发南归省城。

视察所至各县均遍历各区，并参照《查禁种烟督察团服务须知》之规定，按下列方法进行工作：

（1）在途中随时勘视，特别注意僻静地区，并向乡民询访一切。

（2）到达县城后，与县长恳谈一般禁烟问题，听其解答，在省城亦系如此。

（3）向县党部、地方法团及绅民访问禁烟各项情形。

（4）在各区召集各乡、保、甲长举行谈话，详询禁种及戒吸情形，并唤其注意本身之责任与法令。

（5）各区勘察后，请由区长出具今后对于禁种负责印（具）结。

（6）召集已戒烟民抽查并讲话。

（7）视察各县戒烟医院。

（三）宁夏禁种禁吸之实况

关于宁夏禁种禁吸之实况，景佐纲陈述道：

甲、关于禁种事项

（1）禁种之经过。

宁夏禁种烟苗一节，省府与人民尚能十分注意。省府之切实查禁，一方面由于中央之督促与时代之要求，另一方面亦有事实所驱使。盖省府于1937年曾将所产烟土统制收购，如不认真禁种，则烟土价格势必低落，于该省所谓“收购烟土，整理金融”政策不无妨碍。

今该省每干土（该地方名板土）1两，价1.7元。在往昔种烟时期，高价不及1元，即为明证。现时颇有存烟土，自不能再任人民播种。至人民方面，因1937年所收烟土被省府统制收购，所给烟土价，除人工、肥料外，所余无几，照现时粮价核计，尚不如种植棉、麦较为稳妥而有利，故多数人民对于种烟一事亦不感兴趣矣。

宁夏实施禁种，系自1938年春起始（该省气候较寒，秋冬不能下种），核其文卷所载及绅民所述，确属实在。禁种烟苗以后，即提倡改种棉花，现时小有成绩，尚未完全成功。在禁种当年，山区边僻地方不肖奸民因自吸或投机关系，确有少数私种情事。当时政府亦未顾及，今时过境迁，已无可考证矣。

至1939年春，省府文告迭颁，采取严格取缔主义，并悬赏奖励告发。本可完全肃清私种，乃因上年（1938年）私种侥幸收获，同时省城遭敌机轰炸，各机关仓皇疏散，奸民有机可乘，各县仍有私种情事。幸不久省局稳定，再行从严查禁，私种各案访闻均经破获。省府对此类事件不甚欲人知，故各县文卷未能一一调阅。

（2）本年（1940 年）禁种之概况。

禁种一事，现在该省政府似已认为完全成功，故本年春耕时，并无积极取缔之措施。视察员对于此点，当时不能毫无怀疑，是以遍历各县各区亲为详细之勘访，确系毫无发现。同时，各区区长均称："绝无私种情事，甘愿具结负责。"各乡绅民亦众口一词，谓"上年私种，均经处罚，本年绝对无人敢种"等语。详核所称情形，尚属可信。

至各乡保甲长对于禁种问题亦属异常努力，盖因上年私种各案所属各乡保甲长均经连带处罚。其处罚方法，或枷号过乡，或鞭棍示儆。办法虽属不经，确可收互相监视之效矣。

（3）上年（1939 年）私种之处罚（各案其得阅县卷者）。

灵武县徐天保、朱连生、杨春泰、王经林、马国富、李登和、张万进等七名私种一案，内徐天保、杨春泰各罚国币 250 元，余均棍责枷号，集日游街示众。所属各保甲长一律棍责 150，枷号游街示众。

4 月 13 日，灵武县四区查获私种者贾万镒、李美玉、王玉海、朱三娃、宋毓英等五名一案；5 月 21 日，灵武县府查获王玉林、杨杰、孙万、吴万魁、孙礼、徐天存、王明元、梁端、梁曾兴、梁希等十名一案。此两案因在查获前均早将烟苗锄去，故仅由县府斥责并游乡示众了事。

以上各案原卷未列私种数目，询之灵武县长，不能记忆。

中宁县第四区于6月间查获曹封周、李才元（李彩元）二名，各私种烟苗三四分地一案。据中宁县长张发祥面称："发现后，全卷已送省府，经省府派财政厅长赵文府来县查办。当时，保甲长各打皮鞭数百，乡间长各罚公费三个月，曹封周、李才元各打皮鞭一千。"视察员到该区时，访查属实。

中卫县上年（1939年）私种各案：

4月9日，一区袁万善、袁万端等二名，私种烟苗一案，鞭责后，土地充公。

4月，一区鲁昇、鲁天喜等二名私种烟苗一案，鞭责后，土地充公。

5月，一区柳海青、雍守国等二名私种烟苗一案，鞭责后，释放。

6月27日，一区田文兴、贺廉氏等二名私种烟苗一案，鞭责后，释放。

以上四案，原卷均无私种数目，询之中卫县长，不能记忆。

6月，二区刘吉相胡麻地内有烟苗十数茎一案，鞭责后，释放。

6月21日，查获四区赵天庆地内烟苗130茎、詹李氏地内烟苗180茎一案，鞭责后，释放。

5月18日，三区属香山保安队长刘怀仁、梁振邦等二名包庇农民私种烟苗一案，据访闻私种300余亩。县府案卷略称："纪三种一亩三分，冯世景种一亩六分，何世英种一亩九分，共种四亩八分。"至处罚情形，除将该种户鞭责外，并各禁闭三个月。梁振邦、刘怀仁各判处徒刑十年。三区区长李树林具结称："无知农民刘怀仁、梁振邦等私种二十余亩。"县、区所称及访闻所得，私种数目各有不同，现亦无从确查。但省府对此案十分重视，当时立派民政厅厅长海涛前往勘查十余日，督促尽数清铲。至处罚该队长等及农民情形均属无异。

乙、关于禁吸事项

（1）取缔之情况。

宁夏禁吸事项，多未遵照中央规定办理。该省府来咨第四项所称"凭照购吸"，实在并未举办。烟民总数24286人，访察亦不翔实，未经登记烟民尚属不少。现仍自由购吸，无人查问，路经各处旅店，均有红灯（吸鸦片烟处）。

至该省府来咨第一项内载，"除三十岁以内之烟民，勒令克日戒除外，其三十岁以上之烟民，仍分期传入戒烟医院戒除"等语。查该省传戒烟民，现时并未区分年龄，而烟民自戒者亦属有之，可随时由所在地医院发给药品，无何等限制。

（2）戒烟医院之现状与施戒情形。

宁夏戒烟医院原由购存烟土内拨给17847两，合价约15万元。现烟土价激涨，尚属有盈无绌。该省府来咨所称，“拟设戒烟医院六处，已先后正式成立。因本省气候寒冷，各院尽系土炕，未设床位。总院每月可戒烟民五百人，各县分院每月各戒绝烟民300人，全省每月共可戒绝两千余人。预定于明年（1940年2月底），将全省烟民完全戒清”等情。

查该省于省城附近现设一总院（宁夏县附之），每月一期，传戒烟民500人，至4月底，已办竣9期。

于平罗、宁朔、灵武（金积县附之）、中宁、中卫等县，各设一分院，均由上年（1939年）秋后开办。现办至六七期不等，一月为一期，各可传戒烟民300人。平罗分院烟民感想甚好，有70岁老人自行投戒情事。其余各分院更多有十四五童年戒烟情事。灵武分院训练较好。宁朔、中卫分院均属平平。中宁分院前以五原、临河失陷，省城修械所移来占用，现未迁出，因暂停办。

至该省交来禁烟概况所称，盐池县有戒烟所一处，询因军事关系，尚乏成绩，当系计划中事。

宁夏烟民，据省中所述，上年（1939年）清查为24286人，截至上年年底已戒7718人，尚余未戒烟民16568人。该省府来咨所谓本年2月底完全戒清一节，当然不能办到。复因中宁分院停办，每月少戒300人。全省实在戒烟人数，月不过1700人，已非10期，不能戒竣。加之遗漏未查清以及新吸烟民数目，非再续办数期何以容纳？照此估计，该省如果认真举办，至速亦须本年年底，方可完成禁吸工作。

（3）复吸之情形。

戒后复吸，在宁夏为一严重之问题。省当局似颇察觉，视察员亦迭次促其注意，因此种情形之严重，故于所到各县及各区，均经召集戒后烟民加以抽验与讲话。

烟民复吸，以热闹城市为多，乡村较少，盖城镇人民流动率高，保甲监视力弱，复以烟膏商林立，买卖自由，烟具、红灯（吸鸦片烟处）到处可见，意志薄弱之烟民遂易被引诱矣。

该省对于烟民复吸，现亦定有处罚办法，并于省城及平罗、中卫各处先后查获复吸者，罚办有案。其处罚办法：初次复吸者徒刑 6 个月，二次复吸者徒刑 1 年，三次复吸者枪毙。但因以往查挐（拿）不甚认真，故烟民并未十分注意。

（4）烟具买卖之公开。

宁夏烟具，现犹公开买卖，摊床、店铺多有陈列，无论何人均可自由购买。此在禁烟期中，实属不应再行忽视之事。

（四）宁夏禁运禁售之实况

关于宁夏禁运禁售之实况，景佐纲陈述道：

甲、禁运

宁夏禁运，现时尚少积极缉私设施，其省府曾以命令规定私运者没收之，查缉责任由各地方官署负担。

境内贩运，颇可自由，然以地域与其他省区隔绝，商民外运比较困难。又以绥远军务紧急，甘肃道路多匪，如果私运，必须经由平凉转向陕西。现时平凉设有缉私机关，检查颇严，似亦不易通过。

乙、禁售

禁售一节，上年5月，该省曾成立公膏局。当时限定每日应售数目，宁朔、平罗、宁夏县及省城日各销售1000两，中宁、中卫县日各销售500两，金积、灵武县日各销售300两，实行公卖。但不久于9月底公膏局即行撤销。

此后，政府对于禁售事项并无何项措置，小贩公开售烟，买卖自由，一切小贩门口均设白纸灯一个，上书“清水净膏”字样，以为招牌。

（五）宁夏禁毒之情形

关于宁夏禁毒之情形，景佐纲陈述道：

一般毒品向未侵入宁夏。在抗战以前，土产烟价低廉，人民乐此已足。抗战以后，绥西始终在军事前线状态中，毒品通过，亦非容易。省府方面因无此项问题发生，故未采取何项设施。

（六）宁夏禁政“视察上之意见”

景佐纲在《视察宁夏禁烟报告》中提出意见与建议：

甲、扩大禁烟宣传

该省关于禁烟事项大体完成，而禁政事项正待进行，为预防私种及促成禁吸功效起见，宜利用当地学校五年级以上小学及中师学生，尤其最近由陕西调宁夏即将开始步入农村之中央中小学教师服务团，请附带作禁烟宣传，促其彻底认识中央决心，必能加重人民信念，而收极大效果，因人民对中央来人向极重视也。

同时，请省政府对于宣传事项亦应加以注意。

乙、应由省政府随时严申禁令

中国人民积习对于政令之奉行，如日久不再申明，常认为将有变更或放任，在宁夏屡禁屡弛禁烟状况下，尤有随时严令申明之必要，每年二三月间，对于禁烟一节，必须从新布告严禁。

至于禁运、禁售、禁吸各节，更须规定办法，随时严行取缔，以唤起民众对于本问题连续之注意与紧张。

丙、厉行取缔民间所存烟土

收购民间所存烟土，宁夏尚未举办，当系因省府自1937年统制收购后，照理已无私存，无须再办。不过，人民历年私储及官方给赏部属之烟土，访闻为数尚多，似应由省府厉行登记。嗣后非经登记之烟土，不准运、售，如果发现，即予没收，并加以严惩，以为根本肃清之计。

丁、速举行烟民总检举

该省本年计划拟分三期举行烟民总检举，惟现尚未着手。

该省烟民数目，虽前经调查为24286人，但为时已久，事实上因遗漏、新吸、迁入、复吸者，必有绝大变动，均须重行检查，方能正确肃清。

该省人口不过65万，保甲人员向极负责，以之举行，尚不困难，似应促令从速办理，以便计日程功。

戊、统制吸户供给，凭照购吸

该省售、吸尚属自由，如再不加取缔，于戒烟前途妨碍太多。在取缔民间所存烟土及检举烟民后，对于未戒吸户，必须严格统制，未经登记之烟民，无论如何情形，不准售给土膏。

至售卖土膏之商贩亦必须登记，加以统制。对其买入卖出，应每日，至多每周稽核一次，其方法，可由省府按照当地情形核定之。而私设红灯（吸鸦片烟处），更应立即厉行查禁。

己、严行检举复吸

戒后复吸，为戒烟中一大问题，宁夏发觉复吸案件虽不甚多，但访查为数不少，盖因尚未检举之故。该省保甲人员颇能负连带责任，如果省府督促严行检举，则肃清复吸亦自易也。

庚、速组织巡回戒烟队

该省盐池、同心、磴口县及蒙地定远营等处，烟民既少，地又边僻，专设戒烟院所既属不能。该省所拟组织巡回戒烟队，洵属必要，应促令即日举办，限期实行。

辛、中宁戒烟医院宜速恢复

中宁戒烟医院前以五原、临河失陷，省垣紧急临时为修械所借用，因之停办。现绥西告捷，五原、临河收复，宁省已复常态，中宁戒烟医院自应从速恢复，否则人民定生不良观感。况中宁为省南枢机地带，禁政上一举一动，每能影响及于他县，尤应特别注意。

壬、各县戒烟医院应注意清洁、训练、教诲、作业

宁夏省城戒烟总院在管理、监护、作业、教诲、训练、清洁各方面均属十分良好，各县分院在管理、监护两事大体尚可。

其他，除平罗分院比较清洁、宁朔分院训练较好外，各县分院其他一切均须整理，似应仿照省城戒烟总院，对于清洁、训练、作业、教诲各问题与管理、监护同等注意，实为必要。

癸、取缔烟具之买卖

在厉行禁烟中，烟具之取缔，最小限度于消极预防及心理影响上发生极大功效。该省对此问题似未注意，对于公然陈卖烟具，亟应从速没收、销毁，不能长此放任，以加重人民对于禁政上之信念。

总之，景佐纲视察指出："综上列叙述情形，宁夏禁政现况可以判明，关于禁种一事可谓成功，禁运、禁售均尚形放任，禁吸一事，因一方（面）自由售吸，一方（面）分期传戒，完全立于矛盾状态之中。同时更可判明，该省禁烟情形、环境并无障碍，如该省当局雷厉风行，立时可以收效。"

1940 年 10 月，内政部对于景佐纲《视察宁夏禁烟报告》中提到宁夏禁政存在的主要问题，指出：

> 兹据该员（景佐纲）呈送视察报告前来，查核所举各节，对于完成禁政均有关系，特摘要分叙如下：
>
> （一）据称，宁夏省登记烟民总数 24286 人，截至二十八年底止，已戒 7718 人，未戒烟民 16568 人，现仍自由购吸，而传戒烟民既未分年龄发给药品，又无若何限制等语。查宁省烟民已酌展至本年九月底以前完全戒绝，现在期限届满，究竟成效如何，应请将每月施戒人数及戒绝情形从速报部备查。
>
> （二）据称，戒后复吸烟民在宁夏为一严重问题，热闹城市复吸最多，乡村较少，当局虽定有处罚办法，但以往查禁未能认真，烟民未十分注意等语。应请依照本部（内政部）修正、呈院（行政院）备案之《宁夏省政府二十九年度禁烟计划》第四项，切实办理。
>
> （三）据称，宁夏禁售一节，二十八年五月曾设立公膏局，限定每日应售数量，但于九月底即行撤销。

惟此后禁售事项并无何项措置，小贩自由买卖，且小贩门口均设有白纸灯一个，上书“清水净膏”字样，以为招牌等语。如果实在，殊属不法，应即从速严行取缔，并拘拿究办。

（四）据称，宁夏烟具现犹公开买卖，摊床、店铺多有陈列，无论何人均可自由购买等语。查贩卖烟具禁令甚严，《禁烟治罪暂行条例》第十四条早经明文规定，自应严行取缔，所称公开买卖，殊属不法，应即从速没收焚毁，依法究办，以重禁政。

内政部咨宁夏省政府文最后指出：“以上各点，均属切要，相应咨请查照，分别办理，见复为荷。”

1940 年 10 月 19 日，行政院致电（调字第 30130 号）宁夏省政府：“据内政部呈送视察员景佐纲视察该省禁政报告到院。查该省对于禁种已竟全功，殊堪嘉尚。（禁）运、（禁）售、（禁）吸各项禁政，仍应依法厉行，望认真查禁为要。”[1]

二、内政部烟毒检查团检查宁夏烟毒与禁政

1942 年 4 月，国民政府内政部“为考察各省禁政，以

[1] 此部分内容参见景佐纲《视察宁夏禁烟报告》等，资料由郑文著先生提供。

期根除烟毒”，组成三个视察团（检查团），以路锡社任第二团团长，团员兼组长谢复、游瀛、廖华崐（焜），团员董志仁、许可久、赵英纶、陈鸿祥、赵大昌、沙绚章等前往陕西、河南、宁夏、绥远等省视察，并分组对上述省份进行烟毒检查事宜。

1942年7月18日中午，路锡社偕宁夏组组长廖华崐（焜）等一行抵达宁夏省垣。稍事休息后，即开始对宁夏进行烟毒检查与保甲人员禁烟甘结工作。

7月20日上午，宁夏各界在省政府大礼堂召开烟毒检查宣传大会，内政部陕豫宁绥烟毒检查团团长路锡社、宁夏组组长廖华崐（焜）等一行及宁夏省政府主席马鸿逵与省垣各机关团体负责人、工作人员及保甲长、民众等2000余人到会。

大会由省民政厅厅长海涛主持，并报告了六年来宁夏推行禁政之经过。

接着，由路锡社、廖华崐（焜）先后发表讲演，综合大意谓：

（1）据考察所知，宁夏百凡省政均走入轨道，而对于禁烟一层，尤能遵照国民政府法令努力切实奉行，故有良好表现。

（2）国民政府自二十四年（1935年）开始实施禁烟，及抗战以后国民政府对禁烟与抗战并重之决心。

（3）在实行禁政上，宁夏处境之困难及今后应有之努力。

继之，由省政府主席马鸿逵发表讲话，“除对本省推行禁政之经过加以补充外，在一切有关禁政、改良风化等事有所补充”[1]。

最后，大会通过了向国民政府军事委员会委员长蒋介石致敬电和向内政部部长周钟岳致慰劳电。

向蒋介石致敬电曰：“军事委员会蒋委员长钧鉴：烟毒之祸甚于洪水猛兽，国人沉痾此祸者，百年于兹，国家积弱，实由于此。当此抗战建国同时并进之际，钧座厉行禁绝烟毒之策，强国强种，复兴民族，胥赖于斯。本大会除遵照计划切实动员外，一体肃清烟毒，贯彻政令等。谨电致以，伏祈垂察。宁夏省各界烟毒检查宣传大会叩。”

致周钟岳慰劳电曰：“重庆，内政部周部长勋鉴：烟毒之害，亡国亡种，我公辅弼中枢，数施禁政，完成六年计划，旋定复兴大业，引瞻勋劳，无任感戴。谨电致慰，敬祈垂察。宁夏省各界烟毒检查宣传大会叩。”

1942 年 7 月 21 日，烟毒检查团路锡社、廖华崐（焜）等一行在宁夏省垣之烟毒检查事项办理竣事，并已取得省垣全体保甲长之禁烟甘结后，赴吴忠堡办理金积、灵武两县之烟毒检查事宜。[2]

在取得金积、灵武两县全体保甲人员之禁烟甘结后，烟毒检查团路锡社、廖华崐（焜）等一行仍返回省垣。

---

[1]《宁夏民国日报》，1942 年 7 月 21 日。

[2]《宁夏民国日报》，1942 年 7 月 22 日。

随后，烟毒检查团路锡社、廖华崐（焜）等一行又转赴宁夏其他各县，进行烟毒检查与保甲人员禁烟甘结工作。

三、内政部专员廖华崐（焜）检查宁夏烟毒与禁政

1943 年 8 月至 11 月，国民政府内政部派廖华崐（焜）为检查宁夏、绥远两省烟毒专员，再次来宁夏进行烟毒检查工作。

1943 年 8 月 12 日，廖华崐（焜）自重庆乘车抵达宁夏省垣，下榻于银川饭店。

《宁夏国民日报》记者闻讯前往采访，廖华崐（焜）对记者说："关于烟毒检查后，斟酌地方情形，俟与宁夏省政当局详细商榷后始能决定。此次来宁，约有数日逗留，若时间许可，尚能转赴绥西一行。"

同时，廖华崐（焜）向记者表示："准备先到民政厅接洽，以便确定工作方针，次第检查各县烟毒。"[1]

1943 年 9 月上旬，廖华崐（焜）在宁夏省垣主持召开禁烟宣传大会[2]。

9 月中旬，廖华崐（焜）赴宁夏北路（北部）贺兰、平罗等地检查烟毒。[3]

[1]《宁夏民国日报》，1943 年 8 月 13 日。
[2]《宁夏民国日报》，1943 年 8 月 31 日。
[3]《宁夏民国日报》，1943 年 9 月 14 日。

9 月 29 日，廖华崐（焜）前往绥远陕坝（今内蒙古巴彦淖尔盟杭锦后旗陕坝镇）等地检查烟毒。[1]

1943 年 10 月，廖华崐（焜）完成对绥远西部一带的烟毒检查工作，由绥远陕坝返抵宁夏省垣。

1943 年 11 月 2 日下午，廖华崐（焜）出席了省民政厅召集省各机关、团体代表及省垣保、甲长等，在省政府大礼堂举行的宁夏省各界肃清鸦片烟毒大会。

大会由省民政厅厅长海涛主持，“报告开会意义，并宣讲烟毒之害及省府今后禁烟之决心”。接着，由廖华崐（焜）“讲演中央（国民政府）贯彻禁政要义，并勉励保、甲长努力负责，肃清残余烟毒”[2]。最后，大会通过了向国民党总裁蒋介石致敬电和向内政部部长周钟岳致慰劳电。

1943 年 11 月 9 日，廖华崐（焜）在完成宁夏省垣烟毒检查工作后，赴宁夏南路（南部）各县检查烟毒情况。[3]

11 月 26 日，廖华崐（焜）在完成对宁夏中宁县的烟毒检查后，抵达同心县城。

11 月 27 日上午 10 时，廖华崐（焜）召集同心县县长刘兆汉、县党部□书记长、茹局长及县各机关职员及保、甲长和民众等 300 余人，在县政府礼堂召开大会，并发表讲演。

---

[1]《宁夏民国日报》，1943 年 9 月 30 日。

[2]《宁夏民国日报》，1943 年 11 月 3 日。

[3]《宁夏民国日报》，1943 年 11 月 15 日。

大会由县长刘兆汉主持。廖华崐（焜）首先“讲述了此次烟毒检查经过及其使命”，接着“讲解烟毒四害：残身、荡家、亡国、灭种。……各治罪办法，讲解甚详”[1]。

1943 年 11 月 28 日，廖华崐（焜）完成对宁夏的烟毒检查工作，离开宁夏同心县城，转道返赴重庆复命。

[1]《宁夏民国日报》，1943 年 12 月 3 日。

第九章 “六三”禁烟纪念日在宁夏

1929 年，国民政府规定以每年 6 月 3 日（林则徐“虎门销烟”纪念日）为禁烟纪念日。

宁夏省垣“六三”禁烟大会现场（宁夏禁烟会寄赠，载《北晨画刊》1935 年第 5 卷第 6 期）

一、1935年“六三”禁烟纪念日

（一）宁夏省垣举行“六三”禁烟纪念大会

1935年6月3日上午9时，宁夏省垣各界在驻宁夏第十五路军总指挥部大操场，举行总理纪念周与各界清洁运动及“六三”禁烟纪念大会。省垣党政军各机关人员、各中小学校学生及民众1万余人到会。

大会由马鸿逵主持并发表讲演。省党部委员陈克中讲实施军训与新生活运动的意义，省民政厅厅长冯延铸报告新生活运动意义，宁夏高等法院院长陈宝玺报告昔贤林文忠公史略。此外，省教育厅厅长童耀华等亦发表讲演，“词意均甚恳切，听众动容”。

6月3日上午11时许，大会结束后，“当场焚毁在省垣所获收之烟具多件”。[1]

（二）中卫县举行“六三”禁烟纪念大会

1935年6月3日，中卫县各界在县城举行“六三”禁烟纪念大会。

会后，当场焚毁各类烟具：烟瓶4257个、烟杆子80个、烟签子366根、烟镊子156个、烟灯罩子232个、烟嘴子11个、铜烟盒子38个、牛角烟盒子6个、洋铁烟灯58个、挖烟刀子20个、铜烟灯2个、铜烟碗子5个。[2]

[1]《西京日报》，1935年6月10日。

[2]《益世报》（北京版），1935年7月6日。

二、1936 年“六三”禁烟纪念日

1936 年 6 月 3 日，宁夏省垣各界举行了“六三”禁烟纪念大会。

大会由马鸿逵主持并发表讲演，曰：“宁夏有膏腴的土地，纵横的水利，在地理方面，确为西北各地所不及。但宁夏的一切落后，民众体育衰弱不堪。民生问题无法解决，反而沦于极贫弱的境地，其最大祸患，即为鸦片，要是大家再不觉悟，三十年、四十年后，宁夏人民将被鸦片侵蚀无孑遗。”[1]

三、1939 年“六三”禁烟纪念日

（一）平罗县举行“六三”禁烟纪念大会

1939 年 6 月 3 日，平罗县党部为扩大宣传起见，于 6 月 3 日上午 10 时，召集县城各机关职员以及男、女学校教职员与学生、保甲长、民众等共 500 余人（一说 320 余人），在县城完全小学礼堂举行“六三”禁烟纪念大会。

大会由省党部书记长叶祖灏主持，并报告纪念会之意义，讲演禁烟与抗战的意义及宁夏禁绝烟毒之经过。

---

［1］《绥远日报》，1937 年 7 月 18 日。

（二）《宁夏民国日报》发表短评

1939年6月3日，《宁夏民国日报》发表了题为“六三禁烟纪念”的短评：

> 自清中叶迄今将百年，鸦片毒被全国，毁人无算，吾宁以水利土沃得祸尤甚，数十万西北强健好男儿沉沦此道不知凡几。
>
> 幸我主席锐意禁革，率民以善，昔年今日，贺兰山畔正罂粟怒放，红白相映，而未及二载，不复寸苗存在矣。
>
> 更于去年，于百分困难之省库中，拨款创设戒烟医院，得脱黑籍（烟民）者又得数千。吾人于今日纪念先贤之际，尚有望于曾染指于阿芙蓉癖者二事：
>
> （1）已戒绝者作速锻炼身体，复我健康，感政府爱民之德，余资输将助军，以资抗战全功，好身体更可做干城之选。
>
> （2）未戒绝者作速远隔毒恶，勿再沉沦，知法令无姑息之行，否则财尽不能育妻子，体弱不足御外侮，将为国家、祖先之永久罪人，岂仅以身试法已哉。

四、1940年“六三”禁烟纪念日

（一）宁朔县举行“六三”禁烟纪念大会

1940年6月3日，宁朔县党部召集于6月3日上午8时，在王洪堡将禁烟大会与6月份国民月会合并举行。县党部书记长马万钧、县长杨振武、县党部干事、县政府全体职员、警察局全体警员、驻当地特务团政训员朱齐贤与王洪小学全体师生、第一乡公民训练班学员，以及各区、乡、保书记，附近保甲长、民众等300余人到会。

大会由马万钧主持，“报告合并举行意义及略讲林则徐先生当年禁烟小史，复讲解国民精神总动员纲领第五□纲目及国民公约”。接着，由杨振武“讲述百年禁烟大业之主旨及报告最近政府施政要点”。最后，由朱齐贤“讲演抗战与禁烟同时并重，为我政府已定国策，国人应与政府步调合一，方能达到抗战必胜、建国必成”。[1]

（二）盐池县举行“六三”禁烟纪念大会

1940年6月3日上午10时，盐池县党部、县政府、警察局、惠安小学校、保甲长及民众各团体在惠安堡国民月会会场举行“六三”禁烟纪念大会。

大会由盐池县县长张丕民主持，并报告开会意义。接着，由张维垣“讲演烟毒之害”。会后，当场焚毁烟灯40余具。[2]

---

[1]《宁夏民国日报》，1940年6月6日。

[2]《宁夏民国日报》，1940年6月11日。

（三）驻宁夏第十一军特别党部话剧团、政治部政治队举办纪念“六三”禁烟日活动

1940 年 6 月 3 日，驻宁夏第十一军特别党部话剧团及政治部政治队为纪念“六三”禁烟日，在省垣街头演讲与演剧宣传。因狂风大作，临时中止，改于 6 月 4 日下午 2 时，在省垣大南门剧场举行演讲与演剧宣传，省垣男女民众 2000 余人到场。

首先，由该队队员演讲《林文忠公拒毒事实》《鸦片之害》等题目，同时发给宣传品。然后，表演抗战、禁毒戏剧，演剧《生死关头》《送夫从军》《无名小卒》《觉悟》《烟毒鉴》等五种。此外，该队还同时公开展览抗战与禁烟漫画，由宣传人员对观众讲解漫画内容。观众情绪异常兴奋，直至晚 7 时始散。[1]

（四）《宁夏民国日报》发表短评

1940 年 6 月 3 日，《宁夏民国日报》发表了题为《六三禁烟纪念》的短评：

> 今日为禁烟纪念，缅怀先哲，举目时艰，虽有不能自已者，然林文忠公当时正强邻窥境，烟毒遍国，于□□之清政府下，御侮图强，均感棘手，而我今日创□□已告成功，抗战行将胜利，今之观者，实又不

[1]《宁夏民国日报》，1940 年 6 月 6 日。

胜其欢欣之至。

然鸦片毒，物流传已久，沉湎黑籍（烟民），颇难自拔，现政府六年禁烟计划已届期满，尤望堕落于此种嗜好中之同胞即时猛省，万勿以身试法。

该短评最后指出："至本省当局禁烟尤具决心，严禁种植，田间已无寸卉。刻戒烟医院之工作业已结束，若干烟民得庆更生……"

（五）中宁县举行"六三"禁烟纪念大会

1940 年 6 月 3 日上午 10 时，中宁县各界在诚意社合并举行"六三"禁烟纪念大会与总理纪念周活动。县党部、县政府、驻当地第十一军工兵营政训员及各机关,团体职员、学校师生、保甲长及民众等 2000 余人到会。

大会由县长张业成主持，并报告开会意义。继之，由工兵营李□营长、赵纯义主任等相继发表讲演，阐述鸦片之害甚于洪水猛兽，在百年前进入中国之原委及林文忠公拒绝运入之决心和当时经过之详情，以及国民政府近年来彻底实行禁政的决心和办法等。

会后，由当地驻军工兵营表演话剧《爱国青年》《烟毒鉴》，诚意社公演话剧《因果鉴》全本，"其情其景毕恭毕肖，观众无不深感痛惨，齿恨烟癖之害也"[1]。

---

[1]《宁夏民国日报》，1940 年 6 月 7 日。

五、1942年“六三”禁烟纪念日

1942年6月3日，《宁夏民国日报》发表了题为“六三禁烟纪念”的社评：

> 今日为“六三”禁烟纪念。
>
> 我国被鸦片之毒于兹且百数十年，蔓延民间，迄未根除。自抗战军兴以还，政府决心禁绝，各省雷厉风行，时至今日，已无复寸草寸卉之存在，所以“禁烟”已成明日黄花。而当百又三年前之今日，林文忠公以至刚至大之精神，不屈不挠之决心，扫毒□□，利民福国，故所谓“纪念”，仍具有非常重大之意义。
>
> 鸦片之祸害，尽人皆知，倘一任其流毒，非至亡国灭种不得已。本省施行禁烟较迟，赖政府之认真行动，成绩尤称特佳。惟民众积染已深，虽刑严法竣，而一般牟利之徒，容难免于私相贩卖、偷吸，甘冒不韪。吾人于六三纪念日，当再作最后之劝告，务望□奋日拔，祛除烟毒，否则，不仅毁家荡产，戕害身体，恐国家亦不容也。
>
> 林公当时格于朝臣之非议，而毅然决然查办烟禁。迨战端既启，复出全□，以卫疆土，对内对外，均足为吾人今日之矜式。

该社评最后摘录林则徐《密陈夷务不能歇手折》：“此

录林公拒毒遗言一节，以表达对林公景仰之忱：鸦片之为害，甚于洪水猛兽，即尧舜在今日，亦不能不为驱除。圣人执法惩奸，为天下万世计，而天下万世之人，亦断无以鸦片为不必禁之理。”

六、1943年“六三”禁烟纪念日

（一）宁夏省垣举行“六三”禁烟纪念大会

1943年6月3日上午7时，宁夏省垣各界在西塔（承天塔寺）广场举行“六三”禁烟纪念大会。省民政厅厅长海涛、驻宁第十七集团军政治部主任张仲璋、省党部书记长周百锽、省保安处处长马如龙、省党部委员王仙槎、省军法处处长程福刚、省回教协会秘书长刘柏石，以及省垣各机关、团体、中山学校、国民兵团、保甲长等共3000余人参加大会。

大会由省民政厅厅长海涛主持，并报告大会意义：

今日之纪念，为104次之纪念，而于往昔之纪念比拟，今日意义最为重大。

吾国一百年来，所受烟毒之压迫，始由吾人六年艰苦之抗战而解除，因为不平等条约之压迫与平等新约之订立也。试观吾人今日能否保护新条约之永久性，全视吾人今后之更趋自强自立。

盖鸦片之祸害，甚于洪水毒蛇。林文忠公语云：“鸦片之不禁，不但十年后无可用之饷，且无可练之兵。”

继由省党部书记长周百锽发表讲演：

鸦片乃宇宙毒物，一经沾染，足以戕身荡产，进而言之，亡国灭种。

鸦片之毒，较诸飞机、炸弹为可怕。何以言之？飞机、炸弹之伤害，不过数十数百之生命，而鸦片之毒，素时由父母遗传子孙，百年后民贫国危，偶遇外患相侵，亡国灭种无疑。

今后，吾人应视鸦片毒氛之侵袭，犹如空袭之来临，而得率躲避，警惕激励，人人能成为强壮之国民，始能驰驱疆场，争取胜利。[1]

最后，与会人员高呼口号，礼成散会。

（二）《宁夏民国日报》发表吴勤育文章

1943年6月3日，《宁夏民国日报》发表吴勤育《切实完成禁政——“六三”纪念感言》文章：

北非战场轴心遭到严重的惨败以后，在我们兴奋的□感之下，又开始了罗（斯福）丘（吉尔）第五次华盛顿的会晤，并且决定欧洲应有新行动，远东即将进行反击日本。在这世界战局大放光明的今日，来纪

[1]《宁夏民国日报》，1943年6月4日。

念“六三”，真有无限的感慨！

提到“六三”，使我们就不由得联想到百年以前鸦片战争的沉痛历史，因为鸦片战争是我们遭受列强侵略的开端，也是我们开始受到不平等条约的束缚。所以，这一段历史在我们中国人的心灵上，刻画的伤痕是非常的深切。

“鸦片”是外人用来亡我国家、灭我民族的唯一毒品，它对于我们的祸患，并不亚于日寇。我们读林文正公的奏言：“鸦片不禁绝，则国日贫，民日弱，数十年后，岂惟无可用之饷，且无可练之兵。”就可以深刻地了解到烟毒为害的重大了。

列强的侵略和烟毒的祸患，在我们中国已超过百年以上的历史，但在世界战局改观、最后胜利即将到来的今日，不平等条约的桎梏已被解除，我们的国家已因将近六年的艰苦奋斗，得到自由，我们的地位也因负起世界和平正义、确立世界优良秩序的重建而趋于四强之列，但是鸦片的危害，现在我们还未能完全地挣脱。总裁昭示我们：“烟毒与倭寇，均为我民族最大之仇敌；抗战与禁烟同其重要，不容轩轾。”望我同胞要认识总裁的要旨，彻底地肃清烟祸。

我们要完成这件工作，首先应当树立在心理上禁绝烟毒的基础，因为只靠政府的努力和法律的制裁是不够的，我们必须建立起“造成深恶痛绝之风气”的健全心理，彻底认识它是灭家亡身的唯一利刃。切不可存有姑息这种罪恶的心理，抱有“尝试”的态度，因而铸成不可弥补的过失，已经戒除的，切勿重吸，未戒或正在进行戒毒的人们，希望立定决心，拿起勇气，迅速地戒除烟毒，而踏上光明之途。

同时，并制造成舆论的氛围，对于吸毒，当作一件不名誉的事情；对于吸毒的人，要单独唾弃；藉运售烟毒以牟利的营业者，当作可耻的行为者。父以教子，兄以教弟，亲邻、朋友互相劝诫，这样烟毒不戒自绝。

…………

现在轴心国的凶顽已被消灭，胜利的钟声已隐约在响，□□轴心国的崩溃时间即将降临。在这样的局势之下，望我文明古国的皇皇子孙已获自由的中华民族，要以崭新的姿态出现于国际舞台，扮演维护世界和平正义的主角，建立东亚□□秩序的安定。再不要自侮自欺，自囚在“烟毒”的牢笼里，被视为半死半生的东亚病夫。

…………

吴勤育文章最后指出：“我们要迅速地扫清烟毒的祸害，挺起骨骼，挺起胸膛，向奋斗光明、独立自强与自由自立的康庄大道迈进。”

七、1944年“六三”禁烟纪念日

（一）宁夏省垣举行“六三”禁烟纪念大会

1944年6月3日下午，宁夏省垣党政各界及保甲人员1000余人，在省政府大礼堂举行“六三”禁烟纪念大会。

大会由省民政厅厅长海涛主持，全场对文忠公林则徐静默3分钟。随后海涛“即席报告林文忠公则徐禁烟经过，同时黾勉听众彻底认识鸦片之为害”。

嗣后，特约讲演人、省党部书记长周百锽发表了题为“禁烟与抗日”的讲演，“视同鸦片流毒国家、民族，受倭寇毒化政策之影响，亦一重要原因”[1]。

（二）《宁夏民国日报》发表文章

1944年6月3日，宁夏省民政厅厅长海涛在《宁夏民国日报》发表《禁烟与宁夏》一文：

富国强兵，当赖健壮的民族，此为不爽不易之铁的原则，亦为现世任何国家共同积极企求者。吾国民族积弱的原因，在社会一般稍有认识者，皆□熟知其受有百年以来之隐患。

鸦片的影响，盖鸦片流毒之烈，诚有如所谓“沉

[1]《宁夏民国日报》，1944年6月4日。

溺通于贵贱，蔓延遍于全国”。其害甚于洪水猛兽，尤较敌国外患而有过之。洪水猛兽故于外患，其祸易见，人知趋而避之，群起而防御。惟沉湎鸦片习焉不察，如附骨之疽，消灭生命于不知不觉之中，隐而剧烈，深锢而难拔，若不彻底肃清，终无以达成壮健民族、富国强兵的目的。

吾人今日追溯由来，推原祸始，不能不痛恨当日清政府的失策，又不能不追忆当日深谋远虑，起而预为吾国防范烟毒于百年以前的一位大人物，此即当年“六三”在广东虎门焚烧烟土及卓著勋声于鸦片战争史上中外相望风采的林则徐先生。

观先生当时向清廷直陈烟弊云：“天下万世之人，斯无有以鸦片为不必禁者。此祸不除，数十年间，岂惟无可筹之饷，抑将无可用之兵。鸦片流毒内地，如毒疽流毒人身，毒疽生则渐以成脓，鸦片来则渐以致寇，必须将鸦片销除净尽，乃为杜绝祸根。”沉痛迫切，诚为中肯的言论。

顾先生虽已谆谆进言，而清廷终执迷不悟，从此鸦片遂滔滔不绝输入中国，遗祸于今日。所以，国人有论鸦片的祸，一误于外交，二疏于禁政，三困于经济，四由于社会人士之不觉悟，非过言也。

宁夏为塞北江南，素以农业见称于全国，然其烟毒的流害，亦较甚于其他各省。人民向来的习惯，均以种植毒卉为正常生产，其嗜吸者，亦几普遍于各家男女，但省政府于二十四年，即遵照中央颁布的《六年禁烟之计划》，于省成立禁烟委员会，于县成立县禁烟委员会，策动禁烟，积极推进禁政，冀肃清百年以来的烟毒，利宁民更始，与国家培植复兴民族的基础。

迄今十年以来，对于禁种、禁吸、禁运、禁售的四大禁政，均已按期实施，分年肃清，可谓卓然而有成效。且以统制收购有害于地方的烟土，而以其余润整理本省混乱的金融，是利用禁政的力量，而兴办有利于社会经济的事业，尤为本省禁烟工作上最显著的一大特色。

海涛文章最后指出：“顾今日敌国外患未已，省境以内烟毒虽已根绝，然敌人尚施毒化政策于沦陷的地域……吾人尤应本先哲林公禁烟的精神，彻底铲除，根本禁绝，与人民本永矢不渝的志向，建立国家富强的基础，而完成壮健民族的工作。”

八、1947 年“六三”禁烟纪念日

（一）宁夏省垣举行“六三”禁烟纪念大会

1947 年 6 月 3 日上午，宁夏省民政厅召集省垣各机关、团体、各学校及保甲长等 1000 余人，在省政府大礼堂举行

“六三”禁烟纪念大会。

大会由省民政厅厅长海涛主持，并报告开会意义及“今后决心禁吸、禁售”：“先贤林公则徐，百年以前则毅然在虎门焚烟，为后人清除隐患。但当时清廷泯灭是非，反以林公肇祸加罪，使先贤负曲含冤。今后，吾人应承先贤遗志，拥护中央（国民政府）禁烟政策，对于本省烟毒决心施禁。在禁售方面，半月前已由省府严令各县限期禁绝。至禁吸方面，尤当继续查禁，务期渐次施禁，完成禁政，以奠建国基础。”

继由省党部书记长周百锽发表讲演，“讲释鸦片流入我国因果，并说明鸦片为害之毒烈甚于毒气瓦斯或原子弹”。[1]

大会结束后，将 1947 年三四月间查获的生熟烟膏及假烟膏共 40 余两，以及各种烟具等 35 件，在省政府门前，会同省参议会议员及保甲人员当众予以销毁。[2]

（二）盐池县举行“六三”禁烟纪念大会

1947 年 6 月 3 日，盐池县政府召集城乡附近民众 500 余人，在县城举行“六三”禁烟纪念大会。

大会由县党部张书记长主持，并报告开会意义。继由县长陈步瀛、当地驻军某旅新闻室科长王卓然先后发表讲

[1]《宁夏民国日报》，1947 年 6 月 4 日。

[2]《宁夏省政府工作报告·民政》，1947 年 1—6 月。

演，“概以禁令之□严，毒素之可恶，以及劝勉、警告等词，讲述详尽。进而以刺激、指名、提示诸方法激励民众。在场烟民莫不垂头丧气”[1]。

（三）《宁夏民国日报》发表时评

1947年6月3日，《宁夏民国日报》发表了题为“发扬林公禁烟精神”的时评：

> 今天是先贤林公则徐焚烟108年纪念日。我们在此建国期间逢到这个日子，追思林公禁烟的勇毅精神，实觉万分惭愧。
>
> 禁烟是建国的根本工作，是拯救民族衰颓的急务。蒋委员长有鉴于此，继林公未竟之志，于民国二十二年（1933年）定六年禁烟政策。推行以来，虽得收实效，但禁期早已届满，而社会上仍有在鸦片颇嗜瘾下自杀的。这是多么没志气、不自强的现象。
>
> …………

《发扬林公禁烟精神》时评最后指出：“所以，今天纪念林公，应该发扬林公的禁烟精神，勇毅地执行国家禁令，采取断然的手段，把烟毒快快肃清。”

[1]《宁夏民国日报》，1947年6月15日。

九、1948 年“六三”禁烟纪念日

1948 年 6 月 3 日，为先贤林则徐禁烟 109 年纪念日，是日上午 8 时，宁夏省垣各界在省政府大礼堂举行纪念大会，并张贴标语，全市悬旗，以资纪念。[1]

[1]《宁夏民国日报》，1948 年 6 月 1 日。

第十章 外地人论述宁夏烟祸与禁烟

民国时期，凡来往与途经宁夏进行参观、访问、考察、视察、游历、采访、勘查、调查之各级官员、各界人士，对宁夏的鸦片危害与禁烟工作之见闻及其感受，由于印象深刻而多有议论。

1931 年，少青（笔名）来宁夏进行考察，对于宁夏强迫农民种鸦片之危害，指出：“鸦片之危害尽人皆知，……今则变为强制种植，即有田十亩，必须种烟一亩，每亩烟税六十元，无论种植与否皆须纳税，因之一般农民减少负担起见，所有之田地一律种植鸦片，所以现在之宁夏为一鸦片世界矣。烟税在 1929 年为八十万，1930 年加至一百二十万，现在加至一百八十万。”[1]

1932 年，查大同（1929 年曾任武汉行营主任办公厅副官）来宁夏进行调查，见宁夏省城，“满城烟鬼，不论男女，一榻横陈，大有‘南面王’之态。衣服褴褛，蓬首垢面。白饭（食粮）可不饱，黑饭（鸦片）不可缺”。

查大同就宁夏禁烟问题，提出了“改革宁夏（禁烟）之管见”[2]：

> 宁夏苦鸦片久矣。忆林文忠疏中有“烟不禁绝，国日贫，民日弱，数十年后，岂惟无可筹之饷，抑且无可用之兵”。语何沉痛！宁夏十余年来沉湎于鸦片之中，直不能自拔。
>
> 前清末年，曾禁一次，颇收成效。后又复种。民国以来，张广建时代曾肃清一次。后陆洪涛来，又大开烟禁。迄今十余年来，大好农田皆种毒品，人民抽得鸠形鹄面，流毒所至，非但民气消沉，直可亡国灭种。
>
> 至于禁烟办法，盈篇累牍，亦无容赘述。现省方表示积习太深，非立能禁绝，期以两年肃清，分禁吸、禁运、禁种等步骤。

对此，查大同认为：“法固善也，且看其实行如何耳。

[1] 少青：《宁夏现状》，《陇钟》1931 年第 4 号。

[2] 查大同：《宁夏之闻见》，《新中华》1933 年第 1 卷第 22 期。

惟余可断言，欲开发西北，非先禁绝鸦片不可，否则，徒唱高调，决无补于事也。”

1934 年，时在国民党中央党部工作的傅作霖赴宁夏工作与考察，对于宁夏的鸦片危害与禁烟工作，分别予以记述，并提出意见与建议。

关于宁夏鸦片之盛行，傅作霖记述道：

宁夏人民嗜好吸食鸦片已成普遍之风，绅商各界无不以鸦片为应酬常品，（百姓）虽穷至断炊，而鸦片则不可不吸。

余曾经调查，渠口村之农户不过百家，而烟灯竟有一百三十四盏。据云，全省农村类多如是。

查全省每年产烟六百万两，出省者约三百万两，本省坐销者亦当三百万两。

对此，傅作霖指出：“（宁夏）鸦片之盛行，殊足惊人矣。”

关于宁夏的“禁烟问题”，傅作霖根据自己在宁夏的考察（调查）所得，进行了分析并提出建议，指出：“考西北各省农村破产、崩溃之原因，大都由于鸦片之为害，宁夏又为公开种烟之区域，全省种烟之田亩当在十万以上，而种烟之田，多系肥沃之地，其妨害农作物之收入诚非浅鲜。

“查宁夏粮食向日且有大宗剩余，今则反不足以自给，完全仰赖后套套粮，境内膏腴之地，尽为布种罂粟之场矣。

酿成此种普遍现象之原因，其故又安在？

“曩者，宁夏未建行省，甘肃省府即有烟亩罚款之征收。建省以后，财政当局鉴于清查烟亩偷漏中饱，弊端百出，复改为清乡费，按亩征收，亦不问农家田亩是否种烟，一律须照种烟田亩征费，并额外加征短期重销协济等款。

“于是，农民之负担益重，土地之生产力又复有限，以之栽种稻、麦、高粱，则每亩地方出产之代价，尚不足以偿公家所缴之费款，栽种罂粟，即可藉以抵补，于是，全省农民无不实行种烟，遂酿成今日家家种烟、人人吸烟之祸害，以致社会破落，民族衰颓，诚可哀也。

“据余个人之调查，全省人民，除回教而外，有户即有烟灯，有人即有烟瘾，甚至襁褓之孩童，亦须喷烟以为活。倘长此因循，不予严禁，势成滋蔓，数年之后，不但地方无可筹之款，且人无可用之材，亡省之祸，翘足可待也。”

傅作霖认为：“宁夏为西北之屏障，实边陲之重镇，其人民种族之强弱、政治之隆污，在在足以影响国家之地位，亟应铲除恶习，洗涤自新，以为复兴民族之张本，首须严禁鸦片，以绝祸源是也。然禁绝之道，则又计将安出？曰：惟视政府有无决心以为断，苟有决心，则任何困难皆可迎刃而解，何况区区之禁烟问题乎？”

傅作霖建议：“盖宁夏鸦片之盛行，即源于清乡费之过重。清乡费之征收，又因军饷旁无所出，果能移兵屯垦，则军队之饷糈全出于土地，无须取给于人民，夫然后清乡费及一切苛杂即可取消。一面严订禁种烟苗法令，使民间土地栽种稻麦，以绝其根源。同时，办理烟民登记，并由政府设戒烟医院，一律免费，勒令戒绝，雷厉风行，不稍故宽。”

总之，傅作霖认为，如此“一年之后，鸦片自绝；二年之后，人民始可恢复健康；三年之后，农村可复兴矣。尚望负有西北政治之责者，对于禁烟，坐起而立行之”[1]。

1934 年夏，由开发西北协会主办的《开发西北》杂志记者来宁夏省城考察宁夏的鸦片危害与禁烟情形。

关于宁夏种植吸食鸦片烟与禁吸等情形，记者记述道：

鸦片烟为宁夏普遍特产，也就是宁省之生命线，比皮货尤为普遍。

在五六月之交，到乡间走一趟，是一望无际遍地罂粟花。本地所谓农忙，也就是烟忙时期。

平时你若到百姓家去看看，可以说，有一个炕，即有一盏烟灯或两盏、三盏不等，即贫无立锥之男、妇，那吸烟比他每顿饭还要紧。

每年，省府对清乡费（即烟捐）的收入达二百七十多万元，这是全省唯一无二的一大笔收入。

关于宁夏省府禁止机关人员吸食鸦片烟，记者记述道：

[1] 傅作霖：《宁夏省考察记》，南京正中书局，1935 年 7 月。

1933年马鸿逵任宁夏省政府主席后，勒令各机关人员限三个月完全戒绝吸食鸦片烟，并规定禁吸办法三条。

（1）奉令十日内，将本机关所有职员取具不吸食鸦片甘结，须有三人保证，署名盖章，由本机关依限汇送省府查核。

（2）本机关有素食鸦片者，限令一月内自行戒除，呈请鉴定，可证明其是否戒除，如确系戒净，应给予证明书，否则撤职，仍送戒烟所严行戒除，以实行戒断为限。

（3）如系形迹可疑，实行调验，倘有烟癖，送戒烟所勒令戒除。但已出有不吸鸦片甘结者，系证人连带负责，应受同等处分。

对此，记者认为："想此亦不过治标办法，实非根本方策。"

关于宁夏省城居民吸食鸦片状况，记者记述道：

宁夏省城居民，土著居其半，外籍居其半，外籍以直（河北）、鲁（山东）、豫（河南）人为最多。

省城内据最近调查，全城户数为5285户，人口24362人，计本省土著占11339人，外省籍占13023人。

…………

查直（河北）、鲁（山东）、豫（河南）人到此住久，多不愿再回内地，以为内地吸鸦片烟不方便，并且没有这里的烟味好，且能过瘾。

对于宁夏吸食鸦片烟情形，记者感怀道“言之痛心”，并深刻指出：“我以为，宁夏禁烟比任何事都难，假设烟一禁绝，百姓固然要瘾死，而政府也必要饿死。”[1]

1934 年 9 月，著名地理学家张其昀、任美锷参加国民政府参谋本部所属国防设计委员会（资源委员会前身）组织的西北调查团来到宁夏，侧重调查人文地理等。他们认为：

（宁夏）近年来因政治、财政等种种关系，烟禁放弛，肥沃农田多种罂粟，毒卉遍地，统计目前种烟田亩已达二十万亩以上。致民食不敷，每年须由陇东输入食粮，对民生影响甚巨。

罂粟于春分下种，小暑成熟，收浆后，其籽复可供榨油之用。全省产量每年约六百万两，如以每两三角计之，约值一百八十万元。宁夏、宁朔、平罗三县所产最多，半供自吸，半供输出，宁夏对外贸易之入超，赖此以资抵补。

宁夏所产鸦片每年约六十万两，如以半数输出，

[1]《宁夏近况》，《开发西北》1934 年第 2 卷第 4 期。

按产地售价每两三角计之，则值九十万元，若按市场价格计算，则所值当两倍于此，宁夏贸易之能维持平衡，实全赖特货（鸦片）以为挹注。

对此，张其昀、任美锷指出：“将来如欲禁烟，一方固当便利交通，减低运费。同时，复须注意其他经济作物之栽培，以为代替，如棉花、糖萝卜（甜菜），本省环境亦可试种。凡此均宜详加研究，广为劝导，以利民生……盖宁夏交通阻塞，货物出口运费昂贵……至于鸦片，则质轻而价高，运费在货价中仅占极小部分，虽产于僻乡，亦能远运无阻。边远诸省粮食笨重而贱值，若以宁夏烟田易种稻、麦，恐运至包、绥，已子大于母矣。欲禁绝鸦片，当自发展交通始。”[1]

1935 年 7 月，新任国民政府监察院甘宁青监察使戴愧生对宁夏进行了视察，对于宁夏的鸦片盛行与禁烟情形，记述道：

该省因财政及环境上种种关系，禁烟向极废弛，故烟民几占全省人口三分之一。

本年（1935 年）二月，第二次全省省政会议曾制

[1] 张其昀、任美锷：《宁夏省人文地理志》，《西北人文地理调查报告》1942 年第 2 卷第 1 期。

定禁烟办法公布施行。嗣经第七十四次省府委员会议议决，在省成立禁烟委员会，主持全省禁烟事宜，各县设禁烟分会，附设戒烟医院或戒烟所，各区、乡、镇设禁烟员，办理一切事宜。其进行步骤约分为禁吸、禁种、禁售、禁运等项。

先以禁吸入手，分劝告与劝戒两期，务于一年半内戒绝。

劝告以三个月为期，未满二十岁之烟民，在劝戒期内一律戒绝。其年在二十岁以上能自动戒绝，经该甲长或闾长证明，取具切实戒绝切结者免于登记外，其逾劝告期尚未戒绝者，得依下列期限戒绝：二十岁以上至三十岁者三个月，三十岁至四十岁者六个月，四十岁至五十岁者十个月，五十岁至六十岁者十五个月。劝告期过，准即举行登记，以便考核，如逾前限，即送戒烟所强制执行之。

禁种分为两期，以一年为一期，第一年须比历年烟亩减种十分之四，第二年须减种十分之六，如逾限多种亩数亦予铲除，届期全省一律禁绝。

禁吸、禁种同时实行，禁吸期满，即行禁售，禁种期满，即行禁运。

总之，戴愧生指出：“（宁夏）省府成立之前，为顾全地方经济起见，乃任民种植鸦片，以资补助。十年以来，虽藉此项出产运销外省，金融较为活动，然地方受烟瘾之害至为重大，不能不图其他补救也……无论如何，对于禁烟应特予注意，即使禁烟、禁吸于牵制的方面太多，或非可立即全部实施，但亦宜先用全力禁吸，切实登记，迫劝戒烟，以挽颓风，而资图存。”[1]

1935年,连士升来宁夏进行调查,对于宁夏的禁烟情形,认为:

> 鸦片烟为宁夏普遍特产,亦即是宁夏省之生命线,当五六月之交，乡间一望无际遍地罂粟花。
>
> 居民每家有一盏烟灯或两盏、三盏不等，即贫无立锥之男、妇吸烟亦比饮食为要。
>
> 每年政府所征清乡费（烟捐）之数达二百七十余万元，为全省唯一无二之一大收入，假使烟一禁绝，人民固起恐慌，政府亦必闹穷。
>
> 现省政府勒令各机关人员限三个月完全戒绝，并规定禁吸办法三条。

对此，连士升认为：“似此切实禁制，当可收绝大效力也。”[2]

---

[1]《监察使戴愧生视察报告——宁夏省》,《监察院公报》1935年第54期。

[2]（连）士升:《宁夏省现状概要》,《公道月刊》1935年第3卷第8、9、10期合刊。

1935 年 4 月中旬至 6 月上旬，著名农业专家汤惠荪、雷男（美国人）、董涵荣参加国民政府参谋本部所属国防设计委员会（资源委员会前身）组织的西北调查团（农垦组）来到宁夏，侧重调查农业经济等。

关于宁夏农业的赋税状况，汤惠荪、雷男、董涵荣记述道：

> 1934 年，宁夏赋税中征收的鸦片款计 155 万余元，占赋税征收总额的 34.95%，占第二位。远在 1921 年禁烟废弛之时，当时甘肃省政府定名为“烟亩罚款”，按农户种烟之多寡，以定罚款之轻重。

对于宁夏征收的“烟亩罚款”，汤惠荪、雷男、董涵荣认为：“寓禁于征，用意固善。”

对于宁夏征收的“清乡费”，汤惠荪、雷男、董涵荣认为：“病民祸国，莫此为甚。”

> 现省政当局拟自 1934 年度起实行废除，以为其他各省禁烟之不彻底者倡。此固由于本省自 1934 年清丈后地亩之增加几达二倍，即由 80 余万亩增至近 200 万亩，而田赋亦增加二倍有奇，可抵补清乡费之数目。

对此，汤惠荪、雷男、董涵荣认为：“省当局之励精图治，要亦有足多者矣。”

汤惠荪、雷男、董涵荣认为，征收之“清乡费”，“饮鸩止渴，非彻底革除不可”。

关于宁夏严禁栽种罂粟的状况，汤惠荪、雷男、董涵荣予以分析、评论与建议、期望道：

> 本省栽种罂粟之地，据吾人根据农家调查推算约17万亩，占已耕地1.87%，骤视之似不甚严重，然若熟察其为害之烈则不可胜言。
>
> 就政治而论：（1）养成行政人员之贪污，使政治无由清明。（2）违反国家禁令，致政府威信扫地，国际地位低落。（3）促进农村破产，增加匪盗，使社会不安。
>
> 就经济而论：（1）农民吸食鸦片耗费金钱，致农村经济崩溃。（2）侵占良田，减少食粮生产，酿成民食恐慌。（3）人民吸食鸦片后，萎靡不振，降低国民经济建设之原动力。
>
> 就民族而论：（1）人民吸食鸦片后，体质衰弱，无战斗能力，必至劣败。（2）生计日趋困难，壮者转乎沟壑，生命无谓牺牲。（3）寡廉鲜耻，败坏风俗，减低人口繁殖能力。

汤惠荪、雷男、董涵荣指出，由于上述等原因，“故（宁夏省）政府不得不严厉禁止（栽种罂粟），以绝祸端。无如，本省自1929年建省之后，因财政困难，烟亩罚款弊病丛生，乃改为清乡费，不论种烟与否，概须按亩征收，寓禁于征，以致一般无力种烟且怕种烟之贫民亦不得不种植罂粟，以应付此费，致本省禁烟毫无成效”[1]。

1939 年，张君实来到宁夏进行调查，对于宁夏的财政和烟区状况，记述道：

宁夏本为新建的省区，管辖的境域实际上仅有七县之地，人口不及百万，耕地不过十分之四五，而全省军、政、党各费用途又极浩繁，供求极感不敷，所以当局不能不谋开源之道，以资挹注。于是，乃有“清乡费”的征收。此项的征收每年达 270 多万，实为宁夏财政方面主要的来源。考其启征，远在 1921 年烟禁废弛之际。那时定名为“烟亩罚款”，原是按照农户种烟的多寡而定罚款的轻重，此俗谓在“烟花款”，即以“烟花”的多少来号亩分而定款额。

此种办法“寓禁于征”，用意固善。然自建省以来，因感清查烟亩全凭以眼号定，致弊窦丛生，多寡失公，结果遂又改名为“清乡费”，是按照地亩征收，无论种烟与否，都须征纳罚款。此种办法相沿至今，仍未废止。

其弊端更甚于前：（1）征款不分种否，无疑是强

[1] 汤惠荪、雷男、董涵荣：《宁夏省农业调查》，《资源委员会季刊·西北专号》1942 年第 2 卷第 2 期。

迫种植。（2）种者未成而仍纳款，是为苛捐。（3）未种者而缴纳罚款，致民益苦。（4）农田皆变为烟区，民食因而大减。（5）如此，吸食者则普遍增多。

宁夏因为是公开种烟的缘故，所以鸦片的盛行不弱于陕西、甘肃两省，吸食鸦片又成为普遍的风气，差不多绅、商各界没有不以鸦片为应酬的常品。妇女有鸦片嗜好者更随地有之，常有有嗜好而受孕的妇女，其胎儿在腹中即中烟毒，脱离母体之婴儿，往往必须用烟气喷面以后始知啼哭。普通人家虽然穷至断炊，而鸦片则不能不吸，如仅仅不过百家之村庄，而烟灯竟有一百三四十盏。全省农村类多如是，几至有户即有烟灯，有人即有烟瘾。

再全省每年产烟600万两，出省的约300万两，本省坐销者亦当300万两（在未行禁烟以前，全省的烟土曾一度被省府方面统制买卖）。

对此，张君实认为："宁夏省鸦片的盛行，既如此惊人。此种毒害倘再照样延长下去，不但一般民众皆变为骷髅，而且对于中国民族的前途将会发生什么样的影响啊！"

近闻，宁夏当局业已实行禁种，但吸者仍吸，且于地方财政十分枯竭之时，而人民的负担较前更加的加重了。[1]

[1] 张君实：《西北的经济现状·宁夏省的经济现状》，《中国公论》1940年第4卷第2期。

1942 年 5 月，在甘肃武威工作的岳剑寒因公务来到宁夏（今银川市），他指出：

> 尽管宁夏是得天独厚、丰衣足食，有个民生康乐的外衣，然稍微深切地观察一下，马上可以看到鹑衣百结、鸠形鹄面的老百姓仍是很多。我以为，抽鸦片或者是使他们穷困的主要原因之一，不过这是过去的情形，现在宁夏境内业已把鸦片断然禁绝，并且将来永不会再有种烟的事实。
>
> 可是，旧日造成的大批“老瘾士”要想在最短期间完全戒绝，恐怕是件难事。于是偷偷摸摸、苟且过瘾者还是大有人在。此辈瘾士体力日衰，健康日损，驯至不能从事任何生产工作，只有在饥饿线上打滚，形成一个名副其实的寄生群。寄生群之日多，所引起的恶果，便是人情世俗之败坏，影响整个社会之风气，所以当地有“笑贫不笑娼”之俗谚。[1]

1946 年 4 月底，天津《益世报》西北特派员、记者秦晋来到宁夏银川考察采访，对于宁夏禁烟问题与马鸿逵政府实行的“鸦片专卖”等予以辩解，分析并记述道：

---

[1] 岳剑寒：《甘宁二千四百里》，《旅行杂志》1943 年第 17 卷第 9—11 期。

一入宁夏境，从石嘴山起，沿途打尖、行车，到了宁夏省垣银川市，又跑到各县各乡旅行四十天的工夫，直听了不少“言之凿凿”而“无从找根据”的谣言。“马（鸿逵）主席鸦片专卖”，便是许多谣言中的一个。

讲“谣言”的人，分析起来约有三种：

一种是，他的烟土确曾被官家一再收买过，某年、某月、某日、某时、某地，被某人、某机关收的多少，有凭有据。

一种是，开过售吸所的哥儿们，他有几盏灯、几支枪，每天领多少，什么价钱，赚多少利，好像是有账可稽。

另一种则是瘾君子，他说怎样想取巧私吸，如何烟枪被抄、私土被充公，买官膏比私土价钱高多少，言之历历。

若问起现在还是否如此？一总的答语是：“这就不知道了。”

不过，经过各方面的调查、探访，今天宁夏境内，在省府权限所及的地方，没有半棵烟苗，这是事实。

“运”的部分，除了小数贪“卖命价”的亡命徒，也很少有人敢于“以身试法事”。吸（鸦片）的主儿，不定什么时候，主席（马鸿逵）一个命令要调验，性命交关，当然“自知小心”。“坐火车”“搭飞机”，这是登记漏网的也很难免。

不过，“鸦片官卖”这问题到底无法证明，问老百姓，都说过去确有此事，现在则不知道。“从前主席(马鸿逵)存那么多货，当然要消结了。”他们只这样疑神疑鬼，想来想去，这问题只好问马鸿逵主席本人。

至于对官家收买公卖烟土这件事，马鸿逵说：“这是事实，不过已经是二十六年（1937年）的事。”因为中央命令于1940年禁绝，马鸿逵主席意谓迟早要禁，所以提前三年，于1937年完成禁烟工作。并且收买的数目是262.5万两，差1两是1641斤，收烟土用款共用当时省钞227.2万元。

那么，这大批的毒物怎样处分呢？当然是“公卖”。卖了款子哪里去了呢？用做整理了宁夏全省的金融。

据说，其经过是这样的：宁夏在1929年以前，是甘肃的一个道，当时地面上的流通货币是银元、铜子和官钱局的钱帖子。1925年西北银行成立，又用银行钞票收回流通券。1929年西北军离宁，钞票作废。又成立宁夏省银行，另发行120万元的省钞。1933年打孙殿英的战争，军费支出浩大，省钞的发行额达到340万元。这许多次的货币，都是无准备金的“空头票”。地方平静后，省钞的价格落到六七折。

抗战军兴，为巩固后方，安定地面，金融不能再让这样混乱下去，要整顿，需要的是现款，这么一笔大款子，地方早没有力量担负，中央在军事第一情形下，也无从兼顾，事实必须做，只好自找出路。

宁夏省为产烟著名之区，几乎十分之一的农民都靠种烟维持家庭经济。禁烟是国民政府的法令，所存的烟土是广大农民的生命，一律追出烧毁，这等于烧死人。又以烟土既是公开的货品，自然里面就发生了豪强富贾的垄断……

1937年秋，宁夏省府成立了禁烟委员会，以比市价高出两三角的价钱，共收得262.5万两（烟土），用款227.2万元，系由省银行垫借。省银行是省金库，它的钱完全是党政军各机关存款。当时，为了奖励各机关踊跃存款，于事后，乃由此200多万烟土中，提出36.7228万两，分配各机关人员，以作奖励。

1938年春，召集绅商各界组织金融整理委员会，将前存烟土提出84.42万两，变卖法币，收回省钞348.549万元销毁。又以14.6万两，变价抵偿省银行收烟垫款227.2万元。又以29.7万两，归抵省银行之救国公债垫款89.1万元。尚余120余万两，预算作建设费者为35.8075万两、救济费31.832万两，拟用于发展教育者为1万两，用作奖励党政军公教人员用费拟为36.7228万两，补助军费拟用62.5254两（以上数字来源于宁夏省1942年《十年来宁夏省政述要·财政篇》）。

总之，对于宁夏“官收全省鸦片公卖一事”，秦晋指出：“当时深觉惴惴不安，马鸿逵当即承认实有其事，并为余缕述过去宁夏省毒化如何之深，家户商铺存烟土如何之伙，为厉行禁烟法令兼顾民众损失，如何筹措两全，利用此种烟款如何收兑省钞、整顿金融，以统一法币政令。五年之中全省毒卉如何绝种，瘾士如何敛迹。语多坦白，毫无隐饰，以证诸记者所闻，初无出入也。”[1]

对于上述秦晋为宁夏马鸿逵政府“鸦片专卖”所作的辩解，1948 年一二月间，记者贺群来到宁夏考察与采访，并据其所见所闻，对于宁夏马鸿逵政府实行“鸦片专卖”而“大做其鸦片生意”之事，指出：

“民国二十六年（1937 年）厉行禁烟，马鸿逵知道这次再也掩饰不过去了，于是下令烟民，每亩缴烟 60 两，每两发给官价 5 角。全省缴了 600 万两之多，马鸿逵便大做其鸦片生意，骆驼来往，转运黄金、烟土于包头、宁夏之间。抱歉的很，到现在还没有卖完，而宁夏省城一个不大不小的市镇，就已有烟馆七八个了。”

为此，贺群讥讽道：“这就是‘朔漠江南’的宁夏？这就是天津《益世报》的记者秦晋先生在三十五年（1946 年）旅宁时，著了一本《宁夏往何处去》所盛赞的宁夏？”[2]

1946 年，讷讷（笔名）来宁夏游历与考察，对于宁夏的“鸦片烟毒”情形与感受，予以记述、控诉道：

宁夏民众今天绝大多数的正在半饥饿状态下挣扎延挨，除开上述种种，还有三个问题（鸦片烟毒、征兵、

[1] 秦晋：《宁夏到何处去》，《益世报》1947 年 2 月。
[2] 贺群：《土霸王马鸿逵》，《清华旬刊》1948 年第 6 期。

征工），是直接构成这种状态的因素。

鸦片在这里不胫而走，老者七八十，小者三两岁，甚至在胎儿时期，就有偌大烟瘾，常听说胎儿产生后，必须立刻喷以烟气，才能睁眼啼哭，一直能自己吃烟为止。如果不继续如法炮制，小孩子会流涕、哈欠、不思饮食等怪现象，不一而足。

烟毒为害之烈，骇人听闻。凭良心讲，种烟、贩烟、吸烟原不自马鸿逵主政宁夏时始，但马氏为了筹款，最初确曾以烟代饷，或作为犒赏有功之用。现在各首要、次要人物间，藏有赏烟数十百箱者实尚大有人在。

讷讷认为："几年以来，为了响应禁烟政策，宁夏也在禁烟了。其实这是表面，背地还不是我行我素。而且当政者常订出官价，配发各烟馆若干两后，再勒令禁止。循环往复，多少烟馆主人在此政策下倾家败产，身受刑苦。这些人咎由自取，倒值不得去怜惜他们，而一般民众却不少落得鸠首垢面，冻馁而死，其凄惨情形和在社会上的恶劣影响，正像林则徐先生那句名言：非唯无可筹之款，抑且无可用之兵了。"[1]

1947 年 1 月，《益世报》（北京版）刊载《马鸿逵在宁夏的生意经》一文中曰：

---

[1] 讷讷：《今日的塞上江南》，《太平洋月刊》1947 年第 1 卷第 7 期。

鸦片公卖，乃是公开的秘密。早在战争（抗日战争）以前，中央（国民政府）在禁烟六年计划的时候，宁夏全省罂粟种植极多，马主席调查清楚，下令禁烟，名正言顺按照种植面积，以几乎等于零的代价，将全省烟膏收归己有。于是铲除烟苗，禁止种植，好以高价售出，遍设“官膏店”，以供（烟民）需要。

最近两年，要敷衍中央的（禁烟）政令，面子上不得不取消店招（“官膏店”的招牌），但大量烟土尚未售完，乃以体恤烟民的慈悲面孔，暗中发售，并禁止由包头敌区输入黑货，常见“货充公，人正法”的“根绝烟毒”的事实与新闻，以杜来源，而便涨价。

同时，实施“计口售烟”，每个烟民按照瘾的大小配给烟土。倘若有了短欠，便以吸食私烟治罪。大概要到马主席藏有的烟土全部出清以后，宁夏才有真正的禁政。

1949 年 4 月，广东广州《星报》刊载卜一之撰写的《宁夏土皇帝马鸿逵》一文中曰：

宁夏沟渠纵横，田野肥沃，（抗）战前艳丽的罂粟花开遍了原野。抗战后，政府西移，厉行禁烟。宁夏虽不大敢明的种了，但是烟土存货还是不少，“吸”“运”依然在半公开下进行。

宁夏（省）禁烟委员会大概是在“肃清存土”“逐

步禁绝”的名义下，把烟土做成大小两种“钦定”的烟土块，上面都铸着宁夏（省）禁烟委员会和主任委员马鸿逵的字样。所以，宁夏老百姓的耳语中，都把钦定大的一种烟块叫“大马鸿逵”，小的叫“小马鸿逵”。

宁夏人吸鸦片烟是在被默许下的，但是只准买马鸿逵钦定的那种鸦片吸，如果查出所吸了非钦定的鸦片，一定要严惩不贷的。

最妙的是，马鸿逵还训练出一批侦查人员，他们在吸烟的人家的窗外，用鼻子一嗅鸦片的气味，就嗅得出吸的是不是钦定的（烟）土。如果是，当然没事。如果不是，一定要捉将官（府）里去，既罚款又挨大板子的。[1]

综上所述，宁夏土地肥沃，所产鸦片质量尚佳，烟民较多，毒化较深，尤其是宁夏地方当局推行所谓“寓禁于征”的政策，开放烟禁，允许农民种植鸦片烟，致使宁夏广大农村地区普遍种植鸦片，以致毒害人民身心健康的鸦片烟日益泛滥于宁夏城乡各地，为害甚烈，致使宁夏社会经济凋敝，民众生活困苦，社会风气败坏，成为严重的社会问题之一。

---

[1] 卜一之：《宁夏土皇帝马鸿逵》，《星报》1949 年 4 月 21 日至 23 日。

纵观清朝末期至民国年间宁夏的鸦片烟毒危害与禁烟历程，宁夏省政当局面对日益严重、泛滥成灾与为害甚烈的鸦片烟毒祸害，采取和制定了一系列严厉的禁烟措施和办法，由逐渐禁绝政策到全面实施统禁政策，也取得了一定的成效，在社会上产生了一定的影响。然而，在各种利益驱使与某些社会需求下，宁夏当局施行烟土专卖等，从中获取巨额利润，以致宁夏的禁政时而松弛与失序并陷入两难境地。加之某些农民偷种鸦片，烟犯暗中走私烟土与地方当局管理混乱等情况，以致宁夏鸦片始终无法绝迹而流毒不断。

后记

HOUJI

宁夏土地肥沃，所产鸦片质量尚佳，旧时素以种植和吸食鸦片闻名西北与全国，为害甚烈。纵观清朝末期至民国年间宁夏的鸦片烟毒危害与禁烟历程，其主导始终是严行查禁（实施禁种、禁吸、禁贩运与私售），也取得了一定的成效。然而，在各种利益驱使下，屡禁屡弛，宁夏鸦片的禁种、禁吸、禁贩运与私售始终无法绝迹而流毒不断。

本著参考与引用数十种历史文献资料，较为全面、系统地记述了自清代末年经民国时期至1949年中华人民共和国成立前，宁夏鸦片烟毒的危害与禁烟历史，分十章、二十余目，包括数帧珍贵历史照片等，合计20余万字。

本著所引用之文献资料等，因个别字迹漫漶或残缺不全，以□符号代之。个别地方为方便读者阅读，用括号加以注释。

本著虽集本人数十年之资料积累，施以匠心，然限于资料与水平等原因，难免有遗漏与失误之处。诚望读者批评指正，不吝赐教。

本著的出版，得到宁夏回族自治区文史研究馆的大力支持与资助。借此，对支持、帮助与关心、关注本人与本著的各位领导、同仁、好友及社会各界人士、广大读者一并致以诚挚的敬意与谢忱。

胡迅雷

2023年8月于遣兴堂